U0903836

中央民族大学国家“十五”“211工程”建设项目

祁惠君　丛静　著

传统与现代：达斡尔族农民的生活

中央民族大学出版社

图书在版编目（CIP）数据

传统与现代：达斡尔族农民的生活/祁惠君，丛静著．—北京：中央民族大学出版社，2006.9
ISBN 7－81108－281－0

Ⅰ.传...　Ⅱ.①祁...　②丛...　Ⅲ.达斡尔族—农民—生活—研究—中国　Ⅳ.①D422.7②K282.2

中国版本图书馆 CIP 数据核字（2006）第 109174 号

作　　者　祁惠君　丛　静
责任编辑　吴宝良
封面设计　马钢工作室
出 版 者　中央民族大学出版社
　　　　　北京市海淀区中关村南大街 27 号　邮编:100081
　　　　　电话:68472815(发行部) 传真:68932751(发行部)
　　　　　　　68932218(总编室)　　　68932447(办公室)
发 行 者　全国各地新华书店
印 刷 者　北京华正印刷有限公司
开　　本　880×1230(毫米)　1/32　印张:9.25
字　　数　240 千字
印　　数　2000 册
版　　次　2006 年 9 月第 1 版　2006 年 9 月第 1 次印刷
书　　号　ISBN 7－81108－281－0/K·121
定　　价　28.00 元

达斡尔民族博物馆

民族博物馆中达斡尔族狩猎者

民族博物馆中达斡尔族传统捕猎工具

民族博物馆中达斡尔族传统渔具

民族博物馆中达斡尔族鱼洞

民族博物馆中达斡尔族萨满服饰

独特的达斡尔族烟囱

传统民居（丁石庆提供）

新盖的民居
（田艳提供）

富于特色的窗棂
（田艳提供）

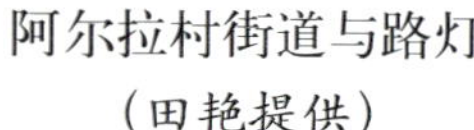

阿尔拉村街道与路灯
（田艳提供）

达斡尔族新村
（丁石庆提供）

现代家庭（丁石庆提供）

农家一角（田艳提供）

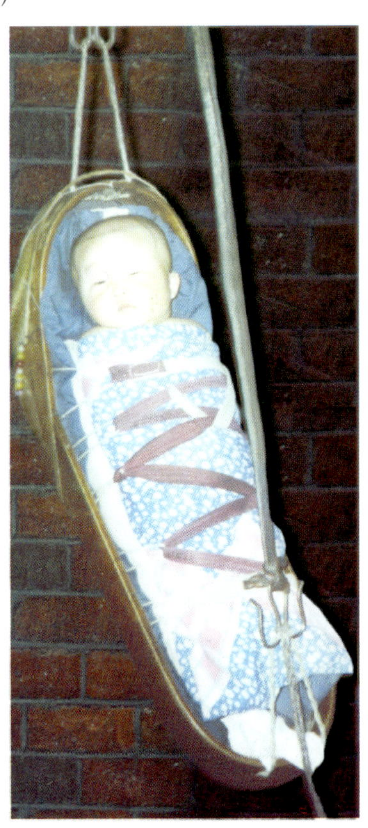

悠车中的婴儿

绿色农田
（田艳提供）

围栏奶牛（田艳提供）

晒豆角

调查组成员（左）与达斡尔族农民（右）

尼尔基水库

尼尔基水库

莫旗第五小学
（田艳提供）

乡村商店

达斡尔族农民

莫旗阿尔拉村规划图

民族学社会学教材与研究丛书总序

民族学与社会学学院的前身是建立于1952年的中央民族学院研究部。在20世纪五六十年代，研究部曾汇聚了中国大部分民族学与社会学的顶尖人才，如中国民族学与社会学的开拓者潘光旦、吴文藻、杨成志、吴泽霖、费孝通、林耀华和李有义等人，以及他们的学生陈永龄、宋蜀华、施联朱、王辅仁、吴恒和王晓义等著名学者。

20世纪80年代初，研究部更名为民族研究所，不久又建立了中国第一个民族学系，20世纪90年代扩大为民族学研究院，2000年更名为民族学与社会学学院。半个世纪以来，名称和建制的变化，并没有影响她致力于民族学教学与研究的宗旨，经过几代人的努力，从该院毕业的民族学专业的学士、硕士和博士已遍布全国各地，多为栋梁之材。同时出版了大量在国内影响巨大的专著和教材。如潘光旦、吴文藻、费孝通等人的文集，林耀华主编的《民族学通论》、宋蜀华的《民族研究文集》、陈永龄的《中国民族学史》（英文版），还出版了全所历年研究成果的论集《民族研究论文集》。这些出版物的共同特点是，以实地调查的材料为基础，以中国的56个民族为主要研究对象。几十年来，这已成为民族学与社会学学院几代人的学术传统。

民族学（文化人类学）毕竟是一个自西方传来的学科，在中国发展历史较短，几十年来又多次受政治运动的影响，所以与我国一些传统的老学科相比，中国的民族学无论在专业的理论、方法和研究成果方面，都是一个比较年轻、比较薄弱的学科。因此，今后本学科的重点是加强民族学专业的基础理论和方法的建设。为此，我们认为需要长期坚持两个方面的工作：

一、积极了解和借鉴国外学者有关的理论、方法和实践。这就要求我们既要翻译、介绍国外一些经典的名著，又要随时掌握国外研究的动态，将其最新的代表性作品翻译介绍给国内的读者和同行。

二、继承我院50年来的传统，坚持实证性的研究方法，以中国的56个民族为主要研究对象，紧密联系实际，加强实地调查，以此为基础，进行理论的总结，为建立独树一帜的、有中国特色的民族学理论而努力。

我们认为有必要使我们的学科建设和理论研究进一步系统化、规范化，并且在研究成果的基础上不断更新教材。因此，我们于2000年成立了“民族学教材与研究丛书编委会”，目的是以民族学与社会学学院为基础，系统地编辑出版民族学专业的教材和以实证性研究为主的专著、调查报告和论文。编委会将重点支持以下内容的教材和著作：

1. 民族学专业主干课和紧缺的必修课教材。

2. 以实地调查资料为基础的专题研究著作。

3. 国外民族学名著或前沿理论与方法的译著。

4. 有重要学术资料价值且规范的田野调查报告。

5. 本院教师实证性研究的论文集。

我们要求教材的编写者，应具有多年讲授该课程的资历，并且发表过有关的研究论文。我们要求丛书中的教材和论著应参考并引用国内外最新的相关研究成果，能够与国际学术界对话。我们希望经过若干年的努力，本套丛书能够为民族学与社会学学院50年学术传统的发扬光大，为中国民族学学科的建设和中国民族学在国际学术界中较高地位的确立做出贡献。

杨圣敏

目　录

序

近年来，达斡尔族研究有了长足的进展，主要体现为以下几个方面的特点：一是研究领域在不断拓宽；二是研究角度呈多元化；三是研究内容趋于深化；四是在研究成果数量增加的同时研究质量也逐渐提高。与此同时，仍有一些研究领域或重要问题无人问津或少有人涉猎，其中就包括本书作者进行专题研究的达斡尔族农民的生活问题。实际上该问题的研究，不仅涉及达斡尔族的农民群体，也关系到整个达斡尔族及文化的发展趋向，甚至涉及许多少数民族在面对传统文化与现代文化的契合、调适和文化重组中的若干重大问题。因此，该课题的研究具有重要的理论价值和现实性，也极富普遍意义。

祁惠君老师借中央民族大学“211 工程”项目基金的支持，与她的研究生丛静同学合作攻关，以全国达斡尔族唯一的自治地方——内蒙古自治区莫力达瓦达斡尔族自治旗的农民为研究对象进行调查分析，角度新颖，颇具现实意义，尤其是书稿中对农民生活的个案分析，材料翔实可信，分析具体深入，由此引发的思考也颇有新意和启发性。其勇气令人钦佩，其精神难能可贵。当然，本课题的研究，还有较大的可持续开发研究和亟待完善的空间，此书的出版想必会引发学界更广泛的关注和思考。

我与祁惠君老师虽然各自从事不同领域的教学研究工作，但在特别关注和竭力研究内蒙古“三少民族”（达斡尔、鄂温克、鄂伦春）的学术道路上有许多共同的话语，也达成了某些共识。书稿出版在即，盛邀之下，发表了上述感言。一对祁惠君老师和丛静同学表示祝贺，二也想借此机会呼唤和欢迎更多的学界同仁来研究达斡尔族、达斡尔族文化和达斡尔人，以此推动达斡尔族研究向纵深发展，也为构建多元一体中华民族和谐社会尽献我们的绵薄之力。

丁石庆

2006年4月

第一章　导　论

第一节　选题的意义和价值

本书选题为“传统与现代：达斡尔族农民的生活”，其现实意义和学术价值主要有以下几点：

第一，在我国民族学、民族史学术领域里，涉及达斡尔族的历史、政治、经济、文化等方面的研究，已经取得了丰硕的成果。如民族学前辈们长期深入达斡尔族地区进行调查研究，为我们今天的田野调查提供了理论依据和指导方法。改革开放以来，随着社会的发展，民族学学科得以恢复，学术界对达斡尔族的研究，特别是对其经济、社会和文化变迁的调查与探讨更为深入，出版了许多具有较高学术价值的专著和内容翔实的调查报告。在前人研究的基础上，我们以民族学为视角，结合最新的田野调查材料，试图阐述和分析新中国成立五十多年来达斡尔族农民生产、生活方式的变迁。

第二，民族学研究方法要求通过对一个民族的一个典型社区的深入细致的田野调查，由点及面地反映该民族整体的和全面的真实面貌。选择一个典型社区——“样本”是田野调查的关键。我国达斡尔族主要分布在内蒙古自治区、黑龙江省和新疆维吾尔自治区等地。内蒙古莫力达瓦达斡尔族自治旗是我国唯一以达斡尔族为主体的民族自治地方，是达斡尔族的主要聚居地，其境内的达斡尔族在整个达斡尔族中具有典型性和代表性。

第三，自1947年内蒙古自治区建立以来，“三少民族”① 成为约定俗成的具有特殊含义的专有名词。事实上“三少民族”在历史上有着千丝万缕的渊源关系。如今“三少民族”中的鄂温克族和鄂伦春族均被列为“人口较少民族”（见表1），得到党中央和国务院的特别重视，“十五”计划把扶持人口较少民族作为国民经济和社会发展的一项重要任务。2005年由国家民委、国家发改委、财政部、中国人民银行和国务院扶贫办联合编制了《扶持人口较少民族发展规划（2005—2010）》，从而使鄂温克族和鄂伦春族在政治、经济等许多方面得到了应有的关注。比较而言，无论政府还是学术界对作为“三少民族”之一的达斡尔族关注得少一些，这也是我们选择达斡尔族作为研究对象的主要原因所在。

表1：人口较少民族基本情况表

民　族	人　口	主要分布地区	民　族	人　口	主要分布地区
毛南族	107，166	广西	保安族	16，505	甘肃
撒拉族	104，503	青海	俄罗斯族	15，609	新疆
布朗族	91，882	云南	裕固族	13，719	甘肃
塔吉克族	41，028	新疆	乌孜别克族	12，370	新疆
阿昌族	33，936	云南	门巴族	8，923	西藏
基诺族	33，600	云南	鄂伦春族	8，196	内蒙古 黑龙江
普米族	33，600	云南	独龙族	7，426	云南
鄂温克族	30，505	内蒙古 黑龙江	塔塔尔族	4，890	新疆
怒族	28，759	云南	赫哲族	4，640	黑龙江
京族	22，517	广西	高山族	4，461	台湾
德昂族	17，935	云南	珞巴族	2，965	西藏

① 在内蒙古自治区，有达斡尔族、鄂温克族和鄂伦春族三个少数民族自治旗（县级），这三个民族在历史上有着源远流长的密切关系，早在明末清初就形成了“三少民族”的概念。它不是学术意义上的严格划分，但在现实生活中却被广泛使用。

第四，我国是一个农业国家，农村人口占全国总人口的3/4，“三农”问题是关系到国民经济和社会发展的根本问题。“农业丰则基础强，农民富则国家盛，农村稳则社会安”。党的十六届五中全会通过的《中共中央关于制定国民经济和社会发展第十一个五年规划的建议》，明确提出了建设社会主义新农村的奋斗目标。在这样的形势下，我们对达斡尔族农民生活的现状进行实地调查和深入访谈，尽量努力地站在“客位”的角度，倾听作为“主位”的广大达斡尔族农民的声音，从而揭示达斡尔族农村和农民在农业生产和生活中存在的问题及发展趋势。

第五，我国幅员辽阔，民族众多，生态环境复杂，文化现象丰富。达斡尔族有着悠久的历史，早在遥远的古代，勤劳智慧的达斡尔族人民便结束了以渔猎为生的历史，并在长期的生产和生活实践中，实现了从攫取经济到产食经济的过渡，形成了农、林、牧、渔、猎、手工、采集、商品交换和交通运输等多种经济成分共存并繁荣发展的基本格局和鲜明的地域和民族特色。“无论是同近邻鄂伦春狩猎民族相比较，还是和周边渔猎的赫哲民族及草原游牧的蒙古民族相对照，达斡尔族的传统经济结构明显地具有多元化的特点。因此，民族地区的现代化会因其族群、文化的多样性，变得更为复杂。”① 这正是民族学所关注的重要领域。

第二节 相关文献和研究述评

达斡尔族是我国北方的少数民族之一，在历史上曾被称为达呼尔、达湖尔、打虎儿、达霍尔、达乌里、达乌尔等，共有二十

① 谷文双、王奇、马国利：《多元化：达斡尔族传统经济结构的特征与趋势》，载《黑龙江民族丛刊》，2000（1）。

多种称谓。1954年根据本民族意愿确定为“达斡尔族”。达斡尔族是一个有语言而没有文字的民族，而且在中国古籍文献中关于达斡尔族的记述只是片断的和零散的。其中以《旧唐书》的记述为最早。而后，北宋欧阳修的《新唐书》、清代张廷玉的《明史》、何秋涛的《朔方备乘》、西清的《黑龙江外记》、英和的《卜奎纪略》（1829年）、方观承的《卜奎风土记》（1909年）等都对达斡尔族有过零星的描述和记载。虽然不够丰富和详细，但对达斡尔族的历史、生产、生活以及风俗习惯等都有所涉及，从而为之后学者们深入挖掘和研究达斡尔族的历史、文化提供了可贵的历史资料。“清刑部主事何秋涛在沙俄东侵之际，潜心研究时务，所著80卷本的《北徼汇编》（1859年），文宗皇帝赐名为《朔方备乘》，其中的《索伦诸部内属述略》，记述了明清之际索伦诸部的分布及清初的经营和统一，是研究我国索伦诸部历史地理的代表性著作。”① 清道光二十七年（1847年）达斡尔族学者华凌阿“根据当时他所能接近的史料，依据当时自己民族的实际情况，结合民间的传述，用满文写成的《达斡尔索伦源流考》一书，揭露了当时达斡尔民族在清王朝统治下极端悲惨的情形，给我们研究达斡尔族的历史提供了宝贵的资料。”② 近代以来，关于达斡尔族的历史、风俗、语言等记录叙述较为全面和有代表性的是万福麟监修、张伯英等纂修的《黑龙江志稿》（1928年）、郭克兴的《黑龙江乡土录》（1926年）、孟定恭的《布特哈志略》（1931年）、阿勒坦噶塔的《达斡尔蒙古考》（1931年）、庆同普的《达斡尔民族志稿》（伪满时期）、何维忠的《达古尔蒙古嫩江

① 卡丽娜：《有关驯鹿鄂温克人的研究动态及其价值》，载《鄂温克研究》，2004（1）。

② 华凌阿：《达斡尔索伦源流考》，内蒙古东北少数民族社会历史调查组印，序言，1页，1958。

流志》（手稿，伪满时期）等等。众多史料为我们深入研究达斡尔族奠定了坚实的基础。

新中国成立后，在党的民族政策的指导下，从1956年开始，国家组织民族学、民族史等有关方面的专家和学者深入到达斡尔族聚居地区进行了较为全面的调查，收集和整理了大量的古籍文献，对达斡尔族的社会历史、民族经济、政治制度、风俗习惯、宗教信仰等方方面面进行了详实的记录和统计，完成了新中国第一批关于达斡尔族的民族志，丰富了民族学对达斡尔族社会和文化的研究。这一时期的主要著作有孟希舜的《达斡尔民族志稿》(1954年)、全国人民代表大会民族委员会办公室编辑的《达呼尔族情况》(1957年4月)、《巴彦托海索木达呼尔族情况》(1958年3月)、内蒙古少数民族社会历史调查组编印的《爱辉县西岗子乡友谊社达斡尔族情况》(1959年4月)、《莫力达瓦达斡尔族自治旗概况及哈布奇屯达斡尔族情况》（1958年12月）以及中国科学院民族研究所、内蒙古少数民族社会历史调查组共同编辑出版的《齐齐哈尔市郊区全和太屯解放前经济情况》（1963年8月）等。同时，内蒙古少数民族社会历史调查组和中国科学院内蒙古分院历史研究所共同编辑出版的《〈清实录〉达斡尔、鄂温克、鄂伦春、赫哲史料摘抄》（1962年)、中国科学院民族研究所和内蒙古少数民族社会历史调查组共同编写的《达斡尔族简史·简志合编》（1963年）以及内蒙古、东北少数民族社会历史调查组编写出版的《有关达呼尔、鄂伦春和索伦族历史资料》第1辑、2辑（1958年4月）等等，展示了达斡尔族源远流长的历史画卷，促进和推动了学术界对达斡尔族的关注与研究。

改革开放以来，我国的各项事业都为之一新，科学研究工作也迎来了发展的春天，这也给达斡尔族的民族学研究带来了勃勃生机。这期间出版了大量具有学术和理论价值的论文，其中载于《黑龙江民族丛刊》的主要有丁石庆的《达斡尔族亲属称谓的文化透视》、《论清“达呼尔人”的历史文化价值》；毅松的《达斡尔族的传统哲学思想》、《达斡尔族的农业民俗》；谷文双的《多元文化：达斡尔族传统经济结构的特征与优势》；玛娜的《达斡尔族族源研究述略》；孟志东的《达斡尔族族源研究述评》；陈烨的《求雨：达斡尔人的一种民间宗教行为的人类学解说》；王咏曦的《试谈达斡尔族的民间文学》、《达斡尔族源流考》；刘金明、曾小玲的《论达斡尔族学校教育的特征及作用》等等。载于《内蒙古社会科学》的主要有：毅松的《达斡尔族的采集饮食文化》；谷文双的《达斡尔族传统狩猎文化考述》；陈烨的《达斡尔族经济变迁略论》；孟志东的《达斡尔族民间故事简论》、《达斡尔族之宗教信仰》；阿尔太的《达斡尔族称议》等等；载于《内蒙古大学学报》的主要有塔娜的《清代达斡尔族诗人敖拉·昌兴及其诗歌》；载于《满族研究》的主要有：丁石庆的《清代满族与达斡尔族民族关系述略》等等。这些论文从不同的研究视角对达斡尔族的社会、历史、政治、经济、文化、宗教等进行了充分的阐述，无论内容材料还是理论观点，都对达斡尔族研究有新的拓展。

与此同时，还先后出版了许多有价值的专著和论文集，例如恩和巴图等先生的《达斡尔语词汇》（内蒙古人民出版社，1984年）、《达斡尔语话语材料》（内蒙古人民出版社，1985年）、《达斡尔语和蒙古语》（内蒙古人民出版社，1988年）；仲素纯先生的《达斡尔语简志》（民族出版社，1985年）；巴图宝音先生的《达斡尔族风俗志》（中央民族学院出版社，1991年）等。这些著作，对达斡尔族的历史与现状给予了较为完整和充分的论述，为学术界研究达斡尔族提供了丰富的资料和依据。特别是民族学前辈满都尔图先生的《达斡尔族》（民族出版社，1991年10月）一书较为全面、系统地介绍了达斡尔族的自然地理、历史、政治、文化、生产、生活、宗教信仰和民间文学艺术等各方面的情况，为了解和研究达斡尔族提供了宝贵的资料。丁石庆教授的

《达斡尔族语言与社会文化》（中央民族大学出版社，1998年）一书，“从文化的角度集中研究单一一个少数民族的语言，并把文化语言学研究往深处推进了一步”①。“本书通过达斡尔族语言探讨达斡尔族婚姻家庭、宗教信仰、人名地名及文化交往等材料丰富准确，是文化语言学领域中的一部精细详实、独具特色的新著”②，是达斡尔族研究的必备图书。

另外，作为地方史志资料，内蒙古达斡尔历史语言文学学会主编的《达斡尔族研究》，莫力达瓦达斡尔族自治旗史志编纂委员会编写的《莫力达瓦达斡尔族自治旗概况》（内蒙古人民出版社，1985年）、国家民委民族问题五种丛书内蒙古自治区编辑组编：《达斡尔族社会历史调查》（内蒙古人民出版社，1986年）、铁林嘎主编的《莫力达瓦达斡尔族自治旗志》（内蒙古人民出版社，1998年6月）；杜青发主编的《莫力达瓦达斡尔族自治旗情》（内蒙古文化出版社，2002年）；中国民族村寨调查丛书编委会编写的《达斡尔族：内蒙古莫力达瓦旗哈力村调查》（云南大学出版社，2004年）等从不同的层面发现和挖掘了达斡尔族社会的方方面面，深入细致地记述了专门的地方概况，补充了民族志的新材料，充分展示了专家学者们对达斡尔族的认识价值和解释力。

有关达斡尔族的外文资料并不多，主要是苏联和日本学者的研究，如《苏联大百科全书》第13卷中有关达斡尔族的记载。苏联学者潘克拉托娃在她主编的《苏联通史》中对达斡尔族有一段综合性的描写：“沿阿穆尔河（黑龙江）住着达乌尔人及其同族的部落，17世纪时，达乌尔人已有很高的文化。”③ 同时，在

① 丁石庆著：《达斡尔语言与社会文化》，序言，1页，中央民族大学出版社，1998。

② 同上，序言，2页。

③ ［苏联］潘克拉托娃主编：《苏联通史》，转引自满都尔图著《达斡尔族》，民族出版社，11—12页，1991。

苏联学者斯特忍堡的《黑龙江地区土著居民分类》中也有对达斡尔族的记载。

日本学者吉田金一撰写的《17 世纪黑龙江流域的原住民》也为后来的学者研究达斡尔族提供了丰富的史料。此外还有日本民俗学者大间知笃三的《黑龙江纪行》（东京日日新闻，1941 年）、《达斡尔族巫考——以海拉尔群体为主要对象》（建国大学研究院月报，卷 41，1944 年）等。大间知笃三，1900 年生于富山县，1927 年毕业于东京帝国大学文学部德文学科，1928 年入金泽连队军营。1933 年参加柳田国男主持的“民间传承论”讲座，从此致力于民俗学研究。1939 年赴任伪满建国大学德语讲师，同时开设民族学讲座。是年至 1945 年，在东北的满族、达斡尔族、蒙古族以及汉族地区从事民族学和人类学调查。另一位日本学者池尻登撰写的《达斡尔族》出版于 1943 年。书中写到伪满时期“作者是出生在中国东北的日本人，1935 年到当时的莫力达瓦旗布西产业技术传习所任教 4 年，离任之际成书，虽然是站在殖民主义者的立场上，但书中比较系统地阐述了达斡尔族情况，因而对研究达斡尔族有一定的参考价值。”①

改革开放以后，随着全球化进程的推进，国外学者对中华民族的多元文化十分感兴趣，他们纷纷前来中国，深入到少数民族地区进行实地调查，从跨文化角度对中国少数民族进行专项和细致的调查研究，并著书立说，提出了许多新的观点。

总之，对于达斡尔族的研究，在我国古籍文献中早有记载，20 世纪 50 年代以来我国的专家学者通过实地调查，运用历史学、语言学、民俗学、民族学和社会学等多学科研究方法对达斡尔族进行了宏观和微观的调查与研究，取得了前所未有的成就。

---

① ［日］池尻登著，奥登挂译：《达斡尔族》，达斡尔历史语言文学学会，译者序，1 页，1982。

第三节　理论与方法

一、理论

本书涉及的重要学科理论主要包括以下两个方面：

(一）文化变迁理论

文化是什么？费孝通教授指出：文化“就是共同生活的人群在长期的历史当中逐渐形成并高度认同的民族经验，包括政治、文化、意识形态、价值观念、伦理准则、社会理想、生活习惯、各种制度等等。这是在千百年的历史中形成的民族经验，具有很强的稳定性。”① 文化是人类社会存在的基础，世界上任何一个民族或族群，都有自己的文化体系。而文化变迁是指由于民族社会内部的发展或不同民族之间的接触，从而引起一个民族文化的改变。文化变迁与社会变迁密切相关。社会变迁是指社会现象的变化，更确切地说是指社会制度的结构和功能所发生的改变。而文化变迁总是与之相伴随着，所以有的民族学（文化人类学）者使用“社会文化变迁”一词。

有关文化变迁理论，最早可以追述到早期进化论学派。该学派主张用文化进化理论来研究文化发展的普遍规律，认为人类文化普遍地由低级向高级、由简单向复杂发展进化，形成“单线进化”的发展顺序。其涉及的主要是历史上的文化变迁，当然重建人类的过去也是为了了解现在，但他们不大重视民族之间的文化接触，以及正在发生的文化变迁过程。因此，“单线进化论”受到了新进化论的批判。联合国教科文组织关于世界文化多样性的

① 费孝通：《进入21世纪时的回顾和前瞻》，北京大学社会学人类学研究所、中国社会与发展研究中心ISA工作论文，11页，2001.008。

宣言里说："文化多样性是人类共同的遗产，对人类来讲就像生物多样性对维持生物平衡那样必不可少。"很明显，早期进化论学派在学科领域内存在着一定的局限。

根据历史资料和前人的研究成果，我们了解到达斡尔族是在与周边民族的交往、交融的实际过程中，在吸收和借鉴其他民族文化的前提下，使自身文化发生了变迁。因此，本研究应该引入传播论学派有关文化变迁的理论。该学派侧重于进化论所忽视的文化的地理、空间和地方性变异，着重研究文化的横向散布，认为文化的变迁过程就是传播过程，文化主要在传播过程中发生变迁。但是，我们在了解和分析该学派的理论的同时，应该看到他们对文化变迁的过程或传播时间顺序的解释缺乏说服力，忽视了人类创造文化的能力。

鉴于此，美国历史学派博厄斯提出了自己的观点，他强调每个民族的历史和文化都有自身的特殊性，认为这种特殊性一方面取决于社会的内部发展，另一方面取决于外部的影响，因此既应考虑到独立发明在文化变迁中的作用，也应考虑到文化传播的作用。他在强调文化传播的同时，也反对极端传播论。他主张要做详尽的描述性的民族学调查。以博厄斯为首的历史学派虽因其忽视理论的倾向而受到批评，但他们所倡导的细致的调查可以使研究者从中观察到文化变迁的过程，对后来学者们深入研究文化的变迁具有一定的指导意义。

在众多理论学派中，功能学派在中国民族学界（文化人类学界）的影响最大。功能学派的代表人物马林诺夫斯基曾对文化变迁作了具体的论述，主张着重对社会文化的功能、结构的研究，认为文化现象的变化主要是它的功能的变化、消失与替代。但马林诺夫斯基也注意研究在调查中所发现的文化变迁，并著有《文化变迁的动力》一书。另一位代表人物拉德克利夫—布朗也论述了文化接触产生的相互作用，认为研究文化变迁的过程，共时性研究优于历时性的研究，但同时也必须进行历时性研究，才能发现文化变迁的规律。

上述理论成果是前辈专家学者在长期的田野调查中总结思考的理论结晶，对研究单一民族文化变迁提供了理论范式。

20 世纪 30 年代，赫斯科维茨等人开始把文化变迁作为专门的研究课题。那时的美国人类学家着重研究印第安人与白人文化接触所引起的变迁。

二战以后，第三世界国家和民族的发展问题引起人们的普遍关注，促使民族学家更多地研究文化变迁。如心理学派有关文化变迁研究侧重于不同文化接触过程中个人的认知、适应途径、行为方式以及人际关系等的定量分析。其代表人物哈勒威尔于 20 世纪 50 年代开始将文化变迁过程划分为若干阶段，并采用心理测试法对文化变迁的程度进行测定。心理学派以文化与人格的关系为主题，他们关于文化适应、社会文化的心理过程、文化与人格塑造等重大问题的研究，极大地丰富了文化变迁研究的许多重要方面，他们的研究路线和研究成果，给我们以深刻的启示，也为我们今天深入研究达斡尔族各种文化现象的变迁奠定了坚实的理论基础。

美国新进化学派的兴起，也给文化变迁研究注入了新的活力，其代表人物是怀特和斯图尔德。怀特认为只有技术才是文化发展的原因，认为文化是一种独特的现象，有自己的组织原则和运动规律。怀特还认为，意识形态的变迁源于社会变迁，社会变迁则是由技术进步导致的；技术变迁会引起一系列的连续变迁，生态条件的变化也会导致文化的变迁。第二代新进化论学派的代表人物塞维斯和萨林斯致力于协调怀特和斯图尔德的进化学说，并把“一般进化”和“特殊进化”理解为人类文化进化不同的侧面。

近年来，民族学（文化人类学）本土化、中国化的呼声越来越强烈。在我国，有关文化变迁的研究既是西方文化变迁理论的中国化过程，也是借助西方各派学说和方法，在中国按国际学术规范开展实地调查和社区研究，将外来理论和方法本土化并发展出本土理论和方法的过程。

20世纪初，我国民族学者（文化人类学者）对文化变迁理论有不同的看法。如何把西方文化变迁理论发展为中国本土的应用理论，孙本文先生认为在理论上必须对国外理论进行全面研究和综合吸收，再根据中国的现实加以检验与修正，从而取得思想上的独立。黄文山先生则提出，必须以民族学家的文化理论为依据，学术上采取公开的态度，方法上取西方各派之精华，资料上参考各国调查成绩与先例，整理、归纳和阐释我国的民族文化。

20世纪三四十年代，吴文藻先生积极倡导用以英国功能学派社会人类学为主要理论背景的“以试用假设始，以实地验证终”，达到理论符合事实，事实启发理论的方法进行独立的科学研究。他提出并积极布置学生到各地进行田野调查，此间涌现出一批以实地调查为研究方法、以西方理论为理论基础进行中国文化研究的人类学者和社会学者，成果显著。如费孝通先生的《花蓝瑶社会组织》、《江村经济——中国农民的生活》，费孝通、张之毅的《云南三村》，林耀华先生的《金翼》、《义序的宗族研究》等。这些著作注意运用西方的学术理论和文化各个方面的研究，对西方民族学及文化和文化变迁理论不单纯地用适当的中国传统概念加以解释，不仅仅专注于西方理论体系的介绍，不烦琐地罗列中国的事实，而是用西方的研究理论和方法来观察和分析中国的文化，并进一步解释其中的特殊现象。

人类的历史告诉我们，各民族的文化都经历过渐进变迁并通过调适达到整合。今天的问题是文化变迁的深度、广度和速度都超过了以往，剧烈的变迁容易引起文化失调，进而给人们的生活带来困扰。

新中国成立五十多年来，莫力达瓦达斡尔族自治旗达斡尔族社会从根本上发生了翻天覆地的变化，无论是经济基础（包括生产、生活），还是上层建筑（政治制度等）都发生了不同程度的变迁。因此，我们需要以民族学（文化人类学）的理论为指导，分析不同时空条件下达斡尔族的生产、生活状况及其存在的问题，使我们在研究达斡尔族农民生活的同时，更加关注达斡尔族所面临的文化冲击，以及这种冲击所带来的整体文化的变迁。

（二）文化与生态环境关系理论

每一个民族的文化，都是在一定的生产力水平上的最佳适应与选择。同时，文化是一种历史现象，每一社会都有与其相适应的文化，并且是人类历史实践过程中所创造的物质财富和精神财富的总和，这就决定了人类文化与环境关系的性质和内容。从美国著名民族学家摩尔根那里也能找到文化与自然环境的关系。他将文化发展分为7个阶段，每一文化阶段的标志都与人类对自然环境的认识和改造密切相关。可以看出，文化的产生和发展，与人类对自然环境的认识、利用与改造同步。在人类和自然环境的对立统一关系中，产生和发展了文化。因此，在人类文化的发展进程中，始终包含着自然环境的因素。

功能主义学派代表人物马林诺夫斯基认为："文化从它一开始就存在于人类在懂得利用环境提供的机会上所进行的有组织的开发之中，存在于对集体完成的活动有助的干劲、技能及精神反应的训练中。……文化在其最初时以及伴随其在整个进化过程中所起的根本作用，首先在于满足人类最基本的需要。这样，文化起初的含义就成了在自然界未给人类以装备的各种环境条件下的人类生存自由。"①

随着人类社会的发展，少数民族的传统文化无论是在各民族

① 转引自周鸿：《人类生态学》，高等教育出版社，40页，2001。

创造的物质财富还是精神财富上，都表现出不同的与环境密切相关的特点。由于各民族居住区域的自然环境不同，因此出现了各自不同的民族文化。在地域环境的影响和制约下，各民族在生产方式、生产工具等方面也有很大的差异。在生活习惯、衣、食、住、行等方面，都各有特点，各民族都有自己的传统节日和禁忌。因此，国家在民族地区实施的各项建设计划，例如修建水库、路矿开发等等，首先要考虑到各民族的文化传统和生态基础。

达斡尔族在对环境的适应过程中，完成了从森林狩猎到农耕的过渡，并形成了自己独具特色的文化。一个民族及其生计方式能够世世代代延续下去，一定有其合理的因素。但是我们也知道文化不是一成不变的。如何去粗取精、去伪存真，研究其科学内涵，使其在现代化进程中继续发挥积极的作用是需要我们为之努力奋斗的。因而我们要坚持科学的发展观，积极调查和发掘达斡尔族传统文化，促进达斡尔族社会与主流社会的“和谐”发展和共同繁荣、共同进步。

二、方法

在上述理论的指导下，本书所采取的研究方法主要有：

（一）历史文献研究法和比较分析法

本书在研究过程中，比较重视对历史文献的搜集和地方史料的整理，力求在老一辈专家学者研究的基础上，根据新形势，探讨新问题。我国著名社会学家、人类学家和民族学家费孝通先生曾多次语重心长地教导年轻一代人类学和民族学的学生，要深入进行田野调查，紧密结合历史资料，尤其讲究文献的整理和归纳。这是我们要用一生的努力去学习和实践的。

所谓比较分析法，结合本书，主要是对不同历史时期达斡尔族人口变迁、农业生产状况发展规模、农民生活质量等各个方面的内容进行比较分析，显现出达斡尔族农民在不同的历史时期、不同的政治制度和经济发展的背景下的不同特点。

（二）观察和参与观察法

本书在研究中主要采用民族学和文化人类学的观察与参与观察方法。观察与参与观察是民族学大师马林诺夫斯基在特罗布里恩德群岛调查时创造的方法，这种方法要求调查者深入到调查对象的生活中，通过局外观察和参与观察来获取调查资料。因此我们站在“客位”的角度，比较“宏观”地对莫力达瓦达斡尔族自治旗进行了全面的了解、观察。比如，我们首先到内蒙古自治区民委，收集了解了相关资料。再赴呼伦贝尔市民委，和负责经济工作的达斡尔族干部进行座谈。在获得和占有一定资料和信息的情况下，深入到莫力达瓦达斡尔族自治旗的阿尔拉村，“微观”地参与观察，并对典型个案进行了深入访谈。在上述方法的指导下，我们积极地借鉴、尝试和体验。从某种意义上讲，田野调查实际上是我们向访谈对象学习、请教，并与其进行直接对话和交流的过程，也是一个共同学习进步的过程。

在这方面，拉德克利夫—布朗深有感触，他提出民族学和人类学家都需要田野工作研究，坚持调查和理论不能分离，资料的收集和假设的阐述必须通过直接的观察来验证。他把进化论学者看成是“空想的人类学家”，并指出任何洞察力都不能完全弥补人类学家对研究和解释材料进行直接、亲自的接触。

（三）共时性和历时性研究方法

共时性研究与历时性研究相结合，历史文献资料与民族学调查资料相结合是民族学家研究民族社区的有效方法。拉德克利夫—布朗指出：如果采用共时性的研究来分析，很难找到大量确实可靠的资料。因此，对于以往的历史事件和人类活动往往只能凭猜测，整个文化史的建立也往往是一种构拟。同时，为了了解文化各个部分的功能，人类学家应该采用比较方法对文化现象进行横向的或共时性的研究。文化的每一个因素都扮演特定的角色，都有一种功能，因此，研究文化就是研究一种文化中各要素之间的关系、这种文化整体结构和各文化要素在这个统一系统中在内外两方面所具有的功能，以及比较不同文化系统之间的异同点。

功能学派开创了民族学研究方法由历时性向共时性的转变。他们认为以前的学派注重研究文化历史起源，强调文化的历时性方面，忽视了文化的多样性。为了弥补这方面的不足，功能学派把任何文化都看成是一个整合的系统，并且研究作为这个系统各部分的制度、习俗和信仰的功能。强调除了历时性的研究方法外，还应注意历史上某个特定时期的文化。

第四节　研究和写作的基本思路

本书以“传统与现代：达斡尔族农民的生活”为书名，由正文及附录构成，其中正文9章。

第一章“导论”，主要介绍本书选题的现实意义和学术价值。我们主要以达斡尔族农民的生活为切入点，客观地描述其真实的生活现状。由此认识达斡尔族农民是如何生活的，他们又是如何地改变和不断地适应着变化着的生活。本书以民族学的视野，在前人研究的基础上，用“微观”去透视“宏观”的观察方法和参与观察方法对达斡尔族农民社会的政治、经济、历史、文化，尤其是现状及存在的问题进行了田野调查。在“宏观”背景下，力图获得最新的材料和新的认识；同时，期望从生动具体的现实出发，动态地把握民族文化现象。

第二章“达斡尔族概况”，以历史发展为主线，交待了各个不同时期达斡尔族人口的分布和发展、自然生态环境和民族构成状况，讨论了达斡尔族的族源和历史上的迁徙过程。

第三章“社会改革与政治制度变迁”，阐述了达斡尔族的传统社会组织结构以及民族区域自治制度的建立和发展，重点论述了农村经济体制改革等相关政治制度。探讨了农民的精神文化生活中宗教的作用和变化。

第四章“生产方式的变迁”，阐述了达斡尔族农民所从事的农业生产方式，包括种植结构的调整、农作物种类、品种改良及农机具普及和进步，展现了达斡尔族农业的发展状况。

第五章“个案调查与达斡尔族生活现状”，通过对阿尔拉村的户访，进行较为深入的“个案”访谈，从而更加直观、清晰地描述了达斡尔族农民的生活现状，涉及疾病、医疗与教育问题。

第六章“生命的历程”，以一个生命从出生到结束的过程，展现了生和死、成人和责任、婚姻和丧葬等人生礼仪，揭示了达斡尔人的生死观和价值观。

第七章“物质文化”，主要对达斡尔族农民的物质生活文化进行了较为具体的描述和概括，从服饰、饮食、居住、交通等方面对达斡尔族农民现实的生活情形进行了客观的介绍。

第八章“精神生活”，首先对民族节日进行了分类介绍，其次针对达斡尔族农民普遍存在的“冬闲”现象进行了深入剖析，试图从“东北农村”这样一个整体上解剖农民的文化生活状况。

第九章“经济和社会的可持续发展”，重点讨论达斡尔族社会经济可持续发展的问题，如：水利工程和移民、农田基本建设和扶贫开发等等。达斡尔族社会经济将随着社会主义新农村建设的发展而得到更快的发展。2005年末，《中共中央国务院关于推进社会主义新农村建设的若干意见》公开发表，该决议全面分析了当前农业和农村形势，深刻阐述了建设社会主义新农村的重大意义。

总之，在经历了新中国五十多年的风雨历程后，在艰难的适应过程中，达斡尔族作为生活在中国北方的古老民族，已经进入了一个崭新的社会发展阶段。在多元文化和全球一体化的大背景下，达斡尔族农民又将面临着新的适应与挑战。我们期望更多关心和关注民族地区发展的人们走进莫力达瓦达斡尔族自治旗，走进达斡尔族村屯，走进达斡尔族农民的生活中。

第二章　达斡尔族概况

第一节　人口及其分布

在我国东北部地区，大兴安岭东麓、嫩江两岸，生活着一个勤劳、勇敢的民族——达斡尔族。

据 2000 年人口普查统计，我国达斡尔族总人口为 132394 人。其中，内蒙古自治区有 77188 人，主要聚居在莫力达瓦达斡尔族自治旗、扎兰屯市达斡尔民族乡、鄂温克族自治旗巴彦塔拉达斡尔民族乡、阿荣旗音河达斡尔鄂温克民族乡。黑龙江省有 43608 人，主要聚居在齐齐哈尔市梅里斯达斡尔族区的卧牛吐达斡尔族镇和莽格吐达斡尔族乡、富拉尔基区杜尔门沁达斡尔族乡，富裕县友谊达斡尔满柯尔克孜民族乡和塔哈满达斡尔民族乡。新疆维吾尔自治区有 5541 人，主要分布在塔城市阿西尔达斡尔民族乡，其余分布在霍城县、伊宁市和乌鲁木齐市。辽宁省有 1282 人。其他地区，如河北省、山东省、北京市和天津市也有分布。总计达斡尔族在我国行政建制中有 1 个民族自治旗和 9 个民族乡。[①]

“人口是各种文化现象的载体。人口变动势必会影响整个社会的文化变迁。”[②] 因此，为了全面反映达斡尔族农民的生活，

---

① 杨圣敏、丁宏编：《中国民族志》，中央民族大学出版社，128—129 页，2004。

② 庄孔韶编：《人类学通论》，山西教育出版社，307 页，2003。

我们有必要追寻达斡尔族历史发展的轨迹，探索其人口变化的规律。

10世纪初，达斡尔族的祖先契丹人在我国北方建立了长达二百余年的辽朝政权。12世纪初，契丹人迫于女真人的压力，开始陆续北迁至黑龙江中游、上游一带。17世纪以前，达斡尔族在黑龙江北岸定居下来，并建立了许多村屯，过着半农半牧兼渔猎的生活。1643年，沙皇俄国武装入侵我国黑龙江流域，达斡尔族人民进行了反抗斗争。清顺治初年至康熙初年，生活在黑龙江北岸的达斡尔族大部分陆续迁至嫩江流域。顺治六年，达斡尔族苏都尔氏（今“苏”姓）阿尔多库等迁居嫩江西岸诺敏河下游，建立霍尔托辉、乌尔科等村屯。乾隆十六年，又有一大批达斡尔族人在布特哈地区定居下来。随着沙俄的入侵，康熙二十七年（1688年），黑龙江将军派1000名达斡尔族官兵驻防墨尔根城。雍正十年（1732年）调布特哈地区的达斡尔族官兵730名驻防呼伦贝尔地区。乾隆二十八年（1763年），为了加强对新疆地区的统治和防务，从布特哈地区抽调达斡尔族官兵500名并携带家眷，迁居伊犁，永驻边疆。

清朝中后期，大批关内农民、手工业者因灾荒、战乱等破产。迫于生计，这部分人千方百计冲破官府禁令，纷纷涌入布特哈地区，开始出现“闯关东”潮，致使当地人口大增。据中东铁路局商业部编写的《黑龙江》一书记载，1887年（光绪十三年）黑龙江将军辖境达斡尔族人口为29000人，加上当时新疆数千达斡尔族人，总计3万多人。另据宣统元年调查，全国总计达斡尔族人口4万余人，黑龙江省各地的达斡尔族人口有36036人，其中：内河厅11300人、西布特哈设治局7373人、龙江府5963人、嫩江府3710人、瑷珲厅1376人、呼伦厅有716人、绥化府4867人、黑河府696人、呼兰府35人。

大批汉族人在此地入籍，安家落户，与当地各少数民族共同劳动，使该地迅速得到开发。同时汉族人的迁入对达斡尔族的生产和生活产生了深刻的影响。民国年间，官府残酷欺压百姓，加之大量土地的开发，使达斡尔族人不断失去猎场、牧场。嫩江东岸一部分达斡尔族人受生活所迫，纷纷迁至嫩江西岸，即今莫力达瓦达斡尔族自治旗境内，致使莫力达瓦达斡尔族人口迅速增加。据 1933 年人口统计，当时莫力达瓦达斡尔族总人口已达 16862 人。

通过对文献资料的整理和分析，我们总结出决定这一时期达斡尔族人口数量变化的主要因素有：一是政府开禁招垦，使大批汉族农民迁入；二是汉族的迁入，使得达斡尔族人失去原有的猎场和牧场，生活难以维持，被迫外迁；三是原西布特哈地区分建巴彦旗和阿荣旗，使得莫力达瓦达斡尔族自治旗的人口随地域而减少。

“据日本京都大学教授三浦运一 1940—1941 年的调查，1939—1940 年东北达斡尔族人口出生率为 40.8‰，死亡率为 47.4‰，自然增长率为 -6.6‰；婴儿死亡率高达 265‰。达斡尔族人口属于低增长阶段。解放前夕，中国有达斡尔族人口约 4 万人。”[①] 1958 年，莫力达瓦达斡尔族自治旗成立时，全国达斡尔族总人口为 5.5 万人。随着经济的不断发展及医疗卫生条件的不断改善，达斡尔族人口由低增长转向高增长。

表 2：达斡尔族人口统计表

年代	总人口	内蒙古	黑龙江	新　疆
1953 年	4.8 万人	1.95 万人	2.27 万人	
1958 年	5.5 万人	2.6 万人	2.3 万人	0.2 万人
1964 年	6.34 万人	3.46 万人	2.59 万人	
1982 年	9.41 万人	5.86 万人	3.02 万人	0.437 万人
1990 年	12.1357 万人			
2000 年	13.2394 万人	7.7188 万人	4.3608 万人	0.541 万人

① 孟志东编：《达斡尔族研究》，355 页，1989（4）。

从表2中能够看出，“1953年全国第一次人口普查时，达斡尔族总人口已达4.8万人。其中，黑龙江省2.27万人；内蒙古自治区1.95万人。1958年莫力达瓦达斡尔族自治旗成立时，全旗共有达斡尔族1.5万人，占全国达斡尔族总人口的27%以上（当时全国达斡尔族总人口为5.5万人）。1964年全国第二次人口普查时，达斡尔族总人口为6.34万人，其中，黑龙江2.59万人；内蒙古3.46万人。11年里，达斡尔族总人口数增加了1.54万人。1982年全国第三次人口普查时，达斡尔族总人口增加到9.41万人。与第二次人口普查相比，达斡尔族总人口增加了3.07万人。其中，黑龙江省3.02万人，主要集中在齐齐哈尔市（1.66万人）、嫩江地区的龙江县（0.15万人）、富裕县（0.49万人）和黑河地区的嫩江县（0.11万人）、爱辉县（0.15万人）；内蒙古5.86万人，主要分布在呼伦贝尔盟的达斡尔族约有5.43万人，占内蒙古达斡尔族人口的92.65%。其中，莫力达瓦达斡尔族自治旗有2.26万人；鄂温克族自治旗有1.17万人；鄂伦春自治旗有0.509万人；扎兰屯市有0.38万人；海拉尔市0.27万人；陈巴尔虎旗有0.12万人；阿荣旗有0.12万人；内蒙古自治区首府呼和浩特市有达斡尔族0.15万人；新疆维吾尔自治区有达斡尔族0.437万人，主要集中在塔城县有达斡尔族0.361万人。另外还有800多人分布在吉林、辽宁和北京等21个省市。”① 通过三次人口普查，不难看出，达斡尔族总人口及各个分布地区的人口数量都呈明显增长的趋势。

从不同历史时期莫力达瓦旗人口总量的变化数据中，可以看出影响人口变化的原因是多方面的，其中包括自然地理环境、社会历史背景、统治者的统治政策、文化构成、社会经济条件、意识形态等等。

---

① 孟志东编：《达斡尔族研究》，356页，1989（4）。

通过表2也能够看出内蒙古自治区是达斡尔族主要的聚居区，以下具体分析各个历史阶段内蒙古自治区达斡尔族人口的分布情况。

1947年，内蒙古自治区成立，当时有达斡尔族1.63万人。1953年达斡尔族人口有1.95万人，比1947年增长18.18%，年平均增长率为4.26%。1964年第二次人口普查时，内蒙古自治区达斡尔族人口有3.46万人，比1953年增长78.74%，年平均增长达5.42%。1982年内蒙古自治区达斡尔族人口有5.86万人，比1964年增长69.43%，年平均增长2.97%，并且高于同期全国达斡尔族总人口的2.22%的年增长率。1987年内蒙古自治区达斡尔族人口有6.25万人，比1982年增长11.3%，年平均增长2.1%。与1947年相比，40年内达斡尔族人口增加了近3倍。

数据表明，内蒙古自治区达斡尔族人口在逐年增加，并且呈快速增长趋势，而且这种趋势将继续发展下去。总结内蒙古自治区达斡尔族人口逐渐增加的主要原因：一是内蒙古自治区医疗、卫生条件得到了改善，人民生活水平逐年提高，使少数民族地区地方病、传染病病发率下降；二是婴儿出生率和成活率提高，人口死亡率下降，使人口迅速增长。除此之外，影响该地区人口变动的因素还有嫁娶、调出、调入和零星迁出、迁入等等。

以上是各个历史时期达斡尔族人口变动的基本情况，从达斡尔族人口的迁入、迁出情况能够看出，历史上达斡尔族与其他民族交往的程度。同时，从一个地区民族构成中，也能够看到各民族之间经济、文化等的相互交融与调适。下面具体探讨各阶段莫力达瓦达斡尔族自治旗民族构成情况。

由于汉族人一波高过一波的迁入，莫力达瓦达斡尔族自治旗的民族构成也发生了变化。随着大量汉族人口的持续涌入，使当地少数民族人口在总人口中的比例越来越小。

资料显示，1947年，莫力达瓦达斡尔族自治旗总人口为

52857人，包括汉族、达斡尔族、蒙古族、回族、满族、朝鲜族、鄂温克族、鄂伦春族等10个民族。其中，达斡尔族15943人，占总人口的30.2%；鄂温克族837人，占总人口的1.6%；其他少数民族2144人，占总人口的4%。此外，还有少数俄罗斯族和日本人。上述数据说明，少数民族总人口不到2万人，而汉族人口占绝对多数。

随着人口的迁徙与流动，达斡尔族与周边民族之间经济、文化等方面的频繁交往，彼此之间互相学习和帮助，相互之间感情的融通和通婚关系的发展，各民族的关系日益密切。

1953年第一次人口普查时，全国达斡尔族人口有48000人。莫力达瓦旗总人口54300人，包括达斡尔族、蒙古族、汉族、鄂温克族等10个民族。其中，达斡尔族人口16500人，占总人口的30.4%；其他少数民族人口合计为2916人，占总人口的5.4%。

1958年自治旗成立时，全旗总人口66990人，其中达斡尔族人口有1.5万人，占全旗总人口的19.6%；汉族65276人，占全旗总人口的74%；鄂温克族1945人，占全旗总人口的2.2%；其他少数民族3741人，占全旗总人口的4.2%。

1964年全国第二次人口普查时，全旗人口为88225人，其中，达斡尔族17263人，占全旗人口的19.56%；鄂温克族1945人，占全旗人口的2.2%；其他少数民族3669人，占全旗人口4.15%；外国人加入中国国籍22人。

1982年第三次人口普查时，全旗总人口258881人，其中达斡尔族22609人，占全旗人口的8.9%，占全国达斡尔族总人口的24%，分布在全旗各乡、镇，主要聚居在库如奇、阿尔拉、纳文、巴彦、腾克等乡镇，以及自治旗政府所在地尼尔基镇。在达斡尔族村落里，也有鄂温克族的散居户。莫力达瓦旗共有鄂温克族4528人，占全旗人口的1.7%，主要分布在杜拉尔、巴彦两个鄂温克族民族乡。其他少数民族1.34万人，占全旗人口的5.2%。而汉族人口则高达218311万人，占全旗人口的84.3%，主要分布在博荣、汉古尔河、兴仁、兴隆、太平、宝山、乌尔科、扎如木台、卧罗河、坤密尔提、西瓦尔图、红彦等乡和尼尔基镇。

1990年第四次人口普查时，全旗总人口为267705人。在原有民族的基础上又增加了4个民族，总计有21个民族，其中达斡尔族26289人（男性13394人，女性12895人）占全旗总人口的9.8%；汉族213381人，占全旗人口的79.3%；鄂温克族4923人，占全旗人口的1.8%；其他民族24557人，占全旗人口的9.1%。

与第三次人口普查时比，此时民族构成又发生了很大的变化。汉族人口占总人口比重比“三普”时的84.33%下降到79.27%，下降5.06个百分点。少数民族所占比重开始上升。少数民族人口比重最大的地区为阿尔拉镇，占全旗人口的79.39%。

“1996年末，全旗有17个民族，总人口283133人，其中达斡尔族27126人，占全旗人口的9.6%；汉族229759人，占全旗人口的81.1%；鄂温克族5008人，蒙古族4693人，鄂伦春族190人，满族14999人，回族262人，朝鲜族911人，锡伯族122人，壮族15人，苗族15人，白族5人，瑶族10人，柯尔克孜族5人，黎族8人，土家族2人，高山族3人，少数民族占全旗人口的18.9%。这时的莫力达瓦达斡尔族自治旗已经是一个以达斡尔族为主体民族，汉族人口占多数，多民族和睦相处，团结进步，共同繁荣的自治旗。”①

为了更清晰地了解民族人口构成情况，我们制作了不同年份

---

① 铁林嘎编：《莫力达瓦达斡尔族自治旗志》，内蒙古人民出版社，195页，1998。

民族构成统计表：

表 3：莫力达瓦达斡尔族自治旗民族人口构成情况统计表

年份	总人口数	达斡尔族	鄂温克族	汉　族	其他少数民族
1947 年	52857 人	15943 人	837 人		2144 人
1953 年	54300 人	16500 人			2916 人
1958 年	66990 人	15000 人	1945 人	65276 人	3741 人
1964 年	88225 人	17263 人	1945 人		3669 人
1982 年	258881 人	22609 人	4528 人	218311 人	13400 人
1990 年	267705 人	26289 人	4923 人	213381 人	24557 人
1996 年	283133 人	27126 人	5008 人	229759 人	21225 人

由于达斡尔族人口数据是通过查阅历史文献并经过整理而得出的，所以对户规模、男女性别比例、人口出生率和死亡率、人口年龄结构等都没有详细的记载。但从分析中可以看出，新中国成立后影响人口变化的因素，除了自然增长因素外，主要是由于大量自流人口的迁入和定居而导致的。文化生态学认为人口规模和人口密度与社会经济发展水平有密切关系，因此分析和研究达斡尔族人口问题必须联系当地社会和经济的发展水平。

为此，莫力达瓦达斡尔族自治旗达斡尔族学会为了全面了解达斡尔族村民的生产、生活、教育、健康等方面的问题，派出部分达斡尔族的老干部们深入达斡尔族聚居的村屯，进行了详细的调研。以下是他们在调研中所获得的达斡尔族人口状况统计数据。

表 4：莫力达瓦达斡尔族自治旗达斡尔族村屯人口状况统计表（2005 年）

村名	阿尔拉村	哈布奇村	库如奇村	托尔苏村	特莫呼珠村	哈列图村	莫克力村	巴音布拉尔村	满都村
总人口（人、户）	323 人	998 人		482 人	142 户	654 人	93 户	396 人	361 人
达斡尔族人口（人、户）	248 人	863 人	560 人	281 人	133 户	585 人	87 户	387 人	293 人

表 4 反映出，这 9 个村屯都是达斡尔族集中聚居的村屯，每个村屯中达斡尔族人口的数量都超过一半以上，达斡尔族人口在总人口中占有很大的比例。

新中国建立后，随着经济的发展，特别是医疗卫生事业得到了普及和提高，使莫力达瓦达斡尔族自治旗人口增长迅速。以哈布奇村为例，1908 年该村有 50 户左右，到 1958 年已达 97 户(其中有 23 户是在辛亥革命后陆续迁入的)，463 人，而且全部为达斡尔族。

近年来，该村的人口发生了很大的变化，以下分别是 1985 年和 2005 年哈布奇村人口变化情况统计表。

表 5：哈布奇村人口年龄结构表（1958 年）①

年龄结构	人　数	年龄结构	人　数
1 – 5 岁	95 人	6 – 10 岁	53 人
11 – 15 岁	32 人	16 – 20 岁	34 人
21 – 25 岁	46 人	26 – 30 岁	27 人
31 – 35 岁	30 人	36 – 40 岁	24 人
41 – 45 岁	26 人	46 – 50 岁	27 人
51 – 55 岁	25 人	56 – 60 岁	21 人
61 – 65 岁	13 人	66 – 70 岁	8 人
71 岁以上	2 人		

从表 5 的年龄结构可以看出，10 岁以下的儿童和婴儿有 148 人，占人口总数的 32%，55 岁以上者 69 人，占人口总数的 14.9%。从儿童和婴儿的人口数量所占比例可以看出总人口变化

① 国家民委民族问题五种丛书内蒙古自治区编辑组编：《达斡尔族社会历史调查》，内蒙古人民出版社，4 页，1985。

呈现出增长趋势。

表 6：哈布奇村人口年龄表（2005 年）

年龄结构	人　数	所占比例
0－6 岁	51 人	5.1%
7－13 岁	93 人	7.3%
14－20 岁	19 人	2.2%
21－55 岁	651 人	65.1%
55 岁以上	49 人	5%

通过表 6 可以看出，在 863 人中，0—13 岁的少年儿童有 144 人，占人口总数的 17%；14—55 岁之间有 670 人，占人口总数的 77.6%；55 岁以上的有 49 人，占人口总数的 5%。

表 5 和表 6 所反映的人口变化情况表明，哈布奇村在近 50 年的发展进程中，人口总数在高速增长，由 463 人增加到 998 人，增加了一倍多。同时，哈布奇村人口在年龄结构上出现了儿童所占比例逐渐减少的趋势，这和莫力达瓦达斡尔族自治旗积极宣传和执行计划生育政策有紧密的关系。尽管国家对少数民族人口实行计划生育政策采取较为宽松的态度，但是我们在调查中却发现，现在该村达斡尔族学校的生源十分有限，学生们基本上是集中到乡镇中心校读书。有的村不再设置学校，这样，学生到中心校上学比在本村上学至少要多支出一笔交通费或住宿费。由于子女教育费用和生活费用支出较大，使很多达斡尔族农民从经济的角度考虑，对于“多子多福”的传统观念有了重新的认识，在思想上发生了改变，这也可以说是“经济因素制约”起到了作用。总之，现在很多人不愿意多生子女。老百姓实实在在地说“养不起了”。这也是儿童所占比例减少的原因之一。2005 年，在哈布奇村的 998 人中，达斡尔族 863 人，占 86.5%；鄂温克族 102 人，占 10.2%；汉族 24 人，占 2.4%；其他民族 9 人，占 0.9%。这与 1985 年 463 人全部为达斡尔族人相比，不单是人口

结构上发生了变化，而且在民族结构上也发生了较大变化，其他少数民族及汉族人口的增加，对哈布奇村的经济、生活的各个方面都产生了重大的影响。

另外，在巴彦乡满都村，情况也是如此。全村现有少数民族99户，少数民族人口361人。其中达斡尔族有293人，占少数民族总人口的81%；鄂温克族有58人，占少数民族总人口的16%；与达斡尔族人通婚的汉族人有7人；其他民族有3人。详细情况，请见下表。

表7：巴彦乡满都村人口年龄结构表（2005年）

年 龄	人 数	所占比例
0－6岁	15人	4%
7－13岁	48人	13%
14－17岁	48人	13%
18－20岁	20人	5%
20－55岁	204人	59%
55岁以上	26人	7%

从表7中可以了解到，该村0—17岁的少年儿童有116人，占人口总数的30%左右，但与10年前比，学龄前儿童和青少年人口呈下降趋势，主要原因与哈布奇村的状况基本相同，是计划生育政策有效实施的结果。巴彦乡满都村人口的年龄构成，基本上属于年轻型，中青年人口224人，占总人口的62%，是人口构成的主体，同时也是生产和经济发展的主力。而55岁以上的老年人总数是26人，只占总数的7%，所占比例较小。

通过对不同时期、不同地区达斡尔族人口变化情况的比较研究，我们认为，除了上述原因外，影响达斡尔族人口变化的因素还有男婚女嫁过程中达斡尔族人口的迁移和流动。比如，达斡尔族农民目前人均拥有土地的面积与全国农民人均拥有土地的面积进行比较，还是达斡尔族农民拥有的土地面积大，因此，有些农民把土地全部或部分出租，每年都有很多外来的租种土地的人（自流人口）迁入该地区。这部分人中的未婚男子，往往是在租种土地的生产劳动中和当地女子相识，“始而相交以为友，继而相爱以为婚”，不少人就这样“入赘”（娶达斡尔族姑娘为妻）达斡尔族家庭。这部分人也是影响达斡尔族人口变化的重要因素。雇主之间的联系，使达斡尔族与周边民族不断地进行交流，不仅有政治、经济方面的交往，还有文化、血缘的交融。总之，研究人口与政治、文化的相互关系，不但为我们进一步研究达斡尔族农民的生活提供了真实的数据，而且有助于丰富和深化我们对区域文化的认识，有助于我们了解达斡尔族人口的发展规律，也有助于我们发现隐藏在人口变化背后的政治制度、生育文化、生活质量等方方面面的社会问题。

第二节 生态环境

一般说来，生态环境决定一个地区、一个民族的经济文化特点。今天我们所看到的达斡尔族农民，因地处大兴安岭东麓、美丽富饶的嫩江右岸，决定了其以种植业为主要的生计方式，进而决定了其经济文化结构类型属于农耕经济文化类型。20 世纪 50 年代我国民族学工作者对解放初期各民族的经济文化状况进行调查，结果表明，达斡尔族属于畜牧经济文化类型。但随着达斡尔族的物质生产方式、意识形态和文化内容的变化，其所属的经济文化结构也相应地发生了变化。畜牧经济文化类型也好，农耕经济文化类型也罢，它只是代表着某一时期、某个民族所从事的主要的生计方式，但并不是永恒不变的。因此，无论是从经济结构，还是从所处的地理生态环境来看，多元化是构成达斡尔族文化的基本要素之一，而这种文化多元化又是由经济生产方式的多样性而决定的。

一、地理位置

莫力达瓦达斡尔族自治旗位于内蒙古自治区呼伦贝尔市东部，大兴安岭山脉东南麓，嫩江右岸。东部隔嫩江与黑龙江省的讷河市、嫩江县毗邻；西部、北部与内蒙古自治区的阿荣旗、鄂伦春自治旗接壤；西南是黑龙江省甘南县。地处北纬48°05′10″～49°50′50″，东经123°32′55″～125°16′14″。全境南北长203.2公里，东西宽125公里，总面积为10386.68平方公里。

莫力达瓦达斡尔族自治旗中南部为自治旗首府尼尔基镇，西面距扎兰屯市首府所在地217公里，东距讷河市火车站26公里，与齐齐哈尔市约有187公里的距离。111国道自西向东贯穿自治旗境内，同时嫩江——大兴安岭林区铁路穿越自治旗东北部各个乡镇。

二、土地资源

广阔的地域、丰富的土地资源，使莫力达瓦达斡尔族自治旗成了沃土良田。人均土地占有量高，现有耕地（旗属）253千公顷，林地409千公顷，草牧场275千公顷。土地有机质含量高，自然肥力大，适于多种经营和农牧业生产。

由于自治旗境内地形、气候和植被等情况不同，土壤种类及其分布也有所差别。全旗地处由森林到草原的过渡地带，有适合发展农、牧、林业的优良土壤，以暗棕壤和黑土分布最广。北部山麓和中部丘陵缓坡，多为黑钙土，南部平原为冲积土。土层厚度也不同，山地厚40—80厘米，平地厚100—150厘米。这种含有大量腐殖质的土层，既有植物生长所需要的元素，又易于吸收和保存水分及养分。黑钙土质地松软，有利于空气流通，是肥力较高的团粒土壤。加上夏季气温较高，雨量也充沛，阳光充足，适于种植小麦、大豆、谷子和荞麦等农作物以及白菜、豆角等蔬菜。

三、地貌

莫力达瓦达斡尔族自治旗地处大兴安岭东麓支脉形成的浅山区，南部为松嫩平原北部。地势西北高、东南低，并由西北向东南呈梯状逐步降低。北部是陡峭的山地，占全旗总面积的74%；中部是丘陵地带，占全旗总面积的20%；南部为地势平坦的平原地，占全旗总面积的6%。旗境西北部的瓦西格奇山，位于杜拉尔鄂温克民族乡境内，最高海拔为638.3米；海拔最低点在南部汉古尔河镇，为173米。旗境内有三大山系：东部山系海拔高度在300—400米之间，由杨木山、鸡冠山、黑山构成；中部山系海拔高度在300—600米之间，由得斯克山、鄂莫尔提山和莫力达瓦山等构成；西部山系海拔高度在350—638米之间，位于诺敏河西岸，由瓦西格奇山、西日其肯山等构成。莫力达瓦达斡尔族自治旗可谓群山环绕，旗境大小山峰有230多座。山丘一般坡度在13—30度之间，最大坡度35度。

四、山川河流

莫力达瓦达斡尔族自治旗地表水资源极为丰富，占内蒙古自治区地表水资源的40%，占呼伦贝尔市地表水资源的60%。自治旗全境属黑龙江流域嫩江水系。群山旷谷中，脉络般地奔流着大小56条河流，年径流量为147.4亿立方米。

嫩江发源于鄂伦春自治旗东北的伊拉呼里山南麓，从自治旗东北入镜，是流经莫力达瓦达斡尔族自治旗的最大河流，流域面积4760平方公里，途经纳文、额尔和、霍日里、登特科、乌尔科、莫丁、汉古尔河等乡镇东部边缘。嫩江上游及其支流，水流落差大，含有丰富的电力资源。嫩江是达斡尔族近代文明的摇篮，被喻为达斡尔族的母亲河。国家西部大开发重点建设工程之一的尼尔基水库，就在尼尔基镇东侧嫩江干流上。

诺敏河是境内第二大河，该河发源于大兴安岭东段龙嘴山南侧，全长152公里，流经库如奇、阿尔拉、登特科、兴隆等乡镇。诺敏河流经的地区是重要的粮食种植区。

五、草场资源

莫力达瓦达斡尔族自治旗有丰富的草场资源，天然草场的营养类型是氮碳——灰分型，适合发展畜牧业。其中天然草场占绝对优势，主要分布在嫩江、诺敏河、甘河等河谷相间地带。全旗共有草场26577.93公顷，占全旗土地面积的26%，人均占有草场15.88亩。正常年份的载畜量为480590.8只。2004年完成人工种草8万亩，饲料作物31.5万亩，草场改良1万亩。

2005年，莫力达瓦达斡尔族自治旗政府在指导农民科学种植牧草和饲料的基础上，全年共落实种植青贮玉米17.5万亩，建青贮窖9800余个，贮量达6.5亿公斤，打贮草及饲用秸秆6.81亿公斤。

莫力达瓦达斡尔族自治旗政府在实际工作中认真贯彻《草原法》、《内蒙古自治区草原管理条例》及其细则，加大宣传力度，严格执法程序，2005年共查处各类草原违法案件21起，结案19起。草原“双权一制”工作，正在有条不紊地开展。

六、森林资源

莫力达瓦达斡尔族自治旗有林地面积238597公顷，森林覆盖率为22.6%。全旗地处大兴安岭东麓，在北部、西北部的浅山区有茂密的次生林，南部的丘陵地带则为灌木丛区。主要的林木品种有白桦、落叶松、山杨等十余种，并出产黄芪、赤芍、柴胡、桔梗、防风等百余种野生药材。

1998年以来，莫力达瓦达斡尔族自治旗大力实施“青山绿水工程”，对境内的林地、疏林地全面实行封育。经过8年的封育，到2005年底，杨树、桦树、柞树、榛柴、胡枝子等林木已经枝繁叶茂，有的地方树木已经连成一片。据2005年初步统计，全旗森林覆盖率已从1998年的22.6%上升到23.9%。这与封育前山上只见零星树木相比，变化明显。森林覆盖率的提高，为全面改善莫力达瓦达斡尔族自治旗的生态环境奠定了基础。绝迹多年的狍子、野猪等野生动物又出现在人们的视线里；森林面积的增多，不仅起到了防止水土流失、涵养水源、减少洪涝干旱等灾害的作用，还增加了农业的收入。同时，生态环境的改善也带动了旅游业的发展，而旅游业的活跃必将推动莫力达瓦达斡尔族自治旗第三产业的迅速发展。如今，莫力达瓦达斡尔族自治旗“青山绿水工程”带来的生态、经济和社会效益日益凸显。

2001年，旗委、旗政府提出加强全旗的生态建设，打造绿色旗县。全旗退耕还林2.2万亩；人工造林合格面积3万亩，四旁植树51万株，义务植树60万株；草场改良1.12万亩。以水土保持为重点，完成段家沟小流域治理一期工程，并通过了自治区的验收，二期工程已开工建设。同时，在全旗开展农田水利和生态建设大会战，仅秋季会战就投入劳动工日42万个，完成土石方76万立方米，其中渠道清淤加固43.5公里；农田路整修铺沙232公里；挖土平坑6.8万个。

在取得上述可喜成绩的基础上，2002年，莫力达瓦达斡尔族自治旗完成造林绿化面积15.5万亩，其中退耕造林6.5万亩，荒山荒地造林9万亩，参加退耕还林农户达4 898户，退耕还草完成8.2万亩，其中人工种草4.4万亩。义务植树和四旁植树167万株，育苗1370亩，封育3万亩。全年共完成渠道清淤加固58公里，挖水平坑32万个。修建谷坊150座，治理侵蚀沟1500余条，完成水土流失治理面积达5.9万亩。段家沟小流域二期治理工程已顺利通过自治区验收，治理面积5万亩。

2004年，全旗努力抓好封山育林、退耕还林等工程，全力完成好40万亩草场围封建设。全年共完成退耕还林1.6万亩。

某些村屯库区沿岸有山林和大范围的草场资源，2—3年内实行休牧，使草场资源更加丰富，将再现“风吹草低见牛羊”的美好景色。同时，采取林粮间作的方法，为树木提高绿肥，以耕代抚，促进树木生长。在坡度相对较大、严重老化和沙化的地块种植青贮玉米和饲草，缓解土地老化减产，有效改善生态环境。

自2005年起，莫力达瓦达斡尔族自治旗计划用5年时间退耕还林还草100万亩，退耕还林42万亩，其中退耕还草58万亩。

七、矿产资源

莫力达瓦达斡尔族自治旗地下蕴藏着铁、煤、金、玛瑙、石灰石、珍珠岩、莹石、陶土、水晶、云母、莹石、硅石、硅质页岩、膨润土、岩金、黄铁矿等多种矿产。现已开发、生产的矿区有8个。其中有一个大型矿床，4处小型矿床。现已在哈达阳镇、宝山镇、西瓦尔图镇、登特科镇、塔温敖宝乡等五处发现了煤矿点。

八、动植物资源

莫力达瓦达斡尔族自治旗地处大兴安岭东麓浅山区，境内植被繁茂，森林覆盖率大，野生植物资源丰富，种类达573种。其中，食用植物，如蕨菜、柳蒿芽、山韭菜等营养丰富、美味爽口。目前，这些可食用植物已经畅销国内。此外，还有多种灌木果实，如稠李子、山里红、山杏、榛子等。遍布全旗的药用植物品种繁多，有龙胆草、黄芪、大黄、桔梗、防风等百余种。同时，已发展具有经济价值的陆生水生动物93种。山林里栖息着狍子、野猪、熊、水獭、狐狸、猞猁、灰鼠等野兽和飞龙、树鸡、野鸡、沙鸡等飞禽。这里有国家一级保护动物黑熊、紫貂、丹顶鹤等，国家二级保护动物水獭、猞猁等。

莫力达瓦达斡尔族自治旗得天独厚的地理生态环境为种植中草药提供了有利的条件。近年来，莫力达瓦达斡尔族自治旗政府有关部门针对当地特殊的自然环境，鼓励农民种植药材，并且还成立了中草药协会。以坤密尔堤乡为例，该乡种植中草药的历史已有 5 年。2003 年成立药材种植协会，发展至今已有会员 216 名，种植关防风 5317 亩。其中 2004 年种植 3249 亩。2005 年完成关防风种植面积达 1 万亩。另外，还积极开发创建柴胡、桔梗、龙胆草、五味子、赤勺、小黄芪、北沙参等多个药材品种的综合药材栽培基地。通过中草药的种植，使莫力达瓦达斡尔族自治旗达斡尔族农民从中得到了实惠，使农民“成也大豆，败也大豆”的思想观念有所改变。这些药材不仅实现了本身的药用价值，还给农民带来了可观的经济效益。

九、气候

随着生产规模的日益扩大，气候和人类社会的关系越来越密切。莫力达瓦达斡尔族自治旗气候特征和演变规律，对当地农业布局和发展规划都有所影响。莫力达瓦达斡尔族自治旗地处内陆中温带北部，属于中温带半湿润型大陆性气候，一年四季变化明显。按照当地的农业生产情况，现将一年四季划分如下表：

表 8：莫力达瓦达斡尔族自治旗四季划分表

春　季	夏　季	秋　季	冬　季
4–5 月份	6–8 月份	9–10 月份	11–次年 3 月份

春季风大，干旱少雨，升温迅速；夏季湿热，多雨，比较短；秋季急剧降温，提前进入霜期；冬季低温，寒冷，风小。一年中最高气温可达 37℃，最低气温达 -46℃；年平均气温在

-1.1℃—1.3℃之间，具有明显的地区差异和年际变化。农作物生长季平均气温在13℃—15℃之间。年日照时数平均为3115小时，日均9.2小时。日照时数以5月和6月份最多，一般在260—290小时；12月份最少，只有145—170小时。无霜期125天，最多145天，最少105天。平均风力二级，春、冬两季受西伯利亚、蒙古高原冷空气侵袭，风力达6—7级。降水量分布不均，年降水量变化显著。平均降水量在400—500毫米之间。农作物生长季保证降水量为326—366毫米。一年内降水量以7月份最多，平均在100毫米以上。8月份次之，平均在90毫米以上。西北部多达789毫米。在特殊的气候条件下，适合大豆、玉米等农作物的种植。

十、物候

物候是受环境（气候、水文、土壤）的影响而出现的以年为周期的自然现象。长期以来，莫力达瓦达斡尔族自治旗就以农业大旗著称。因此，物候情况对于达斡尔族农民来讲，至关重要。

表9：正常年份尼尔基地区物候情况表①

月　　份	物候情况	月　　份	物候情况
4月上旬至中旬	小麦开播，江河开解，青草萌芽	4月中旬至下旬	第一场接墒雨
5月上旬至中旬	杨、柳吐芽、发叶，映山红、杏花开	5月上旬	大田作物开播
5月中旬	稠李子树开花，青蛙始鸣	5月中旬至下旬	春霜结束，燕南来

① 铁林嘎主编：《莫力达瓦达斡尔族自治旗志》，内蒙古人民出版社，1998年，第133页。

续表

月　份	物候情况	月　份	物候情况
6月上旬	杨柳飞絮，榆树飞钱	6月下旬	杨树种子脱落
7月中旬	进入雨季	7月下旬	始割小麦，进入汛期
9月中旬	出现轻霜，树叶始黄	9月下旬	出现冻霜，大田收割
10月中旬至下旬	大雁南归	10月下旬	始降雪，土壤表层始冻
11月上旬至中旬	江河封冻，进入寒冬		

从表9能够看出莫力达瓦达斡尔族自治旗自然界植物和动物的季节性现象同环境的周期性变化之间的相互关系。通过比较其时间差异，能够反映出莫力达瓦达斡尔族自治旗动植物发育和活动过程的周期性规律及其对周围环境条件的适应性。

十一、能源

莫力达瓦达斡尔族自治旗全年太阳能辐射总量为4782.58—5332.31兆焦耳/米^2，其中5月份最多，为679.31兆焦耳/米^2，12月份最少，为144.86兆焦耳/米^2。全旗太阳能辐射地理分布是南、中部多于北部，光能资源尚属比较丰富。为此，莫力达瓦达斡尔族自治旗尼尔基镇哈力浅村的农民CGH，利用丰富的太阳能资源，在自家的院内建起全旗第一座地上太阳能沼气池。这是一次大胆的尝试，得到了旗政府的支持和重视，现在已经投入使用。这座沼气池是由呼和浩特市农业大学SRDL教授设计的，总面积23平方米，共投资2万余元，设计使用寿命一年。整座地上太阳能沼气池包括一栋全砖并镶着 24 块大玻璃的房舍，从而充分地利用了太阳能；室内中间放有装料的大铁罐，铁罐上安装有气压表、控制阀，其左右两侧分设进料口和出料口。“地上太阳能沼气属可再生清洁能源，能大大节约能源，可用来取暖、做饭、照明，产生的沼气无污染，用后废料可肥田。”CGH 告诉我们，他们家共有 32 平方米的猪舍，养了 60 多头猪，用猪粪发酵制沼气既节约能源又减少污染，非常方便实用。我们也关注和期待“太阳能沼气池”实验成功，今后得以普及和应用。

生态的多样性和丰富的物产资源，为莫力达瓦达斡尔族自治旗达斡尔族农民提供了发展农、牧、林、采集等多种生计方式的基础。

过去这里曾有“棒打狍子瓢舀鱼，野鸡飞到饭锅里”的形象说法，当时自然生态环境之好可见一斑。改革开放以来，局部地区的经济高速发展是以破坏环境为代价的话题，已经引起了社会各界多方面的关注。

莫力达瓦达斡尔族自治旗历史上也曾遭受过严重的自然灾害。如 1807 年大旱，达斡尔族人掘草根、野菜为食。20 世纪 50 年代以来，旱灾、水灾、霜灾、虫灾也偶有发生。其中最为严重的是 1998 年的水灾，对“靠天吃饭”的达斡尔族农民来说真是“雪上加霜”，大部分村民无力渡过难关，只能靠政府的救济而维持生活。正是 1998 年的水灾使人类学会了反思，中国从上至下，深刻地检讨着自身的行为。由于大自然对于人类的惩罚，促使我们开始真正重视和关注“生态保护”，倡导人与自然的“和谐”相处。

当然我们也看到，相当多的民族地区处在传统与现代化的边缘。由于一些地方政策的失误和对地方话语权的无视，使得很多少数民族地区面临着生态环境和民族文化双重破坏的威胁。人类学家格尔茨在《文化的解释》中提到，社会的变迁并不意味着文化的变迁，因此关注处于文化边缘的人们则十分重要。

莫力达瓦达斡尔族自治旗具有多种生态环境、多元文化因素共生共存的特点。在进行现代化建设时，必须注重生态环境的保护和建设。今天再次强调民族地区的生态保护具有特殊的意义。比较而言，少数民族地区由于历史、生活方式和传统文化等因素，相对保留着更多的绿色净土，这是民族的遗产，也是人类的遗产。必须坚持科学发展观，也必须考虑达斡尔族的文化个性和民族生存权益。坚持“以人为本”，达到“和谐”、“共同繁荣”、“共同进步”实现可持续发展的最终目的。

第三节 族源探讨

“达斡尔”一词是达斡尔族的自称，这一族称具有悠久的历史。清初，曾按地域分布和生产特点称黑龙江流域的达斡尔族为“萨哈连部”；称纳贡貂皮的达斡尔族为“萨哈尔察部”（满语，意为黑貂部）；同时，又将达斡尔、鄂温克、鄂伦春等民族不加区别地统称为“索伦部”、“打牲部”。在清军击败博木博果尔起义之后，加深了对索伦三族的认识。因此，清文献于康熙六年（1667年）在《清圣祖实录》中才正式有“打虎儿”（即达斡尔）的记载。此后，在我国史籍中常以“达呼尔”、“达古里”、“达呼里”、“达古儿”、“达乌儿”等音译出现。各种不同音译写法，均指的是达斡尔族的这一族称。

新中国成立后，党和国家十分重视少数民族问题，先后组织专家和学者深入少数民族聚居地区，进行社会历史调查。1956年，在尊重达斡尔族人民意愿的基础上，正式承认达斡尔族是我国的单一民族。此后，将其称之为“达斡尔族”。

达斡尔族是我国北方古老的少数民族之一。达斡尔族是一个有语言而没有文字的民族，所以对其族源也就没有成文的记载。在中国古籍文献中关于达斡尔族的族源只是零星的记述。

“达斡尔族”出现在我国的古籍文献中，以《旧唐书》的记述为最早。而后，北宋欧阳修的《新唐书》、清代张廷玉的《明史》、《清实录》、何秋涛的《朔方备乘》、西清的《黑龙江外记》、英和的《卜奎纪略》（1829年）、方观承的《卜奎风土记》（1909年）等等，都有对达斡尔族的记载。虽只是零星记述，但是对达斡尔族的历史、生产生活以及风俗习惯等都有所提及，这些均为深入挖掘和研究达斡尔族的族源历史、民族文化等提供了可贵的历史资料。但有关达斡尔族的族源问题，至今尚无定论。

按照民族学、人类学家的观点，“族群是人们在交往互动和参照对比过程中自认为和被认为具有共同的起源或世系，从而具有某些共同文化特征的人群范畴。”因此，确定达斡尔族这一群体，要根据达斡尔族人对其世系和起源追溯的社会、经济、政治、文化场景，及与之对峙的“他者”来理解，使达斡尔族人对自身的归属进行认同。无论是达斡尔族还是其他民族，都是被制度化了的人们的共同体，因此，对他们的归属问题的把握很困难。不仅要从生物学上对其进行界定，还应该从文化、民族心理等多角度对其进行辨认。而就目前国内外学者的研究看，他们多数是从历史学、民俗学的角度对其进行探讨，各自有理。

关于达斡尔族的族源问题，民间有许多传说，从清代道光年间到20世纪50年代初期，达斡尔族知识分子纷纷著书立说，探索本民族的族源问题。而近一个世纪以来，国内外的专家和学者也对达斡尔族进行大量的实地调查和研究，提出很多种不同的看法。

首次对达斡尔族的族源提出探讨的要追述到清代皇帝高宗，他在译作辽、金、元史中的名词时，将《八旗姓氏通谱》中的“达呼尔”译作“大贺氏”。

之后又有很多国内外的专家学者对达斡尔族的族源提出新的思考，如黄维翰的《黑水先民传》、华凌阿的《达斡尔索伦源流考》①、郭克兴的《黑龙江乡土录》②、孟定恭的《布特哈志略》③、阿勒坦噶塔的《达斡尔蒙古考》④、庆同普的《达斡尔民族志稿》⑤、何维忠的《达古尔蒙古嫩江流志》⑥、孟希舜的《莫力达瓦旗达斡尔族志稿》⑦、孟志东主编的《达斡尔族简史》、仲素纯的《达斡尔语简志》等等，这些著作从不同的学科和角度，通过不同的研究方法对达斡尔族的族源问题进行了深入的研究和探讨，并提出了很多新的见解。国外学者如日本的鸟居龙藏，蒙古国的博·巴格那和前苏联耶·莫扎金尔特、潘克托娃等也对达斡尔族的历史做过大量的研究。这些研究成果为研究达斡尔族的后来者提供了丰富的史料基础和理论参考依据。

新中国成立后，民族学、历史学学者们在调查的基础上，对达斡尔族的族源问题提出了各自的见解。其中，史学界著名学者陈述、傅乐焕等几位学者对达斡尔族的渊源有更深入的研究，并提出了各自的观点。如陈述先生通过历史传说、语言材料、地理古迹、歌谣故事、生产技术、组织制度、人名屯名、宗教信仰、风俗习惯等十几个方面的论证，最终提出达斡尔族来源于契丹。

随后，研究达斡尔族的学者们先后发表文章，对达斡尔族的族源问题做详细的探讨。如孟志东的《达斡尔族族源研究述评》（载《黑龙江民族丛刊》2000 年第 2 期）、王咏曦的《达斡尔族

---

① 成书于清道光十五年，满文传抄本。

② 成书于民国十五年。

③ 成书于民国二十年。

④ 印行于民国二十二年。

⑤ 印行于东北沦陷时期。

⑥ 手稿，伪满时期。

⑦ 1953 年刻印。

源流考》（载《黑龙江民族丛刊》1986 年第 1 期）、阿尔太的《达斡尔族称议》（载《内蒙古社会科学》1989 年第 4 期）等等。以上这些专家和学者们的文章，对达斡尔族的历史与族源给予了较为完整、较为充分地论述，为学术界研究达斡尔族提供了丰富的资料和依据。

纵观历史发展，达斡尔族在保持自身文化的同时，和北方各民族，尤其是与汉族的关系较为密切，受其影响也较深。比如，达斡尔族同汉族杂居或同汉族聚居，在农业生产和农业技术以及农业生产工具等诸多方面，都有着千丝万缕的联系。因此，各民族互相借鉴，取长补短，共同发展，在吸收、接纳、包容，去粗取精，去伪存真的过程中最终使达斡尔族的文化呈现出多元性的特征。

综合上述专家和学者们的观点，有关达斡尔族的族源问题的争论主要围绕以下三个方面：达斡尔族契丹说、达斡尔族蒙古说、达斡尔族室韦说。

1. 契丹说

目前，国内外学术界研究我国北方民族的学者和达斡尔族本民族的学者们持这种观点的人比较多。他们大部分是站在历史学和民族学的角度对达斡尔族的族源问题进行研究。学者们认为“达斡尔”是“大贺氏”的对音，《旧唐书·北狄》载：“契丹，居潢水之南，黄龙之北，鲜卑之故地，在京城东北五千三百里。……逐猎往来，居无常处。其君长姓大贺氏。胜兵四万三千人，分为八部，若有征发，诸部皆须议和，不得独举。”因此，提出达斡尔族源于契丹。

此后至解放前的许多史志书籍中，也有大量关于达斡尔族源于契丹的论述。如《新唐书·契丹传》、《契丹国志·并合部落》、《新五代史·四夷附录》、《辽史·营卫志》、《龙城旧闻》、《黑水先民传》、《布特哈志略》、《黑龙江乡土录》等。上述史书观点认为，辽代以前，契丹人主要居住在北起洮儿河[①]南达大凌河[②]的广阔地带。辽代灭亡时，契丹人开始北迁至大兴安岭西北的额尔古纳河境域。元明之际，部分契丹遗民又北迁至黑龙江流域。历经几次迁徙，最终定居于黑龙江沿岸。

根据达斡尔族关于自己祖先的历史传说的记述，其先民所聚居之地与契丹人所聚居的地区十分吻合。达斡尔族传说辽灭亡后有部分人逃到黑龙江、精奇里江等地，过着游猎、种植荞麦和燕麦的生活。因此，这也就成为持契丹说者的根据所在。

专家和学者们还通过语言材料提出达斡尔语也近似契丹语，如达斡尔语中的一些动物的名称，如兔、马、山羊、狗等的发音与契丹语的发音基本相同。有些学者发现，达斡尔族的语言与契丹人的语言在某种程度上是接近的，比如有些词语就是取达斡尔族语和契丹语的谐音。如"大贺尔"与"达斡尔"、"达鲁"、"塔兀儿"等极为接近。有些现代的达斡尔族的村落名称是由当时流传下来的，如过去达斡尔族社会结构组织中有"斡尔阔"，这个组织的名称现在仍然被沿用，在莫力达瓦达斡尔族自治旗内有"乌尔科乡"。因此，认为达斡尔族与契丹人有渊源关系。

学者们经过考证，提出族名和地名的由来和意义，也证明了达斡尔族源于契丹。契丹贵族"大贺氏"发祥于洮儿河一带，因洮儿河而取大贺氏之名。因其音接近"达斡尔"，故学者们认为达斡尔族源于契丹。目前，在额尔古纳河、根河沿岸还有些河流名、山名、地名均取于契丹语。

此外，达斡尔族与契丹人在生产生活、风俗习惯等方面也有很多相同之处。如契丹人以狩猎为生计方式，以禽兽为主食。在很多专家和学者们的著作中也同样谈到了这一点。清代时期的达

---

① 内蒙古境内，发源于大兴安岭东南端，最终流入嫩江的一条重要河流。

② 今天辽宁省境内，发源于内蒙古自治区。

斡尔族就是以狩猎、放牧和农耕为业的。苏联学者潘克拉托娃在她主编的《苏联通史》中有一段综合性的描述："沿阿穆尔河（黑龙江）住着达乌尔人及其同族的部落，17世纪时，达乌尔人已有很高的文化。主要从事农业，种植五谷，栽培各种蔬菜和果树……"[①] 而其他北方民族则以游牧和渔猎为主业。另外，达斡尔族人入冰捕鱼、下水垂钓等习俗，尤其是制作和使用大轱辘车，都与契丹人相似。达斡尔族的房屋设计格局和民间活动等都能找到与契丹人的符合之处。如在体育活动中，虽然这两个民族所处的时代不同，却都喜爱打曲棍球（曲棍球，达斡尔语为"贝阔"）。同时，这两个民族都信奉原始的萨满教，崇尚黑色等。以上多方面均可佐证达斡尔族源于契丹。

达斡尔族学者敖兴然先生也认为达斡尔族源于契丹。他提出："辽亡时，契丹人除一部分部众随同耶律大石西行建立西辽国之外，其余多数都沦落金、宋统治之下。在其南者逐渐融化为汉族了。还有一部分契丹人不食金禄，而迁到北方额尔古纳河流域，以后又骑兵转徙到黑龙江中上游及鄂嫩河石勒喀河、精奇里江流域等地，所称为'达斡尔'。"[②]

所有上述专家和学者们的学术观点以及丰富的史料都充分的佐证了达斡尔族与契丹人有着渊源关系。

2. 蒙古说

语言是识别民族的基本要素之一，基于此，研究达斡尔族的专家和学者们通过语言材料的分析，认为达斡尔语和蒙古语同属于一个语系、一个语族，即都属于阿尔泰语系蒙古语族，达斡尔

---

① ［苏联］潘克拉托娃：《苏联通史》，转见满都尔图《达斡尔族》，民族出版社，11—12页，1991年。

② 敖兴然：《关于达斡尔族和蒙古族祖源关系的探讨》，载《黑龙江民族丛刊》，1986（3）。

语与蒙古语之间有相同或相近的部分。20世纪30年代，达斡尔族学者阿勒坦噶塔曾在《达斡尔族蒙古考》中，从语言学、宗教学、地理学等角度，论证了达斡尔族是古代蒙古族的一个分支。他指出：达斡尔与蒙古族中一支塔塔儿音似，因此认为塔塔儿即为达斡尔，达斡尔族是蒙古族的一个支系。尤其是《蒙古秘史》中的一些古老词汇在现代蒙古语中已经消失，而在达斡尔语中仍然保留着，因此达斡尔人应是蒙古族的一个分支。民国时期，统治者提出“五族共和”，将达斡尔族列到蒙古族之中。东北沦陷时期，达斡尔族被称为“蒙系人”、“达呼尔蒙古”，甚至有些达斡尔族政界人士和知识分子阶层，自称为“达呼尔蒙古”。

此外，共同地域也是识别民族的基本要素之一。达斡尔族所处的地理环境、风俗习惯以及民间宗教仪式等大部分都与蒙古族相同。尤其是达斡尔族历史上曾经以牧业为主要的生产活动，这与蒙古族的经济生活是相同的。同时在体形外貌、民族心理等方面，达斡尔族与蒙古族也有许多相近之处。按照斯大林界定的民族定义，“民族是人们在历史上形成的一个有共同语言、共同地域、共同经济生活以及表现在共同文化上的共同心理素质的稳定的共同体”①，可以认为达斡尔族与蒙古族同为一个族源。

3．室韦说

17世纪以前达斡尔族分布在黑龙江以北及精奇里江河谷，当时已有一些部落向中原王朝进贡，以此推断达斡尔族与隋唐时期的室韦某些部落有着千丝万缕的关系。同时，达斡尔族的姓氏全部以黑龙江上游的山川地形名称为本，对达斡尔族姓氏起源加以考证，发现达斡尔族早期氏族部落与隋唐时期室韦部的故地相符，故推断达斡尔族源于室韦。

上述三种观点，都给我们提供了详实的证据。因此，有关达

---

① 《斯大林选集》，上卷，人民出版社，64页，1979。

斡尔族族源问题的争论将仍然处在进行之中，有待于国内外历史学者和民族学者等进一步的探讨和研究。但从学者们的争论中，可以看出目前有关达斡尔族族源问题，持契丹后裔说的学者居多，而且他们的论据也比较全面和充分。

第四节　历史简述

达斡尔族的历史，可追溯到公元 11—12 世纪。达斡尔族先民在成吉思汗统一蒙古各部时，就聚居在大兴安岭西北部。在我国的古籍文献中，以《旧唐书》的记述为最早。从明代起有确切记载达斡尔族活动在黑龙江北岸的史料。明初，达斡尔族分布在西起贝加尔湖，东至牛满河，北自外兴安岭，南达黑龙江南岸的广大地区。在这片水源丰富、土地肥沃的广阔空间中，他们经营着农业，种植麦类，放牧牲畜，在林中狩猎，并与周邻进行生活用品交易。苏联学者莫柴也夫在《中国的东北》一书中考证："从前达斡尔人居住于贝加尔湖之东。因此，外贝加尔地区，特别是石勒喀河和额尔古纳河上游，至今还往往称作达呼里亚地区。"《苏联大百科全书》记载："达呼里亚是一个历史地理区域的名称，在贝加尔湖的东边，一部分在黑龙江流域（到 17 世纪为止）一直伸展到石勒喀河、额尔古纳河、结雅河（牛满河）和部分松花江及乌苏里江流域。这一区域的名称来自达斡尔族，因为那时候他们即住在西达雅布罗诺威岭的大部分地区。"历史上，努尔哈赤统一女真各部，建立后金政权，开始为征服黑龙江流域发动战争。据《清太宗实录》卷一八、卷四十四记载，当时的达斡尔族与鄂温克族、鄂伦春族等，均是后金辖属的部分。

在《清初黑龙江流域达斡尔人历史考察》一文中提到："曾

在1855—1875年任职于英国陆军部地形测绘局，并在此期间亲赴黑龙江地区进行历史与地理考察的英国学者拉文斯坦绘制了‘十七世纪黑龙江地区图’，为我们提供了珍贵的历史资料。此图较具体地描绘出了清代达斡尔人的活动区域，即西起石勒喀河，东到精奇里江（结雅河）、牛满江（布列亚河）的黑龙江上中游两岸地区。”① 当时达斡尔族的经济和社会发展水平较为先进，以种地为主。有自己定居的村落，从事农业和畜牧业。并在村落周围种植大麦、燕麦、糜子、荞麦、豌豆等作物。他们的园地里种满了大豆、蒜、香瓜、西瓜、黄瓜及苹果、梨、胡桃等。还学会了用大麻榨油。② 明末清初，为了固守黑龙江地区，努尔哈赤与明朝互相争夺地盘，并发动战争。清太宗在位期间，曾三次发动战争于黑龙江中上游和精奇里江、牛满江一带。当时由索伦部（包括鄂温克、达斡尔、鄂伦春）和萨哈尔察部固守，首领分别为博木博果尔和巴尔达齐。特别是1641年清军深入达斡尔族地区腹部击败博木博果尔起义，达斡尔族上千人丧生，数万人被俘，同时将俘获的数千名男丁分编入满洲八旗军中，并被掠去贵重皮毛1万余张、牲畜4000多头。清统治者实行了兵将留守制度。迫于清军的压力，达斡尔族各部先后向后金政权朝贡。

随着沙皇俄国的武装入侵，达斡尔族人开始大举南迁。

清顺治初年，达斡尔人、索伦人刚刚被朝廷征服，沙皇俄国在黑龙江流域的侵略行为日益猖獗。1643年，沙俄军队闯入我国黑龙江流域达斡尔族居住区，杀、烧、抢、掠，无恶不作。达斡尔族奋起反抗，并做出了巨大的牺牲。在这种情况下，朝廷决

① 李志学：《清初黑龙江流域达斡尔人的历史考察》，载《黑龙江民族丛刊》，2005（5）。

② 巴赫鲁申：《哥萨克在黑龙江上》，转见李志学：《清初黑龙江流域达斡尔人的历史考察》，载《黑龙江民族丛刊》2005（5）。

定把黑龙江中、下游的达斡尔、索伦人全部南迁至嫩江流域，以此来截断沙俄侵略者的粮草，加强北部边防。这既是为了分散达斡尔、索伦人的一种策略，以免聚居起来反抗清政府，也是清政府对少数民族实行分而治之方法的体现。从此，达斡尔族开始了由黑龙江北岸向南迁徙的征程。

自1649年开始，达斡尔族的南迁规模和迁居地域逐渐扩大。在达斡尔族学者乌力斯·韦戎的《达斡尔族迁徙嫩江流域及早期村屯的建立》一文中提到："达斡尔族南徙嫩江流域是清顺治六年到九年（即1649到1651年）的事情。他们大部分都定居在墨尔根（嫩江县）、博尔多（讷河县）、齐齐哈尔等沿着嫩江两岸的广阔土地上。迁徙过程中，坐落在嫩江、讷河、德都、尼尔基一带河川山谷的，今以莫力达瓦达斡尔族自治旗为中心的达斡尔人为布特哈达斡尔（布特哈为满语，狩猎之意），他们以狩猎、畜牧为主业。当时称其为打牲部。"① 可见，当时达斡尔族人的聚居地已经接近于今天的地理区域。

清康熙年间，沙俄多次派哥萨克兵武装入侵达斡尔族人世居的上述地区。他们绑架达斡尔族头人作人质，索取粮食，抢劫牲畜，烧毁村落城堡，残杀居民，蹂躏妇女。对此种种罪行，达斡尔族人民进行了顽强抵抗，各地达斡尔族用弓箭、长矛同持有枪炮的沙俄侵略军展开了浴血奋战，使黑龙江各族人民得到安定。达斡尔族为了保卫自己的家园，在毫无外援的情况下，坚持抵抗沙俄入侵数十年，付出了巨大的民族牺牲。达斡尔族人民在强大的敌人面前英勇奋战，为保护祖国东北部边陲和领土完整作出了贡献。

达斡尔族世代居住在黑龙江流域，其具体活动地区为齐齐哈

① 乌力斯·卫戎：《达斡尔族迁徙嫩江流域及早期村屯的建立》，载《黑龙江民族丛刊》，1985（2）。

尔、墨尔根（嫩江）、黑龙江三城。清初先后为黑龙江将军驻地。布特哈谓清初打牲部落之总称，地理范围为东北数千里内外山野，黑龙江流域直至外兴安岭的广大游猎地区。

此后，达斡尔族各氏族部落大批集体定居于嫩江地区。其中，墨尔根处于齐齐哈尔城和黑龙江城之间，是内地与黑龙江边防之间的重要交通要道。康熙年间始建此城。康熙二十七年，黑龙江将军从布特哈地区抽调达斡尔族、鄂温克族官兵1000名驻建墨尔根城。随后，又抽调400人移驻此城，并组成墨尔根八旗，其中达斡尔族编为5个佐。

清廷将达斡尔族编为三个“扎兰”，即都博浅、莫日登、讷莫尔“扎兰”。同时迁来的还有鄂温克族、鄂伦春族，分作阿尔拉、涂克敦、雅鲁、济沁、托沁五个“阿巴”。并在齐齐哈尔屯设总管府，任洪吉、扎木苏、倍勒尔等人为总管、副总管。因达斡尔部落曾被称为布特哈打牲部，洪吉等人又称打牲头目、副头目。清理藩院还派副都统品级官员孟额德协同当地总管共同管理达斡尔、鄂温克、鄂伦春三族事务。同时，对达斡尔族重新进行统一编制。康熙二十三年（1684年）到三十年（1691年）、雍正十年（1732年）、十二年及乾隆二十八年（1763年），先后多次调遣达斡尔族官兵数千人驻守瑷珲、齐齐哈尔、呼伦贝尔、伊犁、塔城等边疆地区。如1691年，从布特哈地区抽调12佐达斡尔族人驻防齐齐哈尔。到1699年，在齐齐哈尔八旗所辖佐中，达斡尔族共16佐。1732年，清政府决定将索伦、打虎儿、巴尔虎之兵3000名，迁移呼伦贝尔，编为八旗。新编呼伦贝尔八旗50佐中，迁自布特哈地区的达斡尔族人共26佐，730名兵丁。17世纪80年代，新疆准噶尔部首领噶尔丹反清，在长达半个世纪的征战中，达斡尔族官兵先后多次参加征战。乾隆年间，选拔达斡尔、鄂温克等族官兵迁驻新疆伊犁地区。

因驻守地区的不同，以各自驻守的地区为名，将达斡尔族分为瑷珲达斡尔族、齐齐哈尔达斡尔族、呼伦贝尔海拉尔达斡尔族、伊犁达斡尔族、塔城达斡尔族等。在所到之处，达斡尔族民间仍然以哈拉—莫昆为单位建立一些村屯。伴随达斡尔族南迁的过程，达斡尔族的村屯也随之开始建立。如郭博勒氏、乌力斯氏等迁至嫩江东岸、讷莫尔河流域时，分别建莽乃、德都勒、霍尔托辉等村屯。1667年，罗布硕迪率莫日登氏迁至嫩江西岸，建立大莫丁、尼尔基、宜卧奇等村屯。南迁的达斡尔族人，除了大部分定居于大兴安岭东麓、小兴安岭西山区外，还有一部分南下嫩江中下游平原地区，建立了齐齐哈尔等村屯。据载，大约在清顺治十年开始建立村屯。学者乌力斯·韦戎在描述达斡尔族齐齐哈尔地区最古老的村屯时写道："当时以齐齐哈尔总管府为中心，沿着嫩江两岸，建立了二十九个屯子，其中：江西十七个屯；江东七个屯；江南五个屯。"① 清政府还根据不同的需要，对达斡尔族进行旗、佐调整，广大达斡尔族兵丁镇守关卡。这些政策的实行，也使达斡尔族社会一步一步地走向封建化。

在康熙到光绪的200年间，达斡尔族八旗官兵被征调参加过六十多次大小战役，其中包括1685—1686年的抗俄雅克萨战役，1840—1842年第一次鸦片战争中在山海关、锦州一线担任海防守卫，1856—1860年第二次鸦片战争，1894年在中日甲午战争和1900年在抗击八国联军战争中参加瑷珲保卫战和大岭阻击战。同时，达斡尔族官兵还多次参加平息地方暴乱的战争。

从达斡尔族的迁徙过程中，我们不难看出，达斡尔族的人口迁徙主要包括两方面的内容：首先是清初将散布在黑龙江流域的达斡尔族迁入内地；其次就是为了抗御来自北方的沙俄哥萨克的侵扰，保护我国东北地方的安全，陆续将黑龙江流域的达斡尔族

① 乌力斯·卫戎：《达斡尔族迁徙嫩江流域及早期村屯的建立》，载《黑龙江民族丛刊》，1985（2）。

人迁入到嫩江流域。在迁徙过程中，达斡尔族与周边各民族，尤其是满族、汉族进行交流与融合，并在统一政权组织的维系下与各民族共生存。

鸦片战争后，面对帝国主义和封建主义的双重压迫，达斡尔族人民与全国人民一样处于水深火热之中。中华民国时期，当时的执政者只承认汉、满、蒙古、回、藏等民族，达斡尔族被纳入蒙古族之内。"九·一八"事变以后，达斡尔族人民积极参加抗日联军，在嫩江、讷河、莫力达瓦地区频繁活动，为抗日联军部队送粮，掩护伤员，协助抗联队伍渡江等等，为中华民族进行的伟大的抗日战争做出了积极的贡献。

1947 年 5 月 1 日，内蒙古自治区正式宣告成立，实现各民族的平等。1949 年后，根据中华人民共和国政务院《关于保障一切散居的少数民族成分享有民族平等权利的决定》，于 1956 年 4 月，国家正式确认达斡尔族为中国的一个单一少数民族，并统一书写为"达斡尔族"。1958 年 8 月 15 日，在达斡尔族人口居住较集中的地区莫力达瓦旗，成立了莫力达瓦达斡尔族自治旗。

第三章 社会改革与政治制度的变迁

第一节 传统社会组织

“在不同文化的人类群体中，同样的血缘关系可能对应着不同的社会关系模式。”① 20世纪50年代的民族学调查显示，“哈拉”即为古老的父系氏族。在达斡尔族社会中，共有20多个哈拉。其称谓多数源于同祖同根的江河山川和村屯的名字。哈拉是由同一父系祖先后代组成的血缘组织。居住在共同地域的达斡尔族人一般都是同一哈拉的人。在阿尔拉村达斡尔族的哈拉有敖拉、鄂嫩、郭博勒、莫日登、苏都尔等。上述各哈拉近代分别简化为敖、鄂、郭、孟、苏等汉字姓。

每一个哈拉，都有自己的哈拉首领。哈拉首领是由本哈拉中辈分最高的长者、富有组织能力、为人正直和办事公道的男性来担任。哈拉首领是在哈拉大会上民主协商产生的，若失信于民众，就会被罢免。通常是一个哈拉要包括若干个莫昆，因此“哈拉”的管理职能不如“莫昆”具体，相对来说有其“局限”的一面。哈拉的职能具体表现在以下几个方面：

1. 禁止哈拉内部通婚

这一制度受到传统习惯法的严格维护。新中国成立以前，达斡尔族人都十分习惯地接受这种观念，认为同一哈拉的人是同属于一个祖先的后代，有着密切的血缘关联，因而不得通婚。这一

---

① 庄孔韶编：《人类学通论》，山西教育出版社，277页，2003。

制度的执行十分严格，即使同一个哈拉相隔数代彼此相距很远，也不能进行婚配。同时，在达斡尔族社会里，有些哈拉虽然不同，但他们之间也不能进行婚配，如索多尔哈拉和敖拉哈拉之间就不得通婚。据说这两个哈拉的始祖曾是姑表亲，所以不能通婚。另外，鄂温克族的那克塔姓不能与达斡尔族的敖拉姓通婚，也是因为这两个姓氏的始祖曾是姑表亲。可见在氏族制度全盛的情况下，达斡尔族人严格恪守氏族外婚制的原则。氏族外婚是氏族制度赖以形成和存在的最基本的原则。在调查中发现，达斡尔族与汉族及其他民族通婚的现象很普遍，但传统的哈拉内部严格禁止通婚的习俗仍然影响和制约着达斡尔族人的婚姻生活。

2. 缮修哈拉族谱

达斡尔族同一哈拉有一个共同的族谱，而且这个族谱每隔三十年左右就要续修一次。由哈拉中有威望的长者来组织族谱会，会议的一切支出由各个莫昆分担。而且十分讲究规则，必须要有隆重的仪式，例如杀猪、宰羊、烧香、拜祭祖先。在达斡尔族社会里，族谱只写男性的名字，不管是已故的长者还是刚出世的娃娃，都要写在族谱上。届时，主持者将新出生的婴儿的名字按其辈分用红笔填写在其父亲的名字下，死亡者的名字则要用墨笔盖写。以前是用满文书写，后来改为汉文书写，也有满汉文并用的。族谱会后本哈拉的人要举行酒宴，共同庆祝。

3. 举行各莫昆联合狩猎活动

历史资料记载，达斡尔族同一哈拉各莫昆之间经常联合起来，一起狩猎。这一活动是以哈拉为单位，各莫昆联合进行。基本一年举行一次，大约在春季或是秋季。例如“鄂嫩等哈拉即如此。哈拉要确定的围猎头领‘阿维达’，指挥猎手进行狩猎。在每个莫昆之间要选出一个优秀的射手，由‘阿维达’指挥，猎手们手拿弓箭，骑在马上。采取四面包围，各个击破的方式，做大圆圈，将野兽都围住，同时靠拢，在适当的时候，主动出击攻打野兽，将野兽收入囊中。在达斡尔族社会里，各莫昆将猎获来的野兽平均分配，然后由各莫昆把所分配的猎物再分配给参加射猎的射手们。若所获猎物很少，就不分配，充做打猎费用。后来随着社会的发展，达斡尔族人的哈拉失去了组织共同生产和生活的经济职能，但有的哈拉仍以集体从事传统的生产活动的形式保留了他们共同的生产习俗。”①

4. 处理哈拉内部重大事情

凡是涉及哈拉整体利益的重大事情，都要由哈拉首领来解决。在哈拉内部，遇到难以处理的问题，不能由一个莫昆决定时，要召开同一哈拉的各莫昆达会议，对重大事情进行决议或执行。比如对违反哈拉的规定，犯有严重错误者给予处罚。

5. 祭奠已故长者

在同一哈拉中德高望重的人去世时要组织吊唁活动，举行隆重的丧葬仪式。参与祭悼的人除了本莫昆的人以外，其他莫昆的各个莫昆达都要组织本莫昆的人筹钱，买酒和猪等，选派一两名代表，带礼物前往参加丧葬仪式。

6. 举行哈拉娱乐活动

由于达斡尔族历史上是一个以森林狩猎为其生计方式的民族，因而十分重视骑射技艺。因此，至今延续着射箭、赛马等传统的比赛项目。而当时则是以哈拉为单位进行活动。首先选定活动日期，组织各莫昆的选手参赛，各莫昆之间的竞争十分激烈。这种竞技比赛，后来逐渐发展为几个莫昆之间可以自已联合举行比赛活动。从时间上看，达斡尔族从森林狩猎过渡到农耕以后，通常是选择在开春播种之前举行。主要比赛项目依然是射箭、赛马等。活动期间，还要杀猪宰牛设宴摆酒，比赛中失败的一方承担活动的所有费用。举行这些活动，至少有两方面的积极意义：

① 满都尔图：《略论达斡尔族的氏族制度》，载《社会科学战线》，1985（2）。

一是为了健壮体魄，熟练技艺；二是为了加强各莫昆之间的联系和同一哈拉内部的凝聚力。

与莫昆的职能相比，“哈拉的职能又是部分的，例如它没有哈拉的首领和公众会议制度，没有共同的宗教活动和公共墓地，收养养子也无需经哈拉批准。而这些职能已经被莫昆取而代之。可见，达斡尔族的哈拉原来曾经是父系氏族组织，随着时间的推移，由哈拉分化出莫昆以后，它便逐渐演变为胞族……达斡尔人的哈拉正是这种已经分化为新的女儿氏族（莫昆），而又把它们联合起来，以共同的祖先维系起来，以一定的社会职能联系在一起的胞族组织。”① 在达斡尔族的社会组织中，莫昆是从古老的氏族组织哈拉中分化出的血缘集团，它是起着核心作用的社会组织。每个莫昆都有自己的聚居地，而且莫昆的名称也与居住地有关。因此莫昆的父系血缘关系要比哈拉的更为接近，而以莫昆建立的村落要比哈拉的凝聚力更强，莫昆的职能也比哈拉的职能更具有约束力。根据《达斡尔族社会历史调查》的记载，莫昆的职能主要有以下几项：

1. 严禁莫昆内部通婚，实行严格的氏族外婚制

由于莫昆的血缘关系比哈拉更近一层，所以对内部通婚的限制要比哈拉更为严格。所有成员都要遵守这一规定，倘若有人违背规定，将会遭到莫昆的严厉制裁和处分。

2. 缮修族谱，祭奠祖先

这与哈拉组织基本相同。在各莫昆的族谱中，只有男性的名字，主要是为了保持血统的纯正和延续。

3. 拥有共同的地域，管理公共财产

达斡尔族人的每个莫昆都组成一个单独的自然村落，所有的自然资源都由莫昆管辖。依据自然生态环境，每个莫昆的居住地

① 满都尔图：《略论达斡尔族的氏族制度》，载《社会科学战线》，1985（2）。

几乎都有本莫昆地域内的公共草场、放牧场、林场、猎场和荒地等。如本莫昆的牲畜也可以到公共草场、牧场放牧。荒地和打草场等地，也没有严格的限制，在统一管理和安排下，莫昆成员可自由利用。各莫昆还有一些集体财产和设施，如公共畜圈、河堤、水井等，由莫昆负责保护和使用。同时莫昆还负责动员村民参加修路、烧荒、抗洪等公益活动。各个莫昆的聚居地之间存在着不太严格的习惯界限，一般来说，各莫昆的聚居地（村屯）的人们都在本莫昆的界内进行生产活动。

4. 莫昆会议制度

达斡尔族的每个莫昆都有莫昆达。莫昆达作为主持日常事务的公职人员，是由本莫昆公众选举产生的，莫昆首领即莫昆达为人要公正，具有办事能力。莫昆达既无报酬，也无固定的任职期限，主要职责是管理莫昆公共财产、调解民间纠纷、主持召开莫昆会议等。

5. 设立莫昆墓地

过去各莫昆都有自己的公共墓地，莫昆墓地以辈分和血缘的远近来安葬已故者。后来随着人口的增多，各民族杂散居的出现，地缘关系得以强化，莫昆内部也就出现了各个分支的墓地。

6. 共同祭祀

达斡尔族人每个莫昆都有自己的祖先神“霍卓日·巴日肯”和莫昆萨满。莫昆萨满无偿地为本莫昆人跳神治病，还要举行领神仪式和宗教活动。此外，每个莫昆都拥有自己共同祭祀的敖包。每年春秋各祭一次，杀牛或猪，以祈丰收。届时还要举行赛马、射箭、摔跤等体育活动。妇女们不得参加祭祀活动，只有在干旱时，妇女才有资格集体到村头或河边进行求雨活动。（详见第七章第一节）

7. 保护莫昆成员的利益

如果本莫昆成员与其他莫昆成员发生利害冲突时，莫昆极力保护自己成员的利益。莫昆内部成员因贫困不能维持生活者，由同一莫昆成员自觉承担扶助、救济等责任和义务。莫昆成员之间有互相帮助的好传统。

8. 财产继承权

达斡尔族男子有权继承财产。无子继承时，要由亲近的侄子来继承财产。若无亲近的侄子方可由女子继承。否则，莫昆要出面干预。可见，父系血缘关系的社会作用是强大的。

9. 批准接纳氏族养子

莫昆成员若夫妇无子，可接纳养子。如在本哈拉或莫昆内接纳养子，不用通过莫昆会议的同意。若要由其他哈拉或莫昆接纳，则需通过莫昆会议决定接纳养子。并把养子的名字从原来所在哈拉或莫昆的族谱去掉，正式加入本莫昆族谱。

除上述职能外，莫昆还有一些其他的职能，如本莫昆女子出嫁时，要请莫昆成员参加，并请全莫昆人吃“察恩特礼”。同时将女婿介绍给本莫昆所有人认亲。家中娶媳妇也要通知全体莫昆成员，莫昆成员都要来参加婚礼，新娘要给莫昆成员中的长者们敬烟或磕头认亲。若本莫昆中有人去世，要按辈分的大小、血缘亲疏，晚辈或同辈人要给死者服孝。葬礼仪式要求每个莫昆成员的家庭必须要有人前来参加，并送酒、猪等礼物。莫昆内的男子每年要举行一两次射箭、打曲棍球等项目的比赛，但不杀牛、杀猪等，具体赛事与哈拉的比赛相同。

“从清末到民国初年，随着汉族移民的逐渐增多，原来聚族而居的局势便逐渐趋于瓦解，特别是建立县、乡、区制以来，莫昆会议与莫昆达因为历史的发展，时代的进步，已不能适应新形势的要求了，于是便很快地让位给当时当地的行政机关和官吏了。”[①] 目前，哈拉、莫昆等传统的社会组织在达斡尔族的社会里，已经彻底不存在了。尤其是新中国以后出生的达斡尔族人，对这些传统的社会组织完全都不了解，平时各村屯组织活动都是由村民委员会来负责承办。

第二节　宗教信仰与宗教社会作用的演变

宗教是人类社会发展到一定阶段的历史现象，有其发生、发展或消亡的过程。它是人们的信仰观念、思维方式、社会心理和精神生活的综合体，并受物质生活的制约，随着物质生活条件和社会经济制度的改变而改变。因此，不同民族，在不同的历史时期，其宗教信仰的内容和形式也有所不同。

一、萨满教

达斡尔族信奉萨满教。萨满教作为专门的学术概念，在《宗教词典》里有如下说明：萨满教是原始宗教的一种晚期形式。因满—通古斯语族各部落的巫师称为“萨满”而得名。萨满教形成于原始社会后期，具有明显的氏族部落宗教特点。信奉萨满教各民族虽然没有共同的经典、神名（亲近部落除外）和统一的组织，但几个基本特征却都大致相同。对此，《苏联大百科全书》将萨满教的基本特征归纳为：1. 特殊的人物——萨满；2. 特殊的宗教活动仪式——“行巫术”；3. 萨满教的法器——有带槌的铃鼓、神杖、特殊的神衣、神帽、围腰等；4. 萨满教信仰的各种精灵中，通常有一主要精灵，他是萨满的庇护神，注定要为萨满献身。还有一些为萨满效劳的辅助神以及萨满与之搏斗的恶

① 孟祥义等：《达斡尔族的氏族组织》，载《黑龙江民族丛刊》，1999（2）。

神。鉴于萨满教的上述特征，同时根据前辈学者在20世纪中期的调查研究，我们认为达斡尔族直到民主改革前夕，依然是以萨满教为主要宗教。[①]

达斡尔族萨满教最突出的特点之一是其氏族“祖先神”信仰。在达斡尔族的信仰生活中，影响较大的神是“霍卓日·巴日肯”，即祖先神（也有资料称为祖神“霍卓尔·巴日肯”）。达斡尔族的祖先神是如何产生的呢？根据古老的传说，有被水淹死和遭雷击而死两种说法，主要是由非正常死亡人的灵魂构成。所以达斡尔族的祖先神可能是从亡魂信仰演化而来的一种祖先崇拜。这种情况在北方民族中是很独特的。[②]

在达斡尔族社会中，许多莫昆都有自己的祖先神，也有同一哈拉的几个莫昆共同崇拜一个祖先神。据《中国各民族原始宗教资料集成·达斡尔族卷》记述：“很早以前，满那莫昆的一男子，参军作战，被敌俘虏，关在狱中，他施展法术，遗留其衣物，越出狱禁，回家途中死在山谷，死者的魂灵变成粟雀，飞回布特哈故乡，从窗洞蹿入屋里，落在西炕上，对父母叙述了经过，安慰双亲不要悲伤，同时说出了要当霍卓日·巴日肯的意愿。从此，满那莫昆的人们把它供奉为霍卓日·巴日肯，其祖先神的偶像是在一块红布上贴金箔纸人形9个（5个为金色，4个为银色）。”即“哈拉莫昆”的保护神。祭祖先神能使子孙繁衍不息，兴旺发达。各莫昆祭祀所供奉的物品不一，每逢祭祀时要杀猪，献狍子肉和荞麦粥及酒等。

莫昆成员如果得了疾病，也要请祖先神除病解灾。其仪式是

---

① 吕大吉编：《中国各民族原始宗教资料集成·达斡尔族卷》，中国社会科学出版社，288页，1999。

② 孟慧英著：《中国北方民族萨满教》，中国社会科学出版社，339－340页，2000。

家中的老主妇向祖先神烧香奠酒叩头。然后举行驱鬼魂的“苏木苏扎热古”仪式。这一仪式是把已经剪好的纸人送到野外扔掉，所有莫昆成员都要对纸人吐唾沫，以示对鬼魂的愤慨，认为这样病人就可痊愈了。如果久病不愈，便要宰牲祭祖，请萨满来跳神驱鬼。

此外，达斡尔族还对自然界的诸神包括天神（腾格里·巴日肯）、地神（嘎吉热·巴日肯）、土神（巴拉格·巴日肯）、河神（比里格·巴日肯）、水神（巴彦·巴日肯）、火神（嘎利·巴日肯）、木神（道比·巴日肯）、山神（敖里·巴日肯）等都有常规的祭祀活动。

1. 天神

达斡尔语为“腾格里·巴日肯”。达斡尔族认为天神是至上者，是人间大地的守护者。日、月、星神也统属于天神。达斡尔族人对天的崇拜尤为突出，祭祀仪式也颇为隆重。此神由父天、母天、公主天、官人天组成，没有偶像，以两岁牛或猪为供品，如遇大灾，全氏族还以九牛供祭此神。达斡尔族人一般在春节或家里有病人的时候祭天。祭祀天神用祭杆，又称天灯杆，用8米长的松木杆制成。杆顶有木制飞檐的灯楼棚，棚里设铁环，以此穿灯绳，用来起落蜡烛灯。祭杆设在大门的东侧。祭祀的时间是每年除夕三十到正月十五。入夜，便把烛灯吊入灯楼。祭祀时，杀牛、猪等作为供物，并置酒。与此同时，家中老妇用荞面做出几十盏盆状的荞麦灯，用棉花制成灯芯，内注苏籽油，点燃后放在大门左侧或祖庙前，以此祭天和日月星神，祈求天神赐福，保护达斡尔族人风调雨顺、粮食丰收、人无疾病。

2. 山神

达斡尔语为“白那查”。早期达斡尔族人认为在广阔的山林中有一留白胡子的老人，是山林的主宰，称其为“白那查”。并认为山林中的野兽飞禽都是他养育的，山林中的游猎者的安全和收获多少都是由白那查决定的。所以，无论是狩猎者还是放木排者都特别尊重白那查，在山林中遇见奇异的山洞或古树，就认为是白那查栖息的场所，不能大声说话，还要叩头礼拜，绕道而行；在野外就餐前，要请白那查先品尝；猎获到的第一个猎物也要先敬给白那查；在山林中有的古树上面画有白那查神像。他们认为，白那查是善神，不会加害于人。

3. 火神

达斡尔语为“嘎利·巴日肯”。因为是在家里的灶上烧火，又称“灶神”。火神管门护院，对付来鬼。腊月二十三日祭火神，在火神前放碎草和米粒。祭词对火神表示谢意，祈求全家平安。

4. 土神

达斡尔语为“巴拉格·巴日肯”。达斡尔族人在每年开荒种地之时、开祭之前，都要祭祀土地神。一般仪式是在野外堆砌一个土神堆，然后众人开始祭酒、叩拜，以祈求粮食丰收。

5. 河神

达斡尔语为“比里格·巴日肯”。遇到干旱之年，由莫昆或村屯中年长的妇女组织，约集各家妇女各带一只鸡到河边，祭河神。先将鸡杀死，挂在一木制三角架上，将鸡肉煮熟，由主祭人颂祭文。然后全体参加者共餐鸡肉，并在木板上置灯烛，点燃后放河灯，以此为祭。另外，在摆渡的河口、捕鱼的渔场，都为河神建有小庙，随时在庙前设祭，求河神降雨，消除干旱，保佑平安。同时，妇女们还借此机会到河里取水，互相泼水，祈祷降雨。

以上仪式反映出人们试图以祭祀的方式引起神灵的感应，唤起他对于人间灾难、疾病的同情，给予救助，帮助人间摆脱疾病、灾难，通过神的力量使生产有收获，出入平安，反映了达斡尔族淳朴、渴望祈盼美好生活的心愿。这与达斡尔族的宇宙观和行为规范有着不可分割的关系。

同时也可以看出，萨满教在达斡尔族社会中的影响和发生、发展的历史。吕大吉教授指出："萨满教虽然发端于原始氏族制社会，但它却并不曾随原始社会的消失、社会的发展和文化的进步而退出历史舞台，我们在信仰它的地区和民族中的历史和文化发展的各个阶段几乎都可发现它的存在，甚至在当代的文明社会中仍可找到它的踪迹。"[①] 另外，值得关注和研究的是改革开放以后，党的宗教信仰自由政策得到了恢复和落实。现在较大型的祭祀活动有祭敖包，包括民间祭祀敖包和官方组织的祭祀敖包活动。

在达斡尔族社会里，祭敖包的习俗由来已久。敖包是在山岗、高坡上用石块垒起的塔形的用于祭祀的石堆。中间植一棵树，作为祭坛。在内蒙古自治区无论是达斡尔族聚居地还是鄂温克族聚居地，都有很固定的敖包。原来是以莫昆为单位设置的敖包，按年祭祀，宰牛、羊杀猪供祭。后来随着社会制度的改革，以地域为基础开始形成了以村落为单位的敖包。现在，即使是平时，只要有人路过敖包，都会下车或下马，在石堆上添加石块，以表示尊敬。2003 年曾由村干部们和村里有威望的老人负责组织了规模达到近 200 人参加的祭敖包活动。资金由村委会负责，村民出力，分工合作。杀猪，买酒，上香，运水，带石块上山，村民们高高兴兴，虔诚而神圣。当时主祭人的致词大意是祈求风调雨顺、五谷丰收、六畜兴旺、国泰民安。主祭人致词后，众人向敖包磕头、祈祷。然后喝酒吃肉，互相泼水，以求降雨。

现在规模较大的敖包会上，还要进行赛马、摔跤、射箭等体育比赛活动。城镇的商家们也会积极参与，带着各种各样的民用商品摆摊设点在祭敖包的现场进行交易。传统的祭敖包活动的内容和形式都发生了变化。如今，在达斡尔族地区，萨满教原有的功能逐渐在衰退，有些老萨满已经不再从事跳神活动，多神崇拜

① 孟慧英著：《中国北方民族萨满教》，中国社会科学出版社，2 页，2000。

的诸神数量已在明显减少。

在我们的调查中，虽然发现有些家庭的墙上依然供奉着“神偶”，但主人告诉我们，因为连年遭受自然灾害，心理上祈盼着风调雨顺，只是用这样一种简单的形式表示罢了，儿子和孙子们都不信了。座谈会上，关于萨满教和萨满文化的社会作用和演变，大家讨论得很热烈。

二、禁忌

禁忌是一种普遍存在于各民族中的观念习俗和文化现象，它同宗教信仰一样，比较复杂。它是人们在生产和生活中约定俗成的，要求人们不应做什么，以避免招致不幸。

从达斡尔族的禁忌看，萨满教的内涵已经潜移默化地融入到达斡尔族的日常娱乐活动和民间文化之中，包括非物质文化等各个方面。我们在调研的基础上查阅了有关民俗资料，将达斡尔族的禁忌大体上分为六类：宗教方面、生产方面、生活方面、生育方面、婚姻方面和丧葬方面。

1. 宗教方面的禁忌

在供神时，不许背向神像坐着，在供神的神龛里不许放其他物什；

产妇一个月内不出大门，以免玷污了门神，不许到屋内西北角去，以免玷污了神龛里的神；

祭敖包求雨时，妇女不许参加，妇女用自己的形式来求雨；

献给“吉雅其”神的坐骑，不能出卖，更不能杀掉。

2. 生产方面的禁忌

忌在鼠日或火日开犁播种；

在渔场不许拿着鞭子走，不能背着手走，不能跨越渔具，妇女、萨满、带孝的人不能去渔场，乘船不能说不吉利的话；

出门远行（打猎、放排木）前遇到倒霉的事要改日而行；

猎人不直呼熊和虎的名字，而称熊为“额特尔肯”（意为老头），称虎为“诺颜故热斯”（意为兽王）；

3岁的母马下驹后就把它卖掉，但要剪下一点尾毛和鬃毛留下来；

卖马不带缰绳。

3. 生活方面的禁忌

不许用刀、剪子、筷子等锐器和带尖的器物指点人，不许用手指指点人；

不许跨越他人的身体和衣帽；

不许踏坐门槛和窗台；

不准在室内打口哨；

不许在火盆上烤脚；

不许把自己的东西放在别人家过年；

囤底和囤顶尖的粮食不给也不借给别人；

日落后不得将粮食运出大门；

除夕天黑后，不许在外面召唤人；

正月初一清晨要自动起床，不能让别人叫醒；

正月初一至初五，不可把室内的垃圾倒出去；

夜间不能让小孩顺着炕洞方向睡觉；

不许站着或走着吃饭，吃饭时不能大声喧哗；

不许用筷子敲打饭碗和桌子，不许在饭桌上扣放饭碗和杯子；

不许往火盆里投不洁之物，不许用有刃的东西拨弄火；

不许把锅放在地上拖着走；

不用白桦和榆木盖房子，不用白桦做排木的舵；

在房木上不许用刀划出痕迹，不许钉钉子，不许敲打房梁；

客人骑马要在院门口下马，开车也不能直接对着屋门口开进院，骑自行车也不能对着屋门口进院，进屋不能坐炕头；

闹伤寒或出天花时，不许将这一灶炕的火引到另一灶炕，不许家人做针线活，夫妻不合房。

4. 生育方面的禁忌

妇女不能从车后上车，不得上屋顶，不许睡西炕，不许面对灶门而坐，不许孕妇往灶炕里看；

孕妇不能铺熊皮，怕流产，不得吃驴肉，怕生出的孩子像驴，不许坐驴车，怕误产期；

产后三天内，夫妇都不许上烟囱脖子，院内不许进来驴，不许推碾子，不许移动室内的缸罐等；

怀孕的妇女不许看坐月子的妇女，认为会抢奶；

不从坐月子的人家拿走粮食；

产妇一个月内不出大门，不许到房屋西北角，不许到井边，怕污染了井水，妇女产后忌出门，在门前横放车轴作为标志，外人不能擅自撞入产妇居室，如非进不可，要在门外放一铲子火，来人从火上跨过，外来的车马不准牵入院内；

不许在别人家生小孩。

5. 婚姻方面的禁忌

女子在偶数年龄结婚；

新媳妇三天内不许出门；

一年内一家不能娶两个媳妇；

新娘在婚礼之日，上南炕时不能踩炕沿；

父母去世一年内不娶媳；

不许在别人家结婚；

送亲车要在日落前赶到男方家，如果在日落后到达，要在大门的西侧挂一年镜子，以示太阳，否则婚后不顺利；

离婚的休书，不能在家里写，要到没人的江边去写。

6. 丧葬方面的禁忌

外姓人死在别人家，不能从房门抬出其尸体，必须从窗户抬出；

服孝期间不理发，不剪指甲，妇女不戴耳环、手镯、项链等饰物，三年内节守灵位，不外出拜年，不燃爆竹，不张贴红对联和年画，不接受磕头，不与他人殴斗，不参加娱乐活动，给老人服孝期间，夫妻不能合房；

家人临咽气时，全家人不许睡觉，以免死人的灵魂把睡者的灵魂带走；

停灵时，不准让猫接近尸体；

忌用铁钉子钉棺材；

莫昆公共墓地不准葬无儿女的人和小孩。

总之，达斡尔族的禁忌很多，随着现代社会的发展，越来越多的人言行自由，但这种约定俗成的文化现象，在达斡尔族民间仍潜移默化地起着作用。

第三节　民族区域自治制度的建立与发展

一、历史沿革

清代，迁到嫩江流域的达斡尔族人，聚居在东起小兴安岭西麓，西至大兴安岭东坡，北始大兴安岭，南抵嫩江中下游的辽阔地区。在这片美丽富饶的土地上，先后建立起许许多多的达斡尔族聚居的村落。据现代学者的考证，这些村落多数是由同氏族姓氏聚居的群体而建立的。清政府为了便于管辖，陆续将这部分达斡尔族人编为若干“佐”，置头人以“佐领”衔辖之。这是最初出现在莫力达瓦旗地方的军事、行政基层组织。

随后，又按地域分布将达斡尔族编入索伦八旗之中。其中达斡尔族被编为 3 个“扎兰”。“扎兰”是比“佐领”更大具有地方行政职能的基层行政机构。

康熙年间，在齐齐哈尔设置“布特哈打牲处”。1689年，又设布特哈总管衙门，在今莫力达瓦达斡尔族自治旗旗政府所在地尼尔基镇后宜卧奇屯。后组建布特哈八旗，并由布特哈总管衙门管理八旗事务。这部分达斡尔族人，平时以渔猎、农牧为业，战时出征。同治年间，清政府开始派人测量黑龙江各地边界，划定边疆：西至内兴安岭625公里左右，东抵内兴安岭300公里左右，向北到内兴安岭670多公里，东到内兴安岭约300公里。

光绪年间，重新划定区域，以嫩江为界分设东西布特哈总管衙门。今莫力达瓦达斡尔族自治旗、阿荣旗、鄂伦春自治旗、扎兰屯市等地均属于西布特哈总管衙门所管辖。清朝末年，政府实行移民招垦，来自山东、辽宁、吉林等地的大批汉族农民相继涌入西布特哈境内，使当地人口剧增。至民国元年，特设立索伦宣抚局予以管理。随着人口越来越多地迁入和户数的增加，急需开辟更多的空间，也给管理者带来了不便。鉴于此，又设立了设治局，与西布特哈分管。

以后的几年内，先后设置了扎兰屯稽垦局、济沁河稽垦局和雅鲁设治局等。民国初年，八旗制度逐渐解体。1915年，西布特哈地区筹办设治局，将原西布特哈总管衙门辖区划分为5个行政、军事管理区。

1931年，日本帝国主义侵占中国东北。在日本帝国主义强行管制下，1932年，改西布特哈设治局为莫力达瓦旗，并实行努图克① 下辖的村屯、部落行政区划体制。同时将原西布特哈设治局进行分解，在北部成立巴彦旗，在西部建立阿荣旗，将西南一部分划归为甘南县。当时，莫力达瓦旗总面积为18381平方公里。所辖区界东临嫩江与讷河县为邻，西接阿荣旗，北抵巴彦旗，西北为大兴安岭辖区。1933年1月1日，莫力达瓦旗伪公署

---

① 努图克，区级行政单位，相当于今天行政级别中的“乡”一级。

成立，并建巴彦旗和阿荣旗。1936年，取消原有的5区65屯建制，实行努图克下辖嘎查、村屯、部落的行政管理体制。1940年，莫力达瓦旗划分为5个努图克98个村屯部落。5个努图克为葛根努图克、讷青努图克、莫登努图克、耐勒图努图克、诺敏鄂伦春努图克。

抗日战争胜利后，莫力达瓦旗伪公署垮台，成立地方治安维持会。1946年1月16日，成立布西旗政府，隶属于嫩江省二行署。辖区有6个努图克、1个布西区，并召开全旗代表大会，选举正、副旗长。同年3月，纳文慕仁省成立，布特哈西旗归其管辖，并改称莫力达瓦旗。

随后又将莫力达瓦旗与巴彦旗合并，仍袭莫力达瓦旗旧称。1949年底，莫力达瓦旗计11个努图克，49个嘎查。1950年，太平努图克又划归莫力达瓦旗，总面积达5万多平方公里。1955年撤销乌尔科努图克。1956年，开始进行撤区划乡工作。

1958年8月15日，根据达斡尔族人民的意愿，国家批准正式成立莫力达瓦达斡尔族自治旗，实现了民族区域自治，自治旗所在地为尼尔基镇。1968年1月28日，成立莫力达瓦达斡尔族自治旗革命委员会。1969年，莫力达瓦旗归黑龙江省大兴安岭地区管辖，直到1979年重新划归内蒙古自治区，仍属呼伦贝尔盟。1981年10月，撤销莫力达瓦达斡尔族自治旗革命委员会，成立莫力达瓦达斡尔族自治旗人民政府。

到1996年全旗共有22个乡镇，其中有两个民族乡镇①，300个行政村，845个自然屯。2001年，莫力达瓦旗辖11镇6乡。2004年，全旗辖区17个乡镇，220个行政村。

2005年，全旗总面积为10386.68平方公里。位于大兴安岭山脉东麓与松嫩平原的交汇地带。东隔嫩江与黑龙江省的讷河

① 巴彦乡和杜拉尔鄂温克族民族乡。

市、嫩江县毗邻，西部、北部与内蒙古自治区的阿荣旗、鄂伦春自治旗接壤，西南是黑龙江省甘南县。全境南北长 203.2 公里，东西宽 125 公里。全旗辖区 17 个乡（镇），其中，有 7 个达斡尔族聚居乡镇，2 个鄂温克民族乡。共有 220 个行政村，在全旗 67 个民族村屯中有 59 个达斡尔族村屯。

二、莫力达瓦达斡尔族自治旗的建立

民族区域自治是中国共产党和中央政府处理我国民族问题的基本政策，是中国共产党把马克思主义民族理论同我国具体情况相结合的成功创举。

民族区域自治制度的核心，就是在保证国家统一的前提下，依据宪法的原则，在少数民族聚居地区实行民族区域自治，设立民族自治机关，使少数民族充分行使自治权。通过这种形式，保障少数民族当家作主和管理本民族内部事务的权利，保障民族平等，增强民族团结，巩固祖国统一，密切社会主义民族关系，加速民族自治地方经济文化建设，促进各民族共同繁荣。这是由我国的国情和革命的过程决定的，正如邓小平同志指出："……解决民族问题，中国采取的不是民族共和国联邦的制度，而是民族区域自治的制度。我们认为这个制度比较好，适合中国的情况。"① 50 多年来，我国推行民族区域自治的经验证明，民族区域自治经受了各种严峻考验，取得了巨大成功。当今世界，一些国家和地区民族纷争不已，社会动荡不安，而我国却一直保持民族团结、政治和社会稳定，从而顺利进行社会主义现代化建设，这与贯彻执行以民族区域自治法为主的一系列民族政策和法律，始终坚持和不断完善民族区域自治制度有着极为重要的关系。实践充分表明，在统一的祖国大家庭中实行民族区域自治，是完全

---

① 《邓小平文选》，第三卷，257 页。

正确的。

新中国成立之初，为了尽快在全国范围内推行民族区域自治，中央民族事务委员会于1951年12月召开了具有全国民族代表会议性质的第二次委员（扩大）会议。会上，李维汉作了《有关民族政策的若干问题》的报告，对新中国的民族政策作了全面的阐述，就区域自治的有关问题在人们的思想上存在的疑虑和误解，一一作了澄清，从而统一了对民族区域自治的认识。讨论通过了《中华人民共和国民族区域自治实施纲要（草案）》，共7章40条。对于民族区域自治的性质和地位，自治区和自治机关的建立原则，自治机关的自治权利，自治区内的民族关系，以及上级人民政府的领导原则等，都作了比较明确的规定。这个纲要草案，于1952年2月22日经政务院第125次政务会议通过，并于同年8月8日由中央人民政府委员会第18次会议批准实施。《中华人民共和国民族区域自治实施纲要》是新中国建立后在民族区域自治方面的一项重大立法。

新中国刚成立时，中央就将“在少数民族地区实行民族区域自治”提到了日程上来。当时规定“各少数民族聚居的地区，应实行民族区域自治，按照民族聚居的人口多少和区域大小，分别建立各种民族自治机关。”1954年，我国第一部宪法中也明确规定在少数民族聚居的地方实行区域自治，设立自治机关，行使自治权利，并指出这是我国解决民族问题的一项基本的政策和重要的政治制度。国务院根据宪法规定，于1955年12月发布了《国务院关于建立民族乡若干问题的指示》。

在这样的政治背景下，党中央先后派出少数民族慰问团到莫力达瓦旗，他们深入基层，挨户访谈，了解情况，征求各方面的意见。1956年，国家组织大批的历史学家和民族学者，再次深入莫力达瓦旗达斡尔族聚居的村屯，对达斡尔族的社会历史、政治制度和文教等多方面进行大规模、系统的实地调查。同年6

月，内蒙古自治区再次发布“关于确定达斡尔族为单一民族并在其聚居地区建立自治机关的指示”。莫力达瓦旗开始为此做大量的准备工作。

但在如何建立及建立什么性质的自治旗等诸多问题上也出现了很多不同的意见。经过自治区与呼伦贝尔盟双方的反复讨论，最后认为达斡尔族的聚居区应该属于莫力达瓦旗，并应与巴彦旗合并。当时莫力达瓦旗境内约有15000多名达斡尔族，占全旗人口的25%以上，除了汉族，达斡尔族是最多的少数民族。因此，在莫力达瓦旗建立达斡尔族自治旗是最为合理的选择。1957年，莫力达瓦旗政府将草案上报至中央，经过多方商议，最终于1958年通过了《关于拥护中国共产党内蒙古自治区委员会建立达斡尔族自治旗的决议》。同年8月15日，莫力达瓦达斡尔族自治旗正式建立。达斡尔族人民和其他民族一样享有政治上的平等权利，当家作主，成了新中国的主人。

三、发展与成就

自治旗成立后，制定了一系列优惠政策，促进了民族地区经济和社会的发展。特别是党的十一届三中全会以来，莫力达瓦达斡尔族自治旗发生了很大的变化。表现在以下几个方面：

1. 农牧业发展迅速，并取得了一定的成就

自国家实施可持续发展战略以来，莫力达瓦旗十分重视发展农业，粮食生产连年获得丰收。1997年，粮食总产达到10.55亿斤。莫力达瓦达斡尔族自治旗被商业部确定为国家商品粮基地和全国粮食生产百强（旗）县。2004年，全旗粮食总产量达15亿斤。

多年来，莫力达瓦达斡尔族自治旗的牧业生产稳步发展，1998年大小畜存栏31万头（只），是1978年的5.39倍，是1958年的14.09倍，是1949年的15.4倍。2004年，牧业总产值达31375万元，牲畜存栏达1210939头（只），比上年同期净增596263头（只）。其

中：牛存栏达109115头，同比增加22987头，其中奶牛存栏24471头；羊存栏达882975只，比上年净增506626只；可繁殖母畜占62.84%。家禽存栏中大鹅达到124万只。

2005年共改良牛4.11万头，改良羊8.3万只，牲畜良种率达到88%以上。共设牛、羊标准化冷配点104处，牛冷配1.73万头，羊人工授精3.1万只。调剂种公畜2400头（只），引进肉毛兼用品种德肉美、无角道赛特、特克赛尔种羊30只；引进优良细毛羊种公羊200只，绒山羊种羊100只，种猪20头。并根据莫力达瓦达斡尔族自治旗畜群品种、畜群大小的分布特点进行分配，取得了较好效果。已初步形成了西门塔尔肉牛、黑白花奶牛、呼伦贝尔细毛羊的品牌化饲养模式。奶牛建档工作完成1952头（份）。

全年共实施国家投资项目14个，资金规模2336万元，分别是：40万亩退牧还草项目、8000亩牧草种子基地项目、25万亩高油大豆项目等。并在此基础上，加大农牧业科技推广普及力度，提高农牧业的生产能力。

2. 工业稳步发展

经过几十年的不懈努力，旗境内现有国有工业企业12家，集体企业56家，生产门类分别为食品加工、化工、建材、小型农机具制造、印刷、酿造、矿业等诸多领域，并形成了具有地方特色的民族工业。1997年，以莫力达瓦达斡尔族自治旗啤酒厂和莫力达瓦达斡尔族自治旗大地植物油厂为基础，组建了内蒙古巴特罕酒业集团和内蒙古豆都油脂集团。目前，这两个集团为莫力达瓦达斡尔族自治旗经济创造了一定的效益。尤其是莫旗啤酒厂生产的“巴特罕”牌啤酒，不仅被评为内蒙古自治区优质和国家优质产品，而且在新加坡国际博览会上还荣获了金奖。

3. 基础设施建设

（1）水利工程

自治旗成立以来，先后兴建了团结灌区、汉古尔河灌区、尼尔基嫩江防洪大堤等一些重点水利工程，尤其是重点工程尼尔基水利工程建设项目（详见第八章第一节）。

（2）电力建设

现建有110千伏输变电站1座、35千伏输变电站3座，自然屯通电率达99.6%。目前，在莫力达瓦达斡尔族自治旗已经实现了村村通电，户户通电。

（3）交通运输

以旗政府所在地尼尔基镇为中心，由111国道和旗级干线公路组成的公路网辐射全旗各地。公路总里程达527.67公里，开通客运里程734公里。

从2005年起，计划利用5年的时间重点修建5条公路：兴隆—小二沟公路，全长65公里，造价10400万元；杜拉尔—宝山公路，全长44公里，造价7289.8381万元；红彦—甘河大桥公路，全长26.5公路，造价3975万元；腾克—库如克奇公路，全长90公里，造价14400万元；卧罗河—新发水库公路，全长91公里，造价19110万元。至此，莫力达瓦达斡尔族自治旗的道路交通状况将彻底得到改变，从而促进地方经济的全面发展。

（4）邮电通讯

实现了村村通邮，程控电话装机总容量已达15888门，通讯交换程控化、传输光缆化，移动通讯、数字通讯业已实现。2005年，新增固定电话用户1100户，手机用户6000户，“小灵通”无线电话用户3413户，ADSL宽带用户766户。

（5）市政建设

1994—1998年，城市工程建设累计投资2.8亿元，建设面积达28.1万平方米，不断加大以尼尔基为主的城镇建设力度，城市主要道路全部硬化，改造了供水、排水系统。2004年冬季，莫力达瓦达斡尔族自治旗实现集中供热面积70多万平方米，供热用户 209 栋楼，除尘率可达 93%。2004—2005 年，政府投资 1128.7 万元用于供水基础设施建设，项目建设主要为节水灌溉、人畜饮水、抗旱应急、380 工程等。截止到 2004 年 12 月，共开工 11 项，其中竣工 3 项，基本完工 2 项，在建 6 项。这些项目全部完工后可解决 3.1 万人饮水问题。此外还建设了广场、绿地、步行街，修建了巴特罕大街和环城路。

4. 科教文卫等项事业日益繁荣

（1）科学技术

自治旗成立以来共取得科研成果和引进推广项目 200 余项，其中取得自治区级以上科技成果 34 项。1990 年，被自治区科协评为“农村牧区科普先进旗”。1995 年又跨入全国科普先进行列。

（2）教育

全旗教育事业不断发展，由民族幼儿园、民族小学、民族中学构成的民族教育体系不断完备。职业教育、成人教育、基础教育协调发展，实现了乡乡有初中和小学的目标。

（3）卫生

全旗共有卫生院（包括防疫保健机构）28 个、村级卫生室 267 个、个体诊所 21 家。尤其是经过“非典”和“禽流感”教训后，莫力达瓦达斡尔族自治旗更加重视卫生事业的发展。（详见第四章第三节）

（4）文化

全旗现有电视台 1 座，广播电视覆盖率达到 90% 以上。群众性的文体活动丰富多彩，旗乌兰牧骑 1983 年被评为“全国先进乌兰牧骑”。1997 年，又分别被评为内蒙古自治区“十佳乌兰牧骑”和“全国十佳乌兰牧骑”。曾多次受国务院、文化部、国家民委委托，到国内各地和俄罗斯联邦、朝鲜等国家慰问演出。

（5）群众性的体育活动

1989年，国家体委将莫力达瓦达斡尔族自治旗命名为“曲棍球之乡”，男子曲棍球队在全国和国际大赛中，共获冠军17次。

5. 人民生活水平不断提高

1997年，财政收入完成10822万元，城市居民人均收入3472元，农民人均纯收入达到2389元。有6个乡镇、135个行政村达到了小康标准。

表10　个别年份莫力达瓦达斡尔族自治旗经济发展状况表

年份	现价国内生产总值（万元）	完成农牧林渔业总产值（万元）	种植业产值（万元）	工业总产值（万元）	乡镇企业（万元）	城镇居民年人均收入(元)	农民年人均纯收入（元）
1997	96400	6.45	55700	13076	129000	3473	2389
1998	91299	72129	59317	9915	110562	3600	1403
2001	119006	65763	90835	17454	1039.5	5033	1611
2002	178272			8851	5449	5479	2416
2004	269900			20600		6701	2451

从表10中可以看出，近年莫力达瓦旗经济发展迅速，工农业总产值逐年增加，城镇居民的消费水平日益提高。但从总体上看，农民的收入增长依然缓慢，且波动很大，而且城乡差距越来越大。造成这种现象的主要原因：第一，莫力达瓦达斡尔族自治旗以第一产业为主导产业，受自然灾害的影响较大，尤其是1998年严重的水灾和2003年的旱灾，造成农业歉收。如表10显示，由于1998年的水灾，使得当年农民的人均纯收入大减，由1997年的2389元下降到1998年的1403元。第二，存在着农业产业结构不合理的现象，而且农民长期形成的“靠天吃饭”的保守思想还很浓厚，在自然灾害面前有较强的“等、靠、要”意识。第三，科学技术在农业中的运用比例低。综合上述多方面的因素，最终使得莫力达瓦达斡尔族自治旗农民的收入增长缓慢。

四、少数民族干部队伍建设

党和国家历来十分重视培养少数民族干部，这不仅是党的一项重要政策，也是解决民族问题的关键。实现“和谐”社会，使各民族共同繁荣共同发展。要实现这一目标，就必须培养和建设各民族出身的少数民族干部队伍。因为，这些少数民族干部，“土生土长，来自本民族人民群众之中，熟悉本民族的历史和现状，通晓本民族的语言文字，懂得本民族的生活方式和风俗习惯，易于了解本民族人民的疾苦和要求，同本民族人民有着血肉联系和‘天然的’感情，对改变本民族地区的落后面貌，建设社会主义、共产主义有强烈的愿望。”① 通过这样的干部，就能最好地动员和激发各族人民群众的积极性，组织和带领群众为实现社会主义新农村的目标而奋斗。尤其是在民族地区，公务员队伍一定要保持少数民族干部的比例，否则就不利于当地民族地区经济的发展与稳定。

自治旗成立以来，少数民族权益得到有效保障，培养和造就了一大批达斡尔族干部。早在解放初期，党和政府就将达斡尔族部分青年送到黑龙江省和内蒙古军政大学，学习革命基本理论。部分人投入到土地改革运动中，还有的人参加了解放战争。此外，通过采取干部文化学校专训和干部理论学习班等形式和措施，培养和提拔了一批民族干部。经过培训和实际工作的锻炼，他们在各自的岗位上，逐渐成为建设社会主义的领导干部和业务骨干。到1960年全旗有达斡尔族干部教员职工共410名，占全旗职工总数的32%。其中：旗级干部14名，区科级干部42名，一般干部141名，教职员工213名。党员干部职工占38%。这些

① 《民族理论和民族政策》编写组：《民族理论和民族政策》，民族出版社，120页，1985。

干部有78名分布在党群系统，有15名分布在政法系统，有125名分布在企事业系统，有92名分布在文教卫生系统。[①] 这些少数民族干部在全旗的社会主义建设中发挥着积极的骨干作用。

据1983年统计，自治旗共有各民族干部2928名，其中达斡尔族干部1032名，占全旗总数的35%，占全旗达斡尔族人口的4.6%。在自治旗党委机关中，民族干部占48.7%，在自治旗政府机关中，民族干部占40.8%。在全旗25名处级干部中，达斡尔族占14名；在403名科级干部中，达斡尔族占150名。科技干部共有536名，其中达斡尔族占175名；助理工程师以上科技人员有84名，达斡尔族占21名。在自治旗党委13名常委中，达斡尔族占7名。[②]

1998年，在全旗干部总数中，少数民族干部占39.9%，其中达斡尔族干部占28.6%。1988年、1994年和1999年，自治旗三次被评为全国“民族团结进步模范集体”。

2005年，“全旗党政机关、事业单位共有少数民族干部2409人，占全旗干部总数的34.3%，其中达斡尔族干部有1588人，科级以上达斡尔族干部有195人；蒙古族干部252人，科级以上蒙古族干部21人；鄂温克族干部206人，科级以上鄂温克族干部28人；其他少数民族干部363人，科级以上其他少数民族干部22人”[③]。干部是致富的带头人，在保证当地民族干部培养的同时，还要特别注重老、中、青干部队伍的合理衔接。

对于少数民族干部来说，为了适应社会主义现代化建设的需要，就要不断地提高自己的科学文化水平和业务能力，实现知识

---

① 《莫力达瓦达斡尔族自治旗概况及哈布奇屯达斡尔族情况》，内蒙古少数民族社会历史调查组编印，5页，1960。

② 莫力达瓦达斡尔族自治旗概况编写组：《莫力达瓦达斡尔族自治旗概况》，内蒙古人民出版社，50页，1986。

③ 2005年《莫力达瓦旗少数民族社会事业发展情况的汇报》，1页。

化和专业化。因此，加强少数民族干部的教育成为少数民族发展进步的关键。而教育的好坏，直接影响到少数民族干部队伍的建设与发展。多年来，党和政府为了帮助和提高少数民族干部实现“四化”即年轻化、知识化、专业化和革命化，采取过多种办法，如降低少数民族地区高考考生入学分数，在全国的民族院校开设少数民族预科班，在少数民族地区开展技术职业培训班等等，尽可能为少数民族提供受教育的机会。

就目前莫力达瓦达斡尔族自治旗现有的少数民族干部来看，大专以上学历的有 1697 人，占民族干部总数的 70.3%，特别是科级以上少数民族干部绝大多数都已经达到了大专以上学历。近几年，自治旗为少数民族干部提供了更多的培训机会，积极鼓励少数民族干部多锻炼、多培训，开阔视野。坚持每年向发达地区选派 6~8 名后备干部挂职锻炼，10 名优秀后备干部到重点民族村屯挂职锻炼，40 名少数民族后备干部到“急、难、重、苦”等关键岗位锻炼。经过这些努力，使自治旗少数民族干部队伍的素质日渐提高。

到 2005 年止，全旗 40 岁以下的少数民族干部超过了少数民族干部总数的 40%。少数民族党外干部 1402 人，其中科级以上党外干部 27 人。处级后备干部 28 人，其中，少数民族县处级干部 18 人，其学历均达到大专以上。现有正、副科级后备干部 344 人，其中，少数民族后备干部 201 人。其学历达到中专、高中的有 66 人，大专学历的有 211 人，本科学历的人数为 67 人，已经达到建旗以来的最高值。同时，少数民族妇女干部 1214 人，占民族干部总数的 45.6%。全旗 17 个乡镇党政班子中，达斡尔族干部的配备率达到 94.1%；旗直机关领导班子中达斡尔族干部的配备率达到 94.7%。通过对少数民族后备干部进行有计划、有步骤的培养，后备干部受教育率达到 90%以上，并使后备干部的整体素质有了明显提高。在实践和工作中，少数民族干部不断加强自身锻炼，努力学习科学文化知识，用现代化的先进科学技术和文化知识武装自己，使自己成为实现小康社会发展目标的中坚力量。

在新时期里，新一届的旗委和旗政府肩负着全旗30多万人的重托，始终不渝地坚持以经济建设为中心，在生存中求稳定，在稳定中求发展。美国社会学家华尔泽对社会发展历史和传统做了详细的说明，他认为：社会之好并不等于经济总量或个人财富的加合，社会之好必须是一种集体考量；社会是由一个个具有集体意识的公民成员所构成的有机整体。社会整体应当拥有一个共同的、生态的经济、社会和文化的基础结构。对于莫力达瓦达斡尔族自治旗而言更是如此。

第四节 农村经济体制改革

历史上，达斡尔族聚居的地区，有着丰美的草原和茂密的森林，其生产活动起初是以狩猎为主，兼营畜牧业。后来在逐渐迁徙的过程中，不断地适应着生态环境的变化，开垦出肥沃的农田。在不断变迁与调适中，在与汉族、满族等周边各族人民的接触、学习与交融中，逐步发展了农业。

莫力达瓦达斡尔族自治旗是农业旗，现在农业生产是达斡尔族的主要生产活动，从而也决定了达斡尔族农民的基本生活模式。早在17世纪中叶，达斡尔族人居住在黑龙江中上游北岸时，就已经形成了一定的农业生产规模。迁居嫩江流域后，还以狩猎、放牧、捕鱼等为主，兼营农业。达斡尔族的农业是以垦殖少量的土地，种植耐寒早熟的农作物为始。这些农作物产品主要用来自食或用作牲畜饲料。起初，达斡尔族人只有土地的使用权，而没有所有权。这是因为清代达斡尔人每年要向朝廷贡纳一定的貂皮，受到各级官吏的压迫，同时还要负担沉重的兵役和徭役，所以，耕种的土地也不需交纳土地税。农民可以根据实际的需要量和自身劳动能力来决定耕种土地的多少，而且不存在交纳地租和雇佣剥削的现象。

康熙年间，沙俄侵略者侵犯我国北部边疆，清政府为了抵御外敌，开始储备粮饷。被编入佐建布特哈八旗的达斡尔族官兵开始耕种部分官田，所产粮食一部分上缴国库，充当军饷，一部分留归佐领支配，最后留有一部分充作口粮。

鸦片战争以来，国家灾害频繁，土地兼并现象十分严重。大批的汉族农民破产，为了生存，纷纷涌入布特哈地区，出现了"闯关东"潮。这些汉族农民因长期精于农业，有一定的技术和管理能力，一步一步地通过买卖、租兑等方式成为了土地的所有者。少数农户经营多年，成为拥有百余垧土地的大地主。伴之而来的就是土地买卖的出现，一些官吏、氏族长向外出卖土地。此时，一些大地主也开始出租土地，对农民进行地租剥削。随着越来越多的汉人的涌入，清政府为了保证旗民的生计，积极采取措施，当时按官兵有别，将余地进行拨放，促使达斡尔族在旗的人都拥有了一份属于自己的土地。也有因无力交换税收的无地农户和少地农户。封建制度下的贫富分化现象出现了，并且日益严重。

1946年莫力达瓦旗获得解放，但土地所有制暂未改变。农村开始实行地主减租、减息的政策，将没收日本开拓团的土地，分给了无地和少地的农户。同年，根据上级指示，决定在莫力达瓦旗开展土地改革运动。

土地改革前，占全旗人口总数78.3%的广大各族贫雇农仅占有全旗总耕地面积的1.8%，而占人口总数9.0%的地主、富农占总耕地面积的75.6%，中农占人口的12.75%，占耕地22.6%。可见当时普通农民的生活状况。据1947年统计推算，农村每户收入240元，每户平均支出261元，村每人收入仅50

元，而人均支出56元。

1946年8月20日，莫力达瓦旗的土地改革运动首先在乌尔科的万宝村拉开了序幕。土地改革工作组主要采取调查研究、访贫问苦、走家串户等方式，宣传党的政策，号召莫力达瓦旗广大贫苦农民向封建剥削制度和地主阶级进行斗争，组织贫雇农揭发和批斗大地主。

在首批土改试点完成后，1946年9月，第一次大规模的土改运动开始了。这次土改运动首先在乌尔科、兴仁、博荣展开。在深入群众、调查宣传、斗争分地的同时，分别在上述三个地区建立了农民总会。历经3个多月，第一次土改运动结束。

表11　全旗土改情况表①

全旗总户	参加人数	被斗大地主	被斗中地主	被斗小地主	被斗富农	被斗佃农
10112户	46066人	341人	375人	397人	335人	66人
被斗小富农	被杀大地主	被杀中地主	被杀小地主	被杀富农	参加斗争会	
128人	57人	11人	7人	15人	14182人次	

表12　土改后期情况表

大地主	中地主	小地主	富农	小富农	中农	佃中农	下中农	贫农	雇农
197户 1488人	99户 1176人	198户 1176人	765户 1113人	136户 1001人	1251户 6464人	147户 1623人	856户 3160人	4262人 18943人	2445户 8436人
商人	自由职业者	手工业者	分出牲畜头（匹）	分出牲畜头(匹)	分出房屋（间）	分入房屋（间）	分入土地（垧）	分入土地（垧）	分入车辆（辆）
97户 332人	60户 234人	68户 214人	4001	3989	11649.5	5949.5	1695.7	1692.7	510

① 表11、表12中的数据摘自铁林嘎编：《莫力达瓦达斡尔族自治旗志》，内蒙古人民出版社，306页，1998。

1947年，在总结第一次土改的经验和教训的基础上，第二次土改运动在汉古尔河、登特科、西瓦尔图、阿尔拉等地区轰轰烈烈地展开。建立了农会、民兵、妇女儿童团等地方组织，完成了建党、建政工作。通过这次土改，莫力达瓦旗的封建土地制度被推翻，广大贫苦农民获得了土地。

土改后，农民分得土地、牲畜等，生产积极性空前地高涨，广大农民的生活水平逐年好转，但还是存在各种困难。对此，党和政府开始组织农民成立互助组。互助组是在土地归个体农民所有的基础上建立的一种合作经营方式。1948年到1951年，全旗共组建了1694个季节组，参组4842户，常年组806个，参组3655户。

1949年农民户均收入350元，年户均支出329元，年人均收入70元，人均支出56元，大部分农民收支平衡，略有节余。

1951年，中共中央召开第一次农业互助合作会议，在中央会议精神的指导下，莫力达瓦旗开始组织发展农业生产初级合作社。年底，全旗第一个初级农业生产合作社在太平地区成立。1952年，全旗纷纷成立初级农业合作社，充分发挥集体经济的优势，农业生产稳步提高。随着全旗其他各项事业的恢复、发展，广大农民的生活水平大大改善。按照当时的经济发展水平，莫力达瓦旗绝大多数农户解决了温饱问题。

1954年，随着全国各地农村农业合作化高潮的出现，莫力达瓦旗也开始以自然村为基础建立初级农业生产合作社。在农村中实行按劳分配，在一定程度上促进了生产的发展。但也出现了急躁冒进的现象。在实行初级农业合作社时，土地和牲畜等都归农民所有。1955年，受国家形势的影响，在莫力达瓦旗又出现组建高级农业合作社的高潮。到1956年为止，全旗共组建高级农业合作社115个，入社农户9969户，占总农户的96%，至此，莫力达瓦旗农村的社会主义改造基本完成。与初级农业合作社相比，高级农业合作社中的土地、牲畜、农具等生产资料归合作社所有。对于缺少生产资料的农户，国家实行股金贷款。1957 年农民户均收入 500 元，户均支出 363 元；年人均收入 100 元，人均支出 72 元。

1958 年，根据党中央的指示，莫力达瓦旗开始了人民公社化的高潮。一个月内，莫力达瓦旗在原有的高级农业合作社的基础上建立起了 11 个人民公社。集工农商学兵、农林牧副渔、政社合一为一体，共有 192 个生产大队、507 个生产队。入社 13968 户，人口 64420 人。其中农业户为 11300 户，农业人口为 51264 人。人民公社化初期，土地由公社、生产大队统一经营，实行平均分配，打消了农民的生产积极性。"大跃进"时期，由于高标准、共产风等思潮滋长，农业生产发展受到了阻碍，加上严重的"三年"自然灾害，农民生活陷入了"十分苦难"的状态。

1962 年，国家提出"调整、巩固、提高"等方针，发展农业机械化，并实行了生产责任制，一定程度上提高了农民生产的积极性，促进了农业生产的发展。1965 年全旗 17 个人民公社，140 个生产大队，501 个生产小队，全年生产收入 671.12 万元，全年费用支出 325.41 万元，参加分配人口 76279 人，平均每人分配 36 元。随着全国形势的发展，十年"文化大革命"期间，农村也出现了"以阶级斗争为纲"的形势，刚刚取得的成就，转眼间又被捣毁。在这种状况下，农业发展缓慢，农村日益落后，农民日趋贫困。上述情况几乎一直持续到 1980 年。

1980 年，莫力达瓦达斡尔族自治旗在哈力浅村实行"包产到户"试点，取得了很好的效果。接下来，在莫力达瓦达斡尔族自治旗的许多村屯开始实行包产到户、包干到人的方法，以此来转变全旗农业落后的局面。到了 1981 年，全旗 65%的生产队实行了"双包制"，85%的农户实行了"双包制"。实践证明，这种"双包制"在很大程度上改变了农民的生产生活水平。随着这种以家庭联产承包为主的责任制的日益完善，伴之而来的是原有的生产大队、生产队逐渐解体。同时，莫力达瓦达斡尔族自治旗根据当地农业基础差、资金技术不足的情况，推行了“双层经营体制”。双层经营体制是在组织形式上，集体统一经营和家庭承包经营相结合，以家庭分散经营为主；在生产管理上，统分结合；在产权制度上，所有权与经营权分离，土地所有权归集体，土地经营使用权在承包期内归农民；在收益分配上，上缴国家的，留好集体的，剩下都是自己的。其核心是既坚持土地公有，又使农民获得商品生产者的独立地位。它找到了社会主义初级阶段以土地为中心的农村集体所有制的有效实现形式，符合广大农民的意愿。莫力达瓦达斡尔族自治旗在推行双层经营体制的过程中，取得了显著的效果。

达斡尔族农业在经历一系列经济体制变革后，农民生产的积极性有了很大的提高，出现了从缺粮到卖粮的转变，出现稳定、安康的祥和局面。

农民的生活水平有了明显的提高，据1990年的调查结果显示，全年人均总收入1386元，总支出1245元。1992年，全年人均总收入1640.59元，人均总支出1818元。1996年全旗农民人均纯收入1940元。

以莫力达瓦达斡尔族自治旗腾克镇特莫呼珠村为例，该村位于自治旗政府所在地西北，西与塔敖宝镇相邻，地处偏僻，是个典型的山区村。然而在“大生产，大跃进和以粮为纲”的“革命”口号下，特别是“文化大革命”时期，为了提高农业产量，片面扩大种植面积，毁林开荒，严重地破坏了自然生态的平衡。1982年实行生产责任制以后，这里只能以农为主，农业成为最重要的发展方向。1982年全村有耕地面积4000亩，生产队有2台拖拉机、150头大牲畜。1991年被定为扶贫脱困试点村，当年组建了12户扶贫联合体，共开发200垧土地，其中100垧地由这12户贫困户经营。

到1997年，该村有103户，475口人，其中达斡尔族90户，鄂温克族4户，蒙古族3户，汉族6户。村里地多的人家一户就有100多垧（1000多亩）耕地，是过去一个生产队耕地的数量。全村有耕地面积4万亩，大牲畜300头匹，山羊100多只，有95%的人家有奶牛，半数以上的人家养马（主要用于骑乘）。主要农作物是黄豆，占耕种面积的80%多，其他有小麦、玉米、谷子等。全村有大型拖拉机16台、小四轮拖拉机40多台和播种机等配套机械。70%—80%的耕地使用播种机，翻地等进行机械化作业，只有耪地时还使用牲畜。10年内，大多数人家已经不用牲畜种地。过去在生产队时，粮食不够吃，好的年头每人能分上360斤粮食，多数年头是吃返销粮。现在家家卖余粮，人均收入达到1500—1600元。1998年村党支部从联合体积累的资金中拿出32万元为11户加入联合体的成员建了砖瓦房，改善了他们的居住条件。近几年来虽然连续遭受自然灾害，村集体经济受到了较为严重的影响，但村党支部果断采取了转包的措施，将收入的集体资金用在了新加入联合体的贫困户帮扶上，从而解决了他们的生产、生活问题。

2005年，该村有128户，582口人，耕地面积为71200亩。目前这里仍然保持着田园种植蔬菜、玉米的传统，但种植烟叶的人家明显减少。原因是很少有人收购烟叶，中青年人普遍喜欢购买香烟，已经不自己卷烟了。种植烟叶的人家也是一次种植够用两三年的烟叶，隔年种植，或购买别人家的烟叶。鉴于这种情况，村党支部又出台了新的计划：第一，今后几年内将达斡尔族传统的种植烟叶技术在村里推广，开发烤烟基地。第二，鼓励农业大户种植柳蒿芽、山芹菜、黄花等特色经济作物。在我们进行户访时，一农户对自己的今后充满希望，他说："依靠当地现有的资源，必须走多种经营之路。如果一家人有挣工资的，有种地的，再有养牲畜的，就不怕‘老天爷’啦。农业歉收了，畜牧业可以补充，畜牧业损失了，还有‘挣工资’的钱维持生计，所以不能‘单一经营’。”农民朴实的话语，道出了“农业结构调整”的大道理。2006年2月22日《人民日报》第一版刊登了《中共中央国务院关于推进社会主义新农村建设的若干意见》，强调指出：“按照高产、优质、高效、生态、安全的要求，调整优化农业结构。加快建设优势农产品产业带，积极发展特色农业、绿色食品和生态农业，保护农产品知名品牌，培育壮大主导产业。继续实施种子工程。大力发展畜牧业，扩大畜禽良种补贴规模，推广健康养殖方式，安排专项投入支持标准化畜禽养殖小区建设试点。”为农业改革和发展指明了方向。

第四章　生产方式的变迁

第一节　农业种植结构的调整

历史上，莫力达瓦旗地区的综合农业结构经历了以猎、牧为主，兼营农业及其他各业，同时也经历了以农、牧为主，兼营林、猎、渔各业的发展过程。上述两种产业结构的交替，并没有非常明确的时间界限，同一时期因地区不同又有所区别和侧重。总的趋势是，年代愈上溯，猎、渔、牧业比重愈大，农业比重愈小；从地域上分，越是北部山区，猎、牧比重越大，农业比重越小。按民族分，汉族农民自清末迁入莫力达瓦旗以来，主要是经营农业（种植业），少数民族则以各业兼营为突出特点。

新中国建立前夕，就全旗范围而言，莫力达瓦旗可以说是一个兼营农、牧、林、副、猎、渔各业的多种经营的农业旗，农业生产结构比较合理，只是其他各业的发展水平较低。据伪莫力达瓦旗公署调查，1933 年，莫力达瓦旗合计户数 3200 户，其中从事农业户 1650 户，绝大多数是中部、南部汉族农户，也包括从事农业、牧业的少数民族户；从事林业 200 户（主要是指以放木排为主的户）；猎业 39 户；渔业 50 户；被雇佣从事各业 102 户，其他为商业、工业各户和公职人员。上述各业户是以其家庭主要劳动力从事的主业为依据划分的。

以莫力达瓦旗西北部达斡尔族聚居地库如奇屯为例。1947 年土地改革前，库如奇共有农户 55 户，324 口人，77 个劳动力。其中，以种植业为主的 11 户，占总户数的 20%；农业劳动力 26

人，占总劳动力的31%；以打猎为主的4户，占总户数的7.3%；木工劳动力4人，占总劳动力的5.2%；以夏季采集木耳、冬季采伐木材为主的7户，占总户数的12.7%；副业劳动力11人，占总劳动力的14.4%。1家有2个以上劳动力，其中1个种地，另1个放木排者6户，占总户数的10.9%；1家2个以上劳动力，其中1个种地，另1个为农、猎兼顾者3户，占总户数的5.5%；1家2个劳动力，分别从事种植业和副业生产，或者1个劳动力少种一点口粮田，农闲时搞副业的农、副业兼营者4户，占总户数的7.3%；1家2个劳动力，分别从事林业（放木排）和猎业生产的林、猎兼营户2户，占总户数的3.6%。虽然这是建立在生产力低下，自然资源丰富的基础上的，主要是向大自然索取的较原始、落后的多种经营形式，但它比较适合莫力达瓦旗的自然生态环境和达斡尔族的历史传统。

1947年全旗范围内实行了土地改革运动。广大农民翻身，分到了土地，农民的生产积极性大大提高，农业生产得到了快速的发展。据统计，1947年全旗粮、豆、薯总产量达2189万公斤。经过1951年的农业合作化运动和1952年的初级农业生产合作社及1955年的高级农业生产合作社后，到1956年，基本实现了农业合作化，农村的社会主义改造也已经完成。1958年，成立自治旗时，全旗的粮食产量达到了4296万公斤，比1947年增长了近1倍，财政收入为178.7万元。

然而，当时受“左”倾思想的影响，1958年出现了“一大二公”、“浮夸风”和“共产风”的现象。限制，甚至取消了农民的自留地和家庭副业，严重损伤了农民的生产积极性。特别是“人民公社化”以后，贯彻执行“以农为主”的生产方针，在“以粮为纲”的口号下，多种经营事实上被剥夺，乃至取消，严重地偏废了牧、林、副各业的生产。大片林地、草场被垦为农田，副业被视为是走资本主义道路，加以批判、限制，严重地影响了牧、林各业的协调发展。农业生产结构严重失衡。随着三年严重自然灾害的到来，农村经济出现困境，农民生活跌入“低谷”。据统计，三年自然灾害时期，全旗的粮食产量下降到2400万公斤，几乎是自治旗成立时的一半。

紧接着在轰轰烈烈的“文化大革命”期间，“左”倾路线占据上风，“以农为主”和“以粮为纲”的生产方针被强调到“无产阶级革命路线”的高度，牧、林、副各业和家庭副业完全彻底地被取消，造成农业生产结构严重失调。林地、宜林地、草牧场被大规模地破坏，林缘北移，森林覆盖率、天然草场实际载畜量大幅度下降。天然草场面积比解放初期减少三分之二。植被遭到破坏，生态环境趋于恶化，全旗水土流失面积已达4523平方公里。部分地区耕地肥力下降，只能依靠化肥维持产量。人均收入1966年比1957年下降了9.68%。农业内部结构的失调成为制约农业生产发展和农村经济振兴的重要因素。

党的十一届三中全会以后，自治旗党和政府决策部门开始讨论、研究农业生产方针和农业内部结构的调整。从1980年至1983年经过两次生产方针的讨论和调整，否定了过去片面强调“以农为主”的农业生产方针，初步确定了具有分类指导意义的“宜农则农、宜林则林、宜牧则牧、兼营他业”的农业生产方针，正式开始纠正多年以来片面强调“以农为主”、“以粮为纲”的农业生产方针。

1984年，全旗上下深入开展了对党的十一届三中全会以来的方针政策的再学习。对“左”倾指导思想进行再清理，提高认识。在此基础上，先后于1986年8月和1987年12月召开了旗委七届四次、五次全委（扩大）会议和两次全旗党政三级干部会议，讨论研究了自治旗的经济发展战略和生产方针，并对农业生产方针和农业结构做出了相应的调整。在1988年3月召开的中共莫力达瓦达斡尔族自治旗第八次党员代表大会上，制定通过了莫力达瓦达斡尔族自治旗经济发展战略的指导方针，即“农牧为主、林草结合，多种经营、全面发展”，“走种、养、加相结合，贸、工、农相结合”的路子。莫力达瓦达斡尔族自治旗综合农业的内部结构，通过几年来的调整，日趋合理，有力地促进了全旗经济产业的发展。

表 13　农业总产值构成表①

单位：万元

项　目	1991 年产值		1992 年产值	
	1990 年不变价	1991 年现价	1990 年不变价	1992 年现价
农业总产值	41057.00	43734.00	32929.40	37592.80
一、种植业产值	24507.78	25806.79	16829.00	19489.00
(一) 主产品产值	22368.95	23513.26	14439.90	15671.5
1. 粮食作物	27758.21	22842.44	13463.90	14598.10
2. 经济作物	204.01	210.13	344.50	354.10
3. 蔬菜、瓜果	387.65	441.49	614.70	696.80
4. 果树	19.08	19.20	16.80	22.50
(二) 副产品产值	2138.83	2293.53	2389.10	3817.50
1. 粮食作物	1820.58	1974.88	326.10	3754.50
2. 经济作物	318.25	3181.65	63.00	63.00
二、林业产值	554.42	492.77	393.60	576.20
(一) 采伐林木	68.67	70.19	96.80	107.50
(二) 林产品	336.00	240.80	220.00	370.00
(三) 种植林木生长	149.75	181.78	76.80	98.70
三、牧业产值	5321.37	4713.29	7168.12	7783.00
(一) 牲畜繁殖、增长	3546.16	3017.14	2269.70	2391.10
1. 猪	2199.93	1496.42	790.00	836.50
2. 大牲畜	1323.80	1406.58	1292.70	1311.50

① 铁林嘎编：《莫力达瓦达斡尔族自治旗志》，内蒙古人民出版社，317—318 页，1998。

续表

项目	1991年产值		1992年产值	
	1990年不变价	1991年现价	1990年不变价	1992年现价
3. 羊	104.42	115.14	187.00	243.10
（二）家禽饲养	241.32	204.40	930.40	952.00
（三）活的畜禽产品	1358.98	1367.60	3780.20	4207.10
（四）其它动物饲养	173.11	124.15	13.20	16.00
四、副业产值	10173.47	1294.50	8313.60	9471.60
（一）捕猎、采集	3940.82	4236.12	3402.00	3720.00
（二）兼营工业	6232.65	7957.88	4911.60	5751.60
五、渔业产值	499.00	527.00	225.10	273.00

1994年农村非农业行业产值12983万元，其中农村工业产值6933万元，建筑业产值2130万元，运输业产值920万元，商贸、饮食服务业产值3001万元。

表14 莫力达瓦达斡尔族自治旗部分年农业产值结构表①

单位：万元

项目 年份	种植业		牧业		林业		副业		渔业	
	产值	占%	产值	占%	产值	占%	产值	占%	产值	占%
1958	1100	81.2	105.0	7.8	69.7	5.1	65.6	4.8	13.9	1.0
1960	694.2	69.6	145.0	14.5	88.8	8.9	46.7	4.6	2302	2.5
1962	846.7	62.6	2512	18.6	4.8	0.4	235.0	17.4	14.2	0.9
1982	6701	67.87	117.2	11.87	132	1.34	1846	18.70	22	0.22
1986	14986	76.55	2385	12.05	246	1.25	1927	9.84	59	0.30
1988	17060	74.83	3141	13.77	337	1.48	2169	9.51	92	0.40
1989	21639	72.59	4586	15.38	515	1.73	2945	9.88	124	0.42

① 铁林嘎编：《莫力达瓦达斡尔族自治旗志》，内蒙古人民出版社，311页，1998。

续表

项目 年份	种植业		牧业		林业		副业		渔业	
	产值	占%	产值	占%	产值	占%	产值	占%	产值	占%
1990	28550	55.30	8694	16.84	276	0.53	13607	26.35	498	0.96
1991	25806	59.00	4713	10.77	493	1.13	12195	27.88	527	1.21
1992	19489	51.8	7783	20.7	576	1.5	9472	25.5	273	0.7
1993	52784	90.11	5039	8.60	226	0.38			526	0.89
1994	61341	86.4	8790	12.4	300	0.4			595	0.8
1995	53401	81.28	11285	17.18	349	0.53			660	1.00
1996	80613	85.7	12430	13.2	350	0.37			651	0.69

1996年全旗农业总产值（现价，下同）94044万元，其中种植业产值80613万元，占总产值的85.7%；牧业产值12430万元，占13.0%；林业产值350万元，占总产值的0.37%；渔业651万元，占总产值的0.69%。种植业在农业经济中的主导地位突出，牧、林、渔业，乡镇企业有待进一步发展。

2000年，莫力达瓦达斡尔族自治旗加快农业可持续发展的步伐，加大结构调整。在重点抓备春耕生产的同时，大力开展了以“青山绿水工程”为重点的农田水利基本建设。并以科技兴农为先导，大力发展特色农业，使农业经济结构得到了较好的调整。种植业以“稳豆、增粮、扩经”为指导方针，大力发展绿色食品优质粮和经济作物。初步形成“粮、经、饲”各占适当比例的三元结构，向高效、优质农业的方向迈进一步。农业落实种子基地2万亩，引进大豆、小麦、玉米、水稻良种56个；加强了博荣等6个科技示范园区建设，重点推广种子孢衣、精量点播、病虫害综合防治、水稻钵育摆栽等项适用技术；实施“阳光工程”，建起“43型”温室115亩，大棚1260亩。并加强科技培训，开展了科技下乡、科普宣传活动，办起科技集市。农作物总播种面积 274 千公顷。但受灾情影响，粮食总产量仅达 6.08 亿斤，同比下降 35.1%；农民人均纯收入 1126 元，比上年下降 28.4%。

2002 年，莫力达瓦达斡尔族自治旗种植业结构调整取得成效，农业生产喜获丰收。经济作物和饲草、饲料作物面积逐步扩大，粮、经、饲比例由上年 98.4∶1.56∶0.04 调整到 90∶7∶3，种植业内部结构进一步优化。绿色食品基地建设达到 58 万亩。国家实施“大豆振兴”计划，全旗 50 万亩高油大豆产量及油脂含量均达到标准。农业经济呈现出自 1998 年水灾以来难得的好形势。

第二节　农作物种类

达斡尔族地处我国大兴安岭支脉形成的浅山区，北部是山高坡陡的山区，中部是浑圆逶迤的漫岗丘陵区，南部为松嫩平原北部边缘。属于中温带半湿润型大陆性气候，一年四季变化明显。土地有机质含量高，自然肥力大，适合于农业生产。

从清代起，布特哈地区的达斡尔族农民种植的农作物只有一些耐寒早熟的品种，主要有大麦、燕麦、稷子、苏子、黑豆等。田园栽种豆角、白菜、豌豆、黄瓜等蔬菜和烟叶。

燕麦、荞麦、稷子是人的主要口粮，大麦、黑豆则作为牲畜饲料，苏子用以榨油或作饼馍夹馅。烟叶除自用外，还用于交易。

清末和民国初期，随着内地汉族农户的大批迁入，开始种植谷子、玉米、黄豆（大豆）、土豆（马铃薯）、小麦等粮食作物及各种蔬菜、瓜果作物。最初只是少量种植，后来谷子、玉米成为莫力达瓦旗地区种植的主要粮食作物，黄豆成为主要的油料作物。最初，达斡尔人只在田园种植几垄玉米，啃青食用。作为大田作物耕种，是从新中国建立前几年才开始的。那时，莫力达瓦旗地区只耕种少量小麦，汉族农民还种植高粱、糜子、香瓜、西瓜等，纤维作物有麻。朝鲜族农民种植少量的水稻。

据1935年伪莫力达瓦旗公署调查统计，本年莫力达瓦旗种植各类粮豆薯面积如下表：

表15　1935年莫力达瓦旗农作物种植量表①

单位：垧

谷子	小麦	大麦	燕麦	荞麦	黄豆	玉米	芸豆	糜子	高粱	苏子	土豆
1600	500	427	400	300	1900	1500	400	200	200	400	300

土改后，莫力达瓦旗农民除继续耕种谷子、玉米、荞麦、小麦、稷子等传统作物外，逐年开始种植较大面积的水稻、甜菜、向日葵等作物。近年来又传入了油菜和许多蔬菜、瓜果等新品种。在种植业中，大豆、小麦、玉米比重最大。而大麦、燕麦等几乎无人栽种，但达斡尔人仍然种植少量的荞麦和稷子等传统作物。

小麦以自治旗北部，东北部，西北部的腾克、阿尔拉、西瓦尔图、太平、巴彦、扎如木台、塔温敖宝、额尔和、哈达阳、宝山等乡镇为主要产区，其他乡镇也有少量耕种。全旗各乡镇均种植大量大豆，以北部、中部、西部地区为主要产区。水稻主要分布于南部汉古尔河、兴仁、博荣3个乡镇，滕克、阿尔拉等地也曾种植过少量水稻，但近年来已很少种植。尼尔基镇及附近兴仁、博荣、乌尔科、登特科等乡镇是蔬菜、瓜果的主要产地。甜菜、向日葵、油菜主要是由汉族农户种植。北部山区达斡尔族农户每年种有面积不等的稷子、荞麦和苏子。

① 表15中的数据来自铁林嘎编：《莫力达瓦达斡尔族自治旗志》，内蒙古人民出版社，343页，1998。

表 16 1994 年农业总产值表①

项目	计量单位	产品产量	1990 年不变价		1994 年现行价	
			价格（元）	产值（万元）	价格（元）	产值（万元）
农业总产值				48630		70999
一、农业产值合计				41120		61314
（一）种植业				41078		61270
1. 谷物				4003		6730
主产品				3608		6286
水稻	吨	8557	559.80	479	600.00	513
小麦	吨	22307	618.90	1381	1100.00	2454
玉米	吨	36828	420.00	1574	800.00	2946
谷子	吨	3132	488.20	153	1000.00	313
高粱	吨	85	433.00	4	840.00	7
黍子	吨	194	482.80	9	500.00	10
糜子	吨	228	424.10	10	800.00	18
其他谷物	吨	212	1200.00	25	1200.00	25
副产品				395		444
稻草	吨	8557	400.10	34	500.00	43
小麦秸	吨	22307	79.00	156	80.00	179
玉米秆	吨	36828	45.00	166	50.00	184
谷子秸	吨	3132	99.60	31	100.00	31
高粱秆	吨	85	203.00	2	210.00	2
黍子秆	吨	194	200.00	4	200.00	4
糜子秆	吨	228	30.00	1	300.00	1
其他谷物秆	吨	212	50.00	1	50.00	1
2. 豆类				34139		51666
主产品	吨			32337		49905

① 铁林嘎编：《莫力达瓦达斡尔族自治旗志》，内蒙古人民出版社，318—319 页，1998。

续表

项目	计量单位	产品产量	1990 年不变价		1994 年现行价	
			价格（元）	产值（万元）	价格（元）	产值（万元）
大豆	吨	292802	110.90	32264	1700.00	49776
芸豆	吨	714	1027.50	73	1800.00	129
副产品				1802		1761
豆秸	吨	293516	61.40	1802	60.00	1761
3. 薯类	吨			2335		1732
马铃薯	吨	36074	569.70	2055	400.00	1443
薯藤	吨	26074	77.60	280	80.00	289
4. 油料				3		9
葵花籽	吨	29	1166.80	3	3000.00	9
5. 糖类				50		71
甜菜	吨	3245	152.90	50	22.00	71
6. 烟叶	吨	17	2287.70	4	12000.00	20
7. 蔬菜瓜类			537		1035	
蔬菜		13655	310.00	423		819
瓜类	吨		400.00	114		216
8. 水果	吨	35	2000.00	7	2000.00	7
（二）其他农业	吨			42		44
木耳		10	3000.00	30	3000.00	30
木柴		1200	86.40	10	100.00	12
牛羊粪	吨	2000	10.00	2	10.00	2

蔬菜和薯类作物种类有所增加，现在主要有白菜、萝卜、黄瓜、西红柿、茄子、豆角、韭菜、辣椒、西瓜、甜瓜、倭瓜、角瓜、蒜、葱、芸豆、豌豆、苏子、麻、甜菜、胡萝卜等。据 2005 年统计，莫力达瓦达斡尔族自治旗的水稻、玉米、无公害蔬菜、中草药、桑蚕、白瓜子、菇娘等绿色食品基地建设已初具规模。

西瓦尔图镇双龙堡村是一个达斡尔族聚居的民族村，至今已有60多年村史。当时就以农为主，同时兼有牧业、放排业。在20世纪六七十年代，仍然种植荞麦、稷子等传统农作物。1982年以种谷子、玉米、小麦为主，少量种植稷子、荞麦、燕麦。1983年土地承包到户以后，开始转向主要播种黄豆。1997年全村大豆种植面积占耕种总面积的90%。2005年统计，该村共有58户，265口人，其中达斡尔族224人，耕地面积为1.2万亩。种植结构和经济模式发生了变化。

另外，尼尔基镇乌尔科村，1997年有58户，264人，其中达斡尔族51户，汉族7户。有耕地9470亩，人均耕地面积由1989年的13.5亩增加到1997年的近36亩。1983年售粮20万斤，1996年售粮近200万斤。过去家家种黄烟，每家出售几百斤黄烟。由于销路变窄，从1980年以后已基本不出售黄烟，黄烟种植逐渐减少，到1997年全村只剩五六家种植黄烟。1996年，村里有两三户人家开始种菇娘（植物名称），亩产可达120斤左右，经济效益比较可观。榜样的力量是无穷的，对于实实在在的农民而言更是如此。种菇娘成为品种改革的新气象，带动了全村，现在尼尔基镇乌尔科村已经是远近闻名的种植菇娘专业村，是尼尔基镇最大的菇娘生产区，甚至以乌尔科村为中心辐射邻近8个村，达到总面积10150亩，总产量1500万斤的规模。尼尔基镇党委、政府为大力发展菇娘产业，于2005年5月注册资金1万元成立了尼尔基镇菇娘协会，组织农户集中研讨，在全镇发展菇娘业的可行性和发展前景，介绍种植菇娘所产生的经济效益和广阔的市场前景，调动农户发展菇娘种植业的积极性，使菇娘种植面积由2000年的2000亩猛增到2004年的10150亩，实现了超万亩的目标。

据GLS、AHZ两位老同志介绍，2005年博克图村正在积极调整种植结构，试种植水稻面积3600亩，亩产900斤。其中无公害水稻1600亩，全部使用农家肥。绿色水稻种植户占全村水稻种植户的一半以上。博克图村“长粒香大米”十分畅销，农民增收可达 4 万余元。

近年来，政府开始引导少数民族农民，尤其是达斡尔族农民从事多种经营，种植高油大豆、黑小豆、青贮玉米、中草药、饲草等经济作物。2004 年，全旗的粮食总产量达到了 15 亿斤。其中大豆的产量尤为突出，当年完成了豆都集团 9000 吨大豆分离蛋白扩能改造项目一期 3000 吨的生产规模。

我们在调研中了解到，政府对达斡尔族村屯投入了大量的人力、物力和财力，加大经济作物的投入。仅在额尔和乡宜和德民族村，就计划用两年的时间把种植中草药发展到 2000 亩左右。2005 年已种植 500 亩关防风（中草药）。并根据畜牧业发展的需要，已种植青贮玉米 800 亩，饲草 100 亩。计划 2006 年将达到青贮玉米 3000 亩，饲草 500 亩，进一步扩大青贮饲料的种植面积。高产高油大豆 6 万亩。其他经济作物如黑小豆、红小豆、白瓜子等也要有一定比例的增加。

在政府积极倡导和推动下，在“个体”、“专业户”试验成功的基础上，农民的思想观念有了改变，开始由传统的农业种植转向现代经济作物的种植。以莫力达瓦达斡尔族自治旗坤密尔堤乡农民种关防风为例，该乡已有 5 年种植药材的历史，结合种植业结构的调整，村民们先后引进种植过甘草、黄芪等，但由于价格低，效益一再走向低谷。在总结经验教训的基础上，村民们发现本地是沙丘地，适合种植关防风，“第一个敢吃螃蟹的人”的村民率先带头从山上采回关防风籽，与亲戚合伙种。2002 年入冬前，他们种的 29 亩地共收了 3100 多斤干药、230 多斤籽，创收达 4.6 万多元。一唱百和，此后，村里的亲属和邻里都纷纷向他讨经验，也开始抢种植关防风。2002 年村民 SYQ 也开始种植关防风，2003 年秋天，SYQ 家共 19 亩地收干药材 3900 斤、种子 800 斤，每斤种子 50 元，每斤药材 11 元，共收入 6 万多元。

2004年，该乡有三户农民共种340多亩地，每亩最低收入4000元，三家共收入126万元。

坤密尔堤乡药材种植面积由最初的29亩扩展到近5000亩；参与的人数不断增多，由2户试种到110多户参与。2003年，已成立了“坤密尔堤尔乡地道药材种植协会”，目前，会员达216人，协会制定了章程，共5章15条。会长LHC说，关防风是多种防风药材中药性最好的药材，是东北特产，一年投入7年受益，在国内外畅销。关防风适应板结地、沙化地和山坡地生长，耐寒耐瘠薄，适合莫力达瓦达斡尔族自治旗的自然条件，种15亩的关防风，相当于种1500亩大豆的效益。2004年已经与哈尔滨中药三厂签订了300亩合同，根据药材直径的大小，每公斤从36元到48元不等。关防风生命能力强，有广阔的发展前景，也是农民脱贫致富的好途径。如今，被遗弃的荒丘地都变成了“淘金”的良田。

成功的生产经验，教育了农民，也坚定了政府改革的信心。2006年，莫力达瓦达斡尔族自治旗将引进九玉201早熟玉米、东农99－21水稻、健宝饲草、大豆垄上三行窄沟栽培等新品种、新技术。重点扶持东农99－21水稻示范基地。受自然经济规律的制约，目前，达斡尔族农民还未走出传统的农业经济。但从达斡尔族农作物品种的改良中能够看出，农民在逐渐改变自身的生产方式，由以传统的种植粮食作物为主，开始兼营经济作物，而且在种植经济作物中受益很大。无论是高产大豆，还是中草药，其经济价值都很高，经济效益也随之增加了。

莫力达瓦达斡尔族自治旗传统的经济作物主要以黄烟、向日葵等为主。在与达斡尔族村民的交谈中，我们了解到，达斡尔族人种植黄烟有着悠久的历史，生产黄烟闻名于区内外。目前为了发展庭院经济，有许多达斡尔族村屯中的农民在自家的院子里种黄烟。据当地年长的达斡尔族农民讲，种植黄烟的技术是达斡尔族先民的发明和创造，流传至今也是一笔宝贵的文化遗产。以前种植黄烟主要是为了自用，很少用于交易。而现在推广庭院经济，发展黄烟种植业则是为了进入市场，获得更大的经济效益。虽然这是一个小小的变化，但是它反映出农民们的思想观念在潜移默化地发生着变化。

第三节　品种改良及其发展趋势

莫力达瓦旗各族农民在长期的农业生产实践中，非常重视选用优良籽种的重要作用，总结出了“留种上风头”、“玉米去头留中间”等种子优选方法，选育出了像玉米“黄八趟”、“白八趟”，烟草“琥珀香”等当地优良品种，至今仍在种植栽培。清代达斡尔族官兵从新疆带回了土豆种，在本地种植获得好收成。汉族农民迁来莫力达瓦旗后，也从老家引来了玉米、大豆、谷子等作物的优良品种，大大地丰富了莫力达瓦旗地区的农作物品种。

解放前，莫力达瓦旗没有专门管理种子和从事良种引进、繁育的机构，品种的引进、繁育、推广多是由各族农民在生产实践中自发进行的。东北沦陷时期，在尼尔基曾设有旗立燕麦原种圃和种子配给办事所出张处，但并没有开展多少实际工作。

新中国成立后，在政府的领导下，种子和品种改良工作开始有计划地进行。1956年6月建立莫力达瓦旗农业技术推广站，同年末成立种子管理站，负责种子调剂和良种引进、繁育、推广工作。向农民宣传采用优良品种的重要性，指导开展群众性的选种活动，发掘当地优良品种，引进外地优良品种就地繁育、推广。主要就地繁育推广和引进推广了玉米“黄八趟”、“白八趟”，大豆“四粒黄”、“铁角青”，小麦“阿利毕都烟－43”、“甘肃－96”、“糜子鹅头”等品种。到1958年，全旗良种推广播种面积达总播种面积的50%。良种的贮备、调拨由旗粮食部门负责。

1958年，国家制定了“自繁、自选、自留、自用，辅之以调剂”的“四自一辅”种子工作方针，要求生产单位自留大田生产用种，国家只进行必要的良种调剂。1958年全旗良种播种面积为163500亩。次年，良种经营工作归种子站管理。

1960年将原大田摄农场改建为莫力达瓦达斡尔族自治旗良种场，开始了专业良种繁育区域试验工作。在宝山公社西宝山大队、汉古尔河公社西汉大队、乌尔科公社宝山大队、红彦公社拉抛大队建立了种子生产示范点。20世纪60年代主要引进、繁育、推广的品种有玉米“长八趟”、大豆“克交228”、“大白眉”、小麦“克壮”、“克珍”、谷子“黄沙谷”、“双丰收”、水稻“国光”、“黄毛”等。

“文化大革命”期间，种子和品种改良工作遭到严重破坏，机构瘫痪，科技人员靠边站，工作停顿。出现了农田用种多、乱、杂，动用商品粮和口粮作籽种的现象。

1970年以后，莫力达瓦达斡尔族自治旗种子和品种改良工作形势有所好转，种子部门开始正常工作。1970—1971年两次派技术人员到海南岛进行玉米自交系繁殖和交杂种配制工作。1972年在旗良种场和汉古尔河公社良种场进行了玉米品种制种工作，并在全旗推广玉米杂交种和高粱杂交种。

1972年黑龙江省转发了国务院批转的农业部《关于当前种子工作的报告》。重申了“四自一辅”的种子工作方针，要求各地抓好良种繁育推广体系的建设工作。莫力达瓦达斡尔族自治旗在巩固提高原有两种示范场、点的基础上，新建了博荣公社后兴农一队、兴仁公社红旗大队、乌尔科公社向阳大队、西瓦尔图公社永安大队、宝山公社前福民大队、太平公社宝龙泉一队等良种繁育基地。

1973年莫力达瓦达斡尔族自治旗贯彻黑龙江省关于建立社

办种子站的指示，在宝山公社、太平公社、汉古尔河公社建立了社办种子站。1973年莫力达瓦达斡尔族自治旗种子站新建种子库400平方米，办公室152平方米。

1978年国务院批转农林部《关于加强种子工作的报告》，要求各地健全良种繁育体系，逐步实现品种布局的区域化，种子生产专业化，种子加工机械化和质量标准化，实现以县为单位，统一组织供种（通称“四化一供”）。同年11月建立莫力达瓦达斡尔族自治旗种子公司，下设良种繁育股，负责良种区域试验、良种繁育推广工作。

到1979年全旗有11个公社建立了良种场（队），主要引进、繁育、推广了小麦“新曙光七号”、“克旱八号”、“克69－701”；大豆“丰收10号”、“黑河104号”、“黑河54号”、“黑河3号”；水稻“合江14号”；高粱“大粒红”；谷子“德都黄河谷”、“刀把齐”、“备荒4号”；玉米“克单一号”、“北育五号”；糜子“粘式2号”等。

1983年，莫力达瓦达斡尔族自治旗被列为全国60个商品粮生产基地县之一，从而加快了良种繁育推广体系的建设。用于良种繁育推广体系建设的资金142万元，到1988年良种繁育推广体系已全部完成国家投资计划。同时还加强基础设施建设，当年建旗种子公司新建楼、化验室、种籽加工车间、库等3575平方米，并建成红彦、宝山、坤密尔堤分公司，腾克农业综合服务公司。新增加工机械11台（件），化验仪器50台（件），建家庭良种场50户，两处种子村，共有种子专业化150户。

1990年，繁育、推广了大豆、玉米、小麦、水稻等16个优良品种，计170万亩，占全旗粮、豆总播种面积的92.9%。良种繁育旗内23650亩，旗外4000亩。推广的作物新品种有玉米“嫩单四号”、“克单三号”；小麦“克旱九号”、“克旱十号”、“179”、“龙垦R－3662”、“垦九三号”；大豆“内豆三号”、“内豆一号”、“黑河二号”、“黑河四号”、“黑河七号”、“九丰一号”；水稻“合江19号”等。开始有计划地进行农业技术推广，引进、培育大量的优良品种，并结合当地的气候、土壤等条件，繁育适宜的品种。到20世纪90年代初种植的农作物主要品种如下①：

小麦：肯九二、441（克丰二）、369（克旱九号）、龙ER－3662、肯九三号、克80－90、7413、369、441、462等小麦品种。现在已经被逐渐淘汰，只有个别的地方还有极少量的种植。

大豆：大白眉、四粒黄、铁角青，以上3种为当地品种。引进品种有：内豆三号、九丰一号、合丰24、内豆一号、黑河四号。大豆呼丰3、内豆1、九丰1、合丰24、黑河四等品种。现在也是只有少量的种植。

玉米：八趟子、大苞米，以上为当地品种；克单四号、嫩单四号、克单三号、孚尔拉，以上为引进品种。

水稻：北海、国光，以上为本地品种；合江20、事业20，以上为引进品种。

薯类（土豆）：克新1、克新2、克新4，均为引进品种。

黍（稷）：鹅头、散穗、小黄糜、小黑糜，均为当地品种。

粟：粘谷、黄砂谷、刀把齐，均为当地品种。

黄烟：大芭琥珀香、小芭琥珀香、十八塔、大黑叶，均为当地品种。

向日葵：大白仁、油葵花。

白菜：大青帮、小根菜、核桃纹、山东翻心菜。

萝卜：大红袍、心里笑、露八分。

黄瓜：旱黄瓜、津研1.4号、长春密刺、佳木斯青刺。

西红柿：鸡心柿子、齐短粉、强丰、丰收黄、早魁。

---

① 以下农作物品种参见铁林嘎编：《莫力达瓦达斡尔族自治旗志》，内蒙古人民出版社，343—344页，1998。

茄子：科选二号、旱粉二号、强力米寿。

豆角：五月先、青长白豆角、油豆角。

韭菜：竹杆青。

菜：空心白根、实心白根。

辣椒：永久椒、三道筋、铁皮青椒、星光尖椒、羊角椒。

西瓜：大黑皮、新红宝、新城、齐园、郑州二号。

甜瓜（香瓜）：灯笼红、铁把青、顶心红。

此外还有葱、蒜、倭瓜、角瓜、荞麦、芸豆、豌豆、苏子、麻、甜菜、胡萝卜等若干品种。自我国加入 WTO 后，蔬菜、瓜果和水果的产量迅速增长。2005 年，我国的蔬菜人均占有量已经达到 230 公斤，大大高于世界平均水平（114 公斤），但是国际竞争力不强，出口量有限。我国的水果人均占有量为 51 公斤，而世界平均水平达到 76 公斤。虽然我国是大豆的原产地，但是大豆的产量却大大低于美国和巴西。从 2001 年的数字看，我国人均大豆的产量只有 12 公斤，美国和巴西则是 275 公斤和 218 公斤。因此，莫力达瓦达斡尔族自治旗作为全国 60 个商品粮生产基地和传统的大豆产地应该是大有文章可做的。

总之，看一个国家农业的国际竞争力，可以看其农产品在国际市场上占有多大的份额。一个国家在国际市场上所占份额的大小，从根本上说，取决于该国一个个农民（农场主）竞争力的高低。谁的劳动生产率高，谁就在某种农产品生产上具有比较大的优势，在国际市场上就有较强的竞争力，就会赢得较大的市场份额。像美国、加拿大、澳大利亚的谷物，荷兰的花卉和畜产品，泰国的大米，都在国际市场上独领风骚。而丹麦和新西兰是人口分别只有 533 万人和 381 万人的小国，凭着自身的优势，在世界农产品市场上却占着不可忽视的地位。

今天从全球范围来看，小麦、稻米、玉米是世界谷物生产的三大支柱，几乎呈“三足鼎立”的状态，1990 年占全部粮食作物的比重分别为29%、27%和25%。至2002年小麦则为28%、稻米则占30%，玉米的总产量已经超过了小麦、大米等“细粮”作物。我国是稻谷、小麦最大的生产国，玉米产量位居世界第二（仅次于美国）。以人均占有量来衡量，我国的稻谷高于世界平均水平，但小麦和玉米都低于世界平均水平。我国一直是世界上最大的谷物生产国，从人均产量看，加拿大、澳大利亚通常可以达到2000公斤，美国和法国都超过了1000公斤，而我国仅仅在350公斤左右。农业革命任重而道远。

第四节　农机具的应用、普及和进步

生产力先进与否，直接影响经济的发展程度。

生产工具是农民生产中必备的。从莫力达瓦达斡尔族自治旗达斡尔族农民在各个历史时期生产工具的变化中，能够看出其经济发展水平的进步和提高。

过去，达斡尔族农民使用的农业生产工具十分落后，主要是四牛一犁。春耕农具有犁、铧子、抬杆犁套、耙和点葫芦。

达斡尔族人在耕地时使用杠犁，达斡尔语为“达玛格”。即在翻地和耕种时用4头牛抬杠，耢地时用2头牛。用4头牛时，前面的2头牛用9尺长的桦木轭杠，占4垄半宽，放在牛后颈上，用皮绳套连结犁辕。除了这些春耕农具外，19世纪中叶以前，达斡尔族人开始使用铁铧。铁质犁铧是从内地与汉族人交换的，也有从齐齐哈尔市购买的。其他的农用工具达斡尔族人都能够自己制作。达斡尔族还用锄铲谷子，这是一种用旧铁锹做成的锄，形似镐头。

随着清朝招垦政策的推出，大量汉族人把内地的农用工具带到达斡尔族地区，从而使得农用工具有了很大的改善。开始用板锄铲地，这种锄比先前使用的锄更轻便、更灵活。

到19世纪中叶，达斡尔族人有了铁镰刀，用于收割庄稼。割下的庄稼都要打成捆，每20捆或30捆码成一垛，以便装车运输。后来，从俄国引入长刃钐刀，用于收割小麦和稷子。

达斡尔族先民曾用连枷、木叉和木耙来打芸豆和荞麦。达斡尔族人冬季在冰面上打场。采用牲畜拉木磙、石磙碾压和用连枷打的方法进行脱粒。脱粒后，选择适当的风天在冰面上扬场，粮食扬干净后，储存在仓库里。直到19世纪末，发明了石碾子，从而代替了上述脱谷机具。渐渐地在生产生活实践中，达斡尔族人摸索总结出一套适合生产需要的农机具，比如用手磨、木臼、石臼来研磨精米。尤其是加工苏子，特别讲究用木臼。这样榨制出来的苏子油香醇味浓。还用木制的手摇风车分离米、糠等。在富裕人家的院子里一般都专门建一座碾房，套牲畜拉磨加工粮食。后来发明了碾磨，代替了上述工具。随着政府对农机具的重视，新式的生产生活工具在达斡尔族地区得以普及和应用。推广使用的新式农机具有耕地用的七寸步犁、双轮单铧犁、双轮双铧犁，耙地用的马拉圆盘耙、丁齿耙，播种用的圆盘马拉播种机、靴式马拉播种机，除草用的铧式锄草机、马拉旋松式锄草机，脱谷用的畜力脱谷机等。农业运输工具，除继续用大轮车和爬犁外，开始出现了钢轴车等等。

表17　1961年莫力达瓦达斡尔族自治旗农用工具使用情况表①

单位：台

双轮双铧犁	畜力耙	畜力播种机	中耕机	收割机	脱粒机	铁制水车	割草机	楼草机	汽包车	大轮车	旧式农具
625	179	208	1004	85	55	102	7	9	329	2211	2682

① 表17中数据来自铁林嘎编：《莫力达瓦达斡尔族自治旗志》，内蒙古人民出版社，351页，1998。

从表 17 中，反映出这些新式农用工具在当地达斡尔族村屯中的使用情况。经过整整 20 年的社会发展与变迁，到 1981 年，全旗共有农用拖拉机 939 台，总动力 47799 马力，其中链轨式拖拉机 514 台，大中型轮式拖拉机 187 台，小型轮式拖拉机 238 台。有联合收割机 286 台，农用柴油机 90 台，机引农具 2452 台。生产工具的进步，必将推动生产的发展。生产的发展，经济效益的提高，又将反过来促进“新工具”的引进、普及和应用。自 1986 年，引进推广了部分小型农具，促进了小四轮拖拉机与农具配套比的增加。1990 年推广使用小型播种机、中耕机、锄草机、深松犁、铺膜机 593 台。

表 18 1986—1990 年小型农具推广情况表①

年份	播种机	中耕机	深松犁	锄草机	铺膜机	收割机
1986	50	105		21		
1987	110	125	2	31		
1988	256	141	5	45	7	51
1989	270	180	10	30	10	
1990	310	210	20	40	13	

据 1990 年底统计，全旗共有农用拖拉机 8158 台，其中链轨式拖拉机 877 台，大中型轮式拖拉机 181 台，小型轮式拖拉机 7100 台；联合收割机 199 台；农用柴油机 803 台；农用电动机 432 台；机引农具 5000 台；农用汽车 120 台。

20 世纪 60 年代初，农机具开始在莫力达瓦达斡尔族自治旗农民中推广，总量在增加，但增幅并不大。改革开放以后，从春耕、夏锄到秋收，新式的农业工具逐渐走进莫力达瓦达斡尔族自治旗农村。

① 铁林嘎编：《莫力达瓦达斡尔族自治旗志》，内蒙古人民出版社，356 页，1998。

以西瓦尔图镇双龙堡村为例，十几年前，该村是一个贫穷落后的山村。“吃粮靠救济、生活靠贷款”是双龙堡村原来的写照。交通闭塞，村民住着简陋的草房，村民普遍生活水平较低，文化生活单调，人均收入仅有100余元。经过改革开放，特别是20世纪90年代以后的发展，在继承发扬民族传统上，最终确定了一条“立足本地耕地，草原资源优势，以农养牧，以牧促农，发展村集体经济”的路子。对部分地块进行了统种分管，统一良种，配方施肥，精量点播，农药苗前灭草等科技措施，注重田间管理，大型机械作业，走出了一条集约化经营的新路子，大大增加了农民的收入。2004年，该村粮食总产量达280万斤，人均产值5100元，人均纯收入近3400元。在经济发展的基础上，该村的农机具推广程度也大大提高。1997年该村有小四轮拖拉机32台、大型拖拉机1台，种地基本上实现了机械化作业。该村从1984年开始使用除草剂，到1990年已经得到了普及。访谈中，农户们回忆说，大约是在1986年以后，就已经很少有人再使用牛马耕地了。随着农村经济的发展，原有的牛耕马拉的耕作方式已经不能适应时代的步伐，被逐渐淘汰了。目前，在村委会的推动下，各家各户纷纷购买了小四轮车。2005年统计，该村有大型农机配套机械1套，小车1辆，小四轮车57台。目前全村实行大型机械化作业，就连8户贫困户也在政府的扶持下，配备齐了所有农用工具。这些做法大大提高了生产能力，减轻了农民劳动时间和劳动强度，增加了农民的收入。

农业机械化在农业生产中发挥着越来越重要的作用。这直接影响到农民劳作时间、生产效率等，也是衡量农业生产能力的标准。农业竞争力，归根到底是科技对农业增长的贡献。国际上把“用于公共部门农业研究的经费占农业GDP的比例”定义为“农业科研强度（ARL）”，我国的ARL至今还很低，约为0.25%，而发达国家都超过了2%或达到了5%。

莫力达瓦达斡尔族自治旗1996年农业机械化总动力22万千瓦，拥有大中型拖拉机1145台，小型拖拉机11706台，农用载重汽车249辆。

据2004年12月统计，莫力达瓦达斡尔族自治旗全旗农业机械总动力是364261千瓦，农民拥有机械总量达20921台，其中，大中型拖拉机3722台，小型拖拉机16415台，配套农机具30543台（套），较上年增长0.32个百分点；大中型配套农机具2451台（套），小型配套农机具28092台（套），联合收获机械356台(其中大豆联合收获机257台，农用运输车328辆)。因此，莫力达瓦旗农业机械化程度与自身农业发展的历史进行比较，也可以说是创造了历史新高。全旗机耕面积478.09万亩，较上年增长85.17个百分点；机播面积619.60万亩，较上年增长71.83个百分点；机收面积139.44万亩，较上年增长68.48个百分点；其中大豆联合收获面积116.64万亩，综合机械化水平达62.48%。今后，农业机械化程度会越来越高，重点作物、重要农时和粮食生产区的关键生产环节的机械化作业水平将继续得到提高和完善。

表19　2005年莫力达瓦达斡尔族自治旗达斡尔族村屯农具使用情况

村　名	汽　车	小四轮	大型农用机械	配套农机具
巴彦乡满都村	4辆	23辆		
哈布奇村	3辆	162辆	21台	160套
库如奇村		69辆	1台	
西瓦尔图镇拖尔苏村		59辆	1台	24套
阿尔拉村		51辆		6套
特莫呼珠村	14辆	53辆	13台	
哈列图村	3辆	140辆	13台	113套
巴音布拉尔村		32辆	2台	25套
莫克力村	6辆	67辆	7台	

从表19中能够看出小四轮已经很普及，不仅作为农民的生

产工具，也成了农民的交通工具。大型的农用工具也得到推广。“现代化”在这里不再是一个抽象的名词和“概念”。而是一个个摸得着、看得见的实实在在的生产工具。生产工具斗转星移地发生着变化，潜移默化地改变着农民的生产技术、速度与效益，甚至生活习惯和生活质量。

但是传统的农用工具在今天达斡尔族的社会里依然能够看到。在调查期间，我们来到阿尔拉镇的阿尔拉村达斡尔族的农户家进行访谈，在农户 GTB 家，我们看到了传统农用工具，如镰刀、扫帚、木锨、锄头、镐等。一种强烈的历史感油然而生。泱泱农业大国，完全有必要建立“农业博物馆”或经常性举办“农机具的展览”，这是值得我们每个中国人学习和研究的一部农业发展史！主人看我们对院落中的农具感兴趣，还特意将它们摆成一排，讲解每一件工具的用法，并欢迎我们将其拍摄记录下来。

第五章　个案调查与达斡尔族的生活现状

第一节　在阿尔拉村的户访

阿尔拉镇的“阿尔拉”一词，是达斡尔语“aral”，意为车辕子。传说中，达斡尔族先民从黑龙江上游迁徙途中，路过此地，因车辕子断裂，于是就在此地建屯。其实此地原为鄂温克族最早的聚居地，后来由于疾病流行等原因，鄂温克族人纷纷开始外迁。到了清光绪年间至民国初年，有几个达斡尔族姓氏[①]的人先后迁居到此，相继建立了阿尔拉、阿尔哈浅等村屯。随后又有大批的达斡尔族、鄂温克族人陆续迁居到阿尔拉地区。民国时期阿尔拉地区属于布西设治局第四区；日伪统治时期属于第四努图克。新中国建立前，这里几乎没有汉族人。新中国建立以后，建立了阿尔拉努图克。1958 年 8 月，莫力达瓦达斡尔族自治旗成立之际，开始组建阿尔拉公社。1984 年，阿尔拉公社改为阿尔拉乡。1986 年，阿尔拉镇党委和政府成立。

该镇位于莫力达瓦旗西北部，是达斡尔族主要聚居区，位于东经 123°5′01″～124°12′05″，北纬 48°36′14″～48°54′13″之间，镇总面积为 374 平方公里，草原面积有 12 万亩。东南与西瓦尔图镇接壤，西南和西北与宝山镇和杜拉尔乡隔河相望，北部、东北部与库如奇乡、坤密尔提乡相临。有镇级公路 2 条，41 公里，其中尼尔基至小二沟的公路由南向北穿过全镇，是主要交通干线。

---

① 敖拉氏、鄂嫩氏、郭博勒氏、莫尔登氏等。

111 国道在镇境内有 22 公里。

阿尔拉镇地处丘陵地带，东高西低，几何高差达 6 米左右，跨温和半湿润与温凉半湿润两区，无霜期 110 天左右。其气候特点是春旱多风，夏热而短，秋涝多雨，冬寒漫长。该镇是典型的农区，耕地面积为 22 万亩，播种面积 8.4 万亩。粮食总产量 10301 吨。农业机械化程度很高，有大中型农用拖拉机 38 台，小型拖拉机 383 台，配套农具 345 台。阡陌相连，村落相望。据 2005 年统计，全镇现有 11 个行政村，18 个自然屯。总户数为 1703 户，总人口 7067 人，其中汉族为 3096 人，少数民族 3971 人；农业人口为 6409 人，非农业人口为 658 人。建设有基层党支部 16 个，其中有 11 个农村党支部，5 个机关党支部，现有党员 301 名。另外有中学 1 所，小学 12 所。在校生总数 1156 人，其中中学生 152 人，小学生 1004 人，适龄儿童入学率为 100%，有中、小学教师 136 人。

始终和我们一起工作的 GLS 和 AHZ 两位老同志本身都是达斡尔族人，退休前，他们分别担任过该镇党委书记和旗民政局局长，对该镇的情况十分了解。在他们的帮助下，我们十分顺利地选择了到该镇的阿尔拉村进行户访。因为这是一个很典型的达斡尔族聚居村，全村共有 86 户，总人口 323 人，其中达斡尔族 248 人，为我们深刻地认识和了解达斡尔族农民的生活提供了比较理想的“样本”。该村村长 SY 同志，男，达斡尔族，50 岁，他向我们详细地介绍了该村的基本情况。

该村的地理位置是东西长 1 公里，南北长 4 公里，总面积 5800 公顷，呈长方形。有林地 1500 亩，草场 3 万亩。生产基本上是以农业为主。耕地面积为 8680 亩，人均 26.9 亩。以种大豆为主，少量种玉米、土豆等。农业的机械化程度相对比较低，“小四轮”配套的农户只有 6 户，全村共有“小四轮”拖拉机 51 台。

该村农民的身体健康状况良好，其中残疾人 11 个，常年有病的 9 人。劳动力健康程度比较高，达 95%以上。劳动力中受过科技培训的或能掌握种养业技术的有 12 人。成年人中，文化程度小学 46 人，初中 135 人，高中 1 人。还有 18 岁以下在校读书的小学生和初中生 77 人，高中 4 人。

近年来养殖业虽然有所发展，但规模都不大。牛 309 头，平均每人不到 1 头。羊 332 只，除三户养羊专业户外，其他农户无人养羊。另外有猪 71 头，鹅 35 只。

村民们普遍反映他们缺少文化娱乐活动，所以电视机的普及率很高，全村共有 86 户，已经有电视机 74 台，没有电视机的 12 户，实在是太困难了。现在有洗衣机的人家达到了 59 户，有电冰箱的人家只有 7 户，有 7 户较富裕的人家安装了电话。现在多数村民住在破旧的土木结构的苫草房内，四周的院墙是由传统的柳条编成的篱笆，也有的人家是用石头垒墙。调查了解到，目前该村有砖房的农户只有 14 户，还有 10 户村民属于无房户。他们基本上还以传统的方式来取暖做饭，80%以上以柴草为主。用煤取暖和用液化气做饭的只有 20 户。但是到 2005 年底，作为扶贫基本建设项目将有 83 户达斡尔族农民喜迁新房。

根据当地经济发展的具体情况，我们尊重村民们约定俗成的分类方法，分别以富裕户、中等户、贫困户三个层面为访谈对象，在阿尔拉镇的阿尔拉村进行了 9 户个案调查。

1. 富裕户个案一

MBZ，达斡尔族，60 岁。妻子 WLF，达斡尔族，53 岁。夫妻俩都是小学文化。全家 6 口人，三子一女。目前承包 240 亩土地，2005 年，有 100 亩地出租给一位外地汉族人耕种。当地实行上打租，每 15 亩 700—800 元左右。在当地，如果上一年庄稼收成好，就实行上打租，如果上年的收成不好，就实行下打租。而且，租金多少也受上一年庄稼收成好坏的影响而有所波动和调整。由于2004年该村农民收入整体不好，所以影响到2005年的土地的租金。该户按照每15亩500元的租金签订了合同。2005年该户共有3300元的租金收入。家中有一台四轮车，用于农业生产，也作为交通工具。5头奶牛，牛奶都不外售。鸭子6只，猪2头，都是用于自家食用。主要种植玉米、黄豆、土豆、芸豆。玉米用作饲料，黄豆出售，土豆和芸豆自家食用。到目前为止，虽然两个儿子已婚，但并没有分家。每年家中开销1万多元。其中电费0.53元/度，一年耗电费用高达600多元。在不交农业税的前提下，农业开销达到5000—6000元。当地大米1.3—1.4元/斤，全家人作为口粮一年需要大米500余斤。面粉每月1袋左右。两个孙子上学由儿子负担其学费。两个大儿子都娶了本民族的达斡尔族姑娘为妻，都在镇供电所上班。两个儿子分别是22岁、23岁时结婚，自由恋爱。娶媳妇时花了大约16000—17000元，外加盖房1万多元，总共约3万左右。小儿子MG，20岁，未婚，初中毕业，在家务农。小儿子结婚时，要看家里的经济条件再决定，但是估计也不会少于前两个儿子的标准。女儿出嫁时，陪送6000元的嫁妆。达斡尔族有孝敬老人的传统，该户家庭和睦。每年大儿子给父母500元生活费，二儿子给400元。家里有4个男人，但都不喝酒。平常主要吃蔬菜、干菜、咸菜，经常吃肉。从访谈的具体数据中，能够看出，该户的生活水平较高，被当地人视为富裕户。

2. 富裕户个案二

SY，达斡尔族，51岁，文化程度为初中一年级，现任村长。妻子，DSR，鄂温克族，49岁，当地退休教师，现在每月可以领到退休金1200元左右。全家5口人，一子二女。全家共有350亩地，自己种200亩，其余150亩外租。也是上打租，15亩/700元。该户有7000元的土地租金。镇政府出钱统一为村（集体经济）里购买100多只羊，由村长家负责饲养。一年奖励给他家3

只小羊羔。此外他家自己拥有奶牛 3 头，牛奶也不出售。2004 年村长儿子结婚，花掉 1 万多元，用于宴请招待亲朋好友，但同时也收回礼金约有 3 万多元。现与儿子一起生活。大女儿已结婚，嫁给当地一位达斡尔族人。当时陪送电视机、影碟机、洗衣机共 5000 多元。小女儿，现年 20 岁，初中毕业，未婚。该户住房位于该村街道旁，经营一商品店，主要出售烟、酒、糖、茶和生活日用品。现在由儿子、儿媳经营，收入较好，但具体准确的数字主人不愿透漏。

在谈到风俗习惯时，女主人介绍说："达斡尔族没有重男轻女的习俗，姑娘都能够外嫁。而且男女受教育程度相同，至少任何一个家庭都不会限制女孩子上学读书。而且实行计划生育以后，年轻人思想观念发生了很大的变化，现在的小家庭基本上都是一个孩子。因此，我也积极鼓励、主张和要求自己的儿女们都生一胎。"目前，该户居住在三间砖房内，从房屋建筑材料和外部装修看，就知该户是本村的富裕户。在农村，农民们千百年来都追求和讲究盖房，房屋的时尚和气派，也显示着房屋主人的地位和尊严。

两户富裕户代表了阿尔拉村民的发展方向，起到了榜样的作用。MBZ 一家能够成为本村的富裕户主要基于以下原因：第一，该户人口多，土地多，土地租金自然就多；第二，除了拥有土地之外，其儿子有固定的工资收入作保证；第三，基础好，该户人口虽多，但各个身体都好（没有病人）。

SY 一家能够成为本村的富裕户，第一，该户基础好，男主人是村长，见多识广，信息灵通，敢于和善于经营商品店本身就说明该户有交际和沟通的能力，属于干部致富的典范。第二，除了拥有土地之外，其妻子是退休教师，有固定的工资收入。

富裕户成功的经验告诉我们，农民在以种植业为主的前提下，进行多种经营是脱贫致富的关键。

3. 中等户个案一

GTB，达斡尔族，50 岁。妻子，LN，汉族，50 岁。全家 5 口人，两子一女。两个儿子都是初中文化。毕业后，小儿子到外地去打工，目前工钱未定，大儿子在家务农。女儿现已结婚，嫁给嫩江地区的一位汉族农民。女儿出嫁时陪送 7000 多元。谈及儿子结婚时，夫妻两人都主张自由恋爱，而且也不会限制民族成分。结婚时，看家里的条件，有钱就多花一些，没钱就少花。该户现有耕地 75 亩，全部由自已种植，主要种植黄豆、玉米等。每 15 亩地收入 3000 多元。每年种地开销 1 万多元。该户去年刚刚购买了 1 台四轮车，支出 1 万多元，当时是用 2 分的利息从村里其他人借贷的。此外还有 6 头奶牛。虽然目前全家人所住的房子已经拥有 20 年的历史，但不久该户就可以搬进由政府投资建造的 52 平方米的新房，一家人对未来的生活充满信心。

4. 中等户个案二

GS，达斡尔族，58 岁。妻子 MSQ，达斡尔族，56 岁。两人都是小学文化。全家 6 口人，二子二女。两个女儿现已结婚，大女儿嫁给一位汉族教师，小女儿初中毕业，20 岁结婚，嫁给一位鄂温克族农民，现有一小孩。笔者在采访时，正巧小女儿回娘家。提到当年结婚时的嫁妆，小女儿很满足。父母在家庭条件不好的情况下，买了 3000 元的电视机、洗衣机、影碟机作为嫁妆。结婚时没有房子，现在住在丈夫的姐姐家。姐姐当年结婚时条件不好，没有嫁妆。大儿子，27 岁，残疾。小儿子，25 岁，初中毕业，外出打工，每年大约有 4000—5000 元工资，给家里 3000 元左右。

提到老人的婚姻时，老人告诉笔者，两人是父母包办婚姻，而且是姨表亲。妻子 23 岁时结婚，当时社会已很开放，结婚时没花任何钱置办家具，连衣服都没有买，更别提三大件了。目前，全家人住在三间旧房里。据主人讲该房是 1984 年花 1000 元盖的。现在政府投资建房，该户在原有面积的基础上，又自己拿钱增加 11 平方米，计划给小儿子结婚用。该户有 120 亩地，全部都外租给当地的一户汉族农民耕种。每 15 亩 800 元的租金，实行上打租。此外，还有 3 头奶牛，每天一头牛产奶 4—5 公斤。每头奶牛各有一小牛犊。没有其它家禽。有一辆破旧的四轮车，已有 20 年的使用历史。一台崭新的电视机，主人说是用出租土地的租金购买的。

以上两户是中等户，家庭基础较好。目前，家庭人口的身体状况比较好，没有病人。两户都没有第三产业作为保证，基本上还是单纯依靠耕种土地生活。虽然表面上看其收入和生活水平比较稳定，但是隐藏着一定的不稳定因素，比如遇到自然灾害，农业颗粒不收或突然发生意外，出现病人等。

5. 贫困户个案一

GQL，达斡尔族，女，42 岁，初中文化。前夫也是达斡尔族人，几年前因意外去世。有四个女儿。女主人无力养活 4 个孩子。11 年前，经人介绍，与村里一外来打工的男人结婚。女主人说再次结婚根本没有想什么是爱情，只是生活所迫。为了使孩子们能生存和生活而考虑的。现在大女儿已经结婚，二女儿未婚，在家务农，三女儿外出打工，每月只有 300 元的工资，小女儿正在莫力达瓦旗民族中学上学，即使在“两免一补”的政策下，每年也要花 3000 多元。在微薄的收入下，全家人仍然为生存而努力着。该户现有奶牛 3 头、小牛犊 2 只，外加 4 垧耕地。女主人和第二任丈夫的身体都不好，每年要支出一定的医药费，而辛苦一年的收入还不到 6000 元。因此，一家人生活简朴，只有在逢年过节的时候才舍得花钱买上几斤猪肉。现在家里还有外债，具体数字女主人没有告诉我们。

该户现有两间旧式达斡尔族草房，因年久失修，从外表看，门窗已变成平行四边形。此房已有 20 多年的历史，是女主人当年和第一任丈夫结婚时花 460 元买下的旧房，房屋墙上的茅草大多已脱落。自从丈夫去世后，家中生活就一直十分困难。女主人的心态有些复杂，可谓一言难尽。好在政府投资进行危房改造，很快该户就可以搬进新房了。女主人希望自己的后半生能够过上好日子。

6. 贫困户个案二

GMD，达斡尔族，53 岁，小学文化。前些年，妻子因患有风湿病而去世。有一子二女。大女儿已经结婚，嫁给当地一位达斡尔族农民为妻。结婚时，家里的条件很差，没有给任何嫁妆。小女儿现年 19 岁，未嫁在家。儿子现年 22 岁，未婚，在家务农。全家人的生活很艰苦。该户有 30 亩土地，主要种植黄豆和玉米。30 亩地都由自己种植和管理。该户与村民 GM 是叔侄关系，而且是近邻。所以日常生活中的一些琐事，GM 夫妇也都会帮忙。据村长介绍，该户是阿尔拉村比较贫困的家庭，这次政府进行危房改造，他们趁机自己拿钱增加 8 平方米（460 元/m^2）的面积，计划留给儿子在不久的将来作为娶媳妇的新房。

7. 贫困户个案三

MBQ，达斡尔族，35 岁，小学未毕业。妻子，EFH，达斡尔族，33 岁，初中毕业。两人是自由恋爱，同在一个村子住，互相认识。结婚时花费 5000 元左右，都是自己赚的。娘家穷，只陪送了一面镜子。现在全家 3 口人。儿子，15 岁，在镇中学上初中。该户有 60 亩地，15 亩分给妻子的哥哥帮助耕种，其他都种植了黄豆和玉米。但没有钱施化肥。每年全家人的最低开销大约在 2000—3000 元。全年纯收入 5000 元左右。目前也是住在一间旧式的茅草房里。从谈话中，能够看出他们现在的生活比前些年已经好了一点，而且能够得到一间由政府投资建设的新房，他们十分感激。

8. 贫困户个案四

GM，达斡尔族，38 岁。妻子 GYY，达斡尔族，35 岁。两人都是初中文化。全家 4 口人，一子一女。大女儿 14 岁，考上镇民族中学，未上。儿子 13 岁，上小学 4 年级。儿子患有肾炎综合征，每年给儿子治病要花去较多的医药费。妻子的身体也不好，患有风湿性心脏病。在这种情况下，全家生活很艰苦，只是到过年过节时才会去购买些肉吃，甚至有时连基本的生活都不能保障。该户有 40 亩地，主要种黄豆，没有施化肥。每年的开销是 5000 多元。该户有 1 台四轮车，价值 4000 元。在种地收成不好的时候，男主人也外出打过工。比如 2000 年和 2002 年，先后去大连当过力工，但是由于包工头不守诺言，最后只给一点回乡的路费而已。所以现在不敢轻易出外打工。今年政府进行危房改造，该户能够得到一栋 52 平方米的住房，已经很好了，从硬件上也就是基础上得到了帮助。

9. 贫困户个案五

MHBT，男，54 岁，达斡尔族；妻子，ESL，女，50 岁，达斡尔族。有两子一女。大儿子已婚；小儿子未婚。

当我们来到该户时，两位老人正在睡午觉，看到我们的到来，先是惊讶。因为老人们以为我们是政府派来的调查人员。经过我们的一番解释，才知道我们的目的。他们十分热情的招呼我们。目前该户有 4 头牛（其中有 2 头是大儿子的）和 4 垧耕地。由于老两口常年有病无力耕种，所以有 1 垧地出租给当地的村民，租金是 800 元。但是由于连续两年庄稼没有得到好的收成，所以，现在全家人靠国家每月下发的救济粮食维持生活。

该户住在两间土房里，房子已三十余年了，因年久失修，经不起大风大雨的侵袭。在我们访谈时，老人的小外孙女跑来。她正在上小学，问她想不想上大学，孩子十分爽快地回答：“要上。”这也代表了当地很多孩子的心声。老人们讲，他们只是初中毕业，没有机会再继续上学，现在条件再艰苦，也要让孩子们读书。

以上 5 户为阿尔拉村贫困户。总结其贫困的原因主要有：第一，相对该村富裕户，上述五户家庭都是地少人多，主要劳动力身体欠佳，致使劳动力缺乏；第二，贫困户文化低，缺乏生产技能，“靠天吃饭”的思想较为严重；第三，每户都有病人，最终导致“因病致贫”。

从阿尔拉村上述9个个案中，我们已经清楚地看到农业种植仍然是达斡尔族农民最基本的生计方式和最直接的生活来源。农民还是以种植业为主要经济来源，而且，受气候条件的制约，该村农作物为一年一熟，粮食产量较低。尤其是1998年和2003年水灾和旱灾，使得该村多数农户靠政府的救济粮来维持生存。即使中等户，条件虽然好一点，也只是维持温饱的生活。一旦遇上自然灾害，一场雨或一场冰雹将会使庄稼毁于一旦。村长总结说：不能单纯地依赖种植农业一条腿走路，必须发展畜牧业，走多种经营之路。

当我们正在写这本书的时候，传来最新的消息：一排排，一户户的新房已经竣工；全村共新建有15行街道，街道全部是水泥路面，道路两旁是新式的路灯，村容村貌发生了崭新的变化。目前，大部分达斡尔族村民已乔迁新居。已乔居新居的达斡尔族农民MHBT激动地说：“感谢国家，感谢政府，感谢旗领导，让我们住进新砖房，圆了我们家几代人的梦想。”

第二节　个案分析

在一个以农业为主要经济作业的社会里，决定其经济发展的因素有哪些？在传统与现代之间，农民如何摆脱保守思想，与现代生活接轨？以及在农业生产方式变迁的过程中如何适应新的生活方式等等，是我们所关注和关心的问题。

下面我们通过两个村的“个案”比较，具体地认识影响莫力达瓦达斡尔族自治旗达斡尔族村屯经济发展和制约达斡尔族农民生活水平提高的主要因素。以巴音布拉尔村和哈列图村为例。

巴音布拉尔村依山傍水，是库如奇乡达斡尔族人口比较集中的村。据2004年统计，该村总人口396人。其中，达斡尔族389人，占总人口的98.2%。鄂温克族3人，蒙古族1人，汉族3人。巴音布拉尔村位于乡政府所在村东南部，尼尔基至小二沟公路的东侧，距旗政府所在地尼尔基镇80公里，处于交通要道，与外界接触频繁，生产、生活方式变化较大。

表20　2004年巴音布拉尔村贫富户调查表

总户数	现有耕地	人均耕地	富裕和较富裕	贫困户	极贫困
86户	909垧	2.3垧	15户(占总户数的19.5%)	48户(占总户数的62.5%)	14户(占总户数的18%)

从表20可以看出，巴音布拉尔村86户中，富裕户和较富裕户只有15户，占总户数的19.5%；贫困户和极贫困户达到62户，占总户数的72%。调查发现，该村出现贫富差距的主要原因是劳动力的多寡和实际耕种土地的数量多少。同时，该村需要常年进行医治的患病者达54人，其中女性24人，男性30人，占总人数的13.6%，而且患病者多为青壮年劳动力。

受经济发展程度和生产力发展水平的制约，我们对巴音布拉尔村农民的生活条件和消费水平进行了列表统计。详见表21。

表21　2004年巴音布拉尔村基本情况统计表

物质资源	消费方面	生活耐用品
有链轨拖拉机（2台）	总支出87.35万元	电视机58台
配套机具（无）	食品支出30.00万元（占总支出34.34%）	洗衣机28台

续表

物质资源	消费方面	生活耐用品
2020 吉普车（1 辆）	衣着支出 6.0 万元（占总支出 7%）	电冰箱 6 台
小四轮拖拉机（32 台）	医疗支出 37.91 万元（占总支出 43.4%）	液化气 6 户
配套机具（25 台）	其他支出 13.44 万元（占总支出 15.38%）	电话 9 户
木质住房（570m²、7 户）		
一面青住房（975m²、15 户）		
无住房（11 户）		

从表 21 中，可以看出巴音布拉尔村的农业机械化程度不高，农民生活水平相对来讲比较低。消费方面，饮食和医疗占有相当大的比例，尤其是医疗支出占总支出的 43.4%。近年来政府采取措施，从基础建设做起，住房问题着手开始一户一户地解决。尽管如此，我们依然能够看出，在巴音布拉尔村无住房的农户还是有一定的比例。这也是长期历史遗留的问题，不是一朝一夕就能马上解决的。从该村农民贫困的现象中能够看出，目前，发展中国家的农村严重落后于城市，属于典型的二元结构社会，这种结构甚至还在不断固化。也就是说，在乡村，以农业生产为主，就业机会较少，农民普遍贫困。从国际上看，例如，印度是一个典型的发展中国家，长期以来忽视农村的发展，农业生产力极其低下，农村发展缓慢，农村几十年来的变化很小，农业劳动力所占比重在过去几十年中一直在 70% 以上，且没有多少变化。这种就业结构的凝固化从一个侧面反映了其二元结构的凝固化。

结合莫力达瓦达斡尔族自治旗达斡尔族地区的实际，分析造成巴音布拉尔村贫困的主要原因：一是连续几年的严重自然灾害，已形成恶性循环，农民欲种地却苦于资金短缺，无力购买农用资料，无奈之下，只好靠出租耕地的收入维持低水平生活；二是因患病造成医疗费支出超过其承受能力，而且患病者大多数都是青壮年劳动力，因主要劳动力体弱多病，无力耕种土地，收入锐减；三是粮价较低，农业效益不高，而农用资料价格却居高不下，收入与支出反差较大。政府发放的农业补贴款与农时往往不符，通常是下放时间较晚，未能发挥其对农业发展的应有作用；四是庭院经济没有得到应有的重视，妇女劳动力的优势没有显现和发挥出来。房前屋后的田园资本没有得到充分的合理地利用，如栽种果树、种植黄烟等，使得这些可利用资源白白浪费；五是养殖业等多种经营还不够发达。

可喜的是，综观巴音布拉尔村，该村村民总体受教育的程度与走访的其他村屯相比较高。该村在校生 65 名，其中小学生 39 名（寄宿生 5 名），初中生 21 名，高中生 2 名，大学本科生 3 名。辍学情况：初中辍学 7 名。除在校生以外，其他社会成员中具有小学文化的 102 名，占该成员总数的 25.8%；具有初中文化的 81 名，占 20%；具有高中文化的 12 名，占 3%。教育是民族振兴之路，是提高民族素质、振兴民族经济的最好途径。因此，政府应该充分重视和利用这一难得的优势，加大对该村的教育投入：第一，为家庭贫困的学生寻找助学金资助，对品学兼优的困难学生实行奖学金制；第二，对于普通家庭来讲，即使再困难也要通过贷款、借钱等办法千方百计让自己的孩子接受教育；第三，对于普通村民要加强农业技术培训，通过各种渠道，使农民了解农业科技，掌握一技之长，走科学种田之路，结合本地实际探索出一条让农民真正走上富裕的道路。

比较而言，哈列图村的经济情况比巴音布拉村要好一些。2005 年统计，该村有 165 户，654 人，其中达斡尔族 585 人，占 89.4%。鄂温克族 42 人，鄂伦春族 20 人，汉族 5 人，其他民族 2 人。

表 22　2005 年 5 月哈列图村人口年龄情况表

0—6 岁	7—13 岁	14—17 岁	18—20 岁	21—55 岁	55 岁以上
36 人（占 5.5%）	62 人（占 9.4%）	67 人（占 10.2%）	62 人（占 9.4%）	392 人（占 59.9%）	35 人（占 5.6%）

从年龄结构分析，学龄前儿童和青少年人口呈下降趋势，凸现了计划生育政策在哈列图村的实际效果。但是 55 岁以上人口也只占 5.6% ，表明老年人口偏少。

表 23　2005 年哈列图村生产和收入情况表

耕地总面积	外　租	播种面积	庭院面积	户　均	粮食产量
18736 亩	2651.8 亩	16084.2 亩	324.44 亩	1.95 亩	310.32 万斤
出租地收入	副业收入	农业支出	牧业支出	其他支出	人均支配收入
18.8 万元	1 万元	139.62 万元	0.15 万元	24.1 万元	3248 元

表 23 说明，哈列图村主要经济是农业。农业主要种植大豆，由于受气候、技术和市场的影响，种植业结构单一。农民依赖“成也大豆、败也大豆”的传统思想现状一时还难以改变。农业生产从耕作方式上看，基本实现了耕种、田间管理、收获三个环节上的机械化管理。应该说多年来对农业的投入还是很大的。可是，人未胜天，连续的自然灾害，农民还是减产减收，实际收入不能明显提高。

表 24　2005 年哈列图村各类农用机械情况表

汽车	大型农用机械	小四轮	农机具	机械化作业率
3 台	13 台	140 台	113 套	100%

哈列图村在过去，使用牛马犁地，费时又费力。从表 24 可见，农业机械的使用大大减少了农民的劳作时间，农业机械化发展水平在农业生产和农民生活中发挥着作用，也是衡量农业生产

力水平发达程度的重要标志。比如，突出的优点就是从土地上解放了一批劳动力。如果我们的政府积极抓住这一优势，对剩余劳动力进行必要的培训，有组织、有计划地进行劳务输出等，还是有潜力可以挖掘的。

此外，我们一直反复强调，达斡尔族的基础产业是农业。历史上达斡尔族的畜牧业也很发达，但随着自然生态环境的变化和社会的发展，达斡尔族的畜牧业经济发展缓慢。

表 25　2005 年哈列图村牲畜总体情况表

总牲畜	乳　牛	肉　牛	马	羊	猪	大牲畜人均
298 头	118 头	180 头	15 匹	147 只	47 口	0.71 头（只）

在某种程度上，农民生活质量和畜牧业的发展水平有直接的关系。畜牧业除了可直接创造经济效益外，还为农业提供肥力，为农民提供燃料等。从表 25 中反映出，哈列图村在由传统的粗放型畜牧业向集约型、现代化畜牧业的转变还有相当的差距。物质生活的进步与否，既反映在村民的衣食住行上，又反映在村民的日用品上。

表 26　2005 年哈列图村日常消费情况表

住房及燃料	家用电器	生活费用
总面积 10464.4m^2	电视机 144 台	总支出 107.88 万元
人均面积 16m^2	洗衣机 100 台	食品支出 38.03 万元
土房 80 栋	电冰箱 43 台	衣着支出 21.74 万元
砖房 72 栋	电话 80 部	医疗支出 30.63 万元
无房户 3 户	手机极个别拥有	教育支出 17.48 万元
豆秸 90%		
用煤 8%		
液化气 2%		

仅从住房面积一项看，哈列图村人均住房面积大，但从房屋的质量和结构上看，土房占 53%，砖房占 47%。从家用电器、

通讯设备、食品、衣着支出情况看，多数村民生活水平有了明显改善。特别是改革开放以来，家用电器如电视机、洗衣机、电冰箱、电话机等也纷纷进入达斡尔族农民的家庭。尽管该村的整体生活水平与其他村屯比较总体上好一些，但潜在的问题依然存在，如医疗费用高，教育支出偏低等等都是制约其农业经济发展和农民生活水平提高的因素。

此外针对哈列图村在校生和村民受教育程度，我们也做了统计。详见表27。

表27　2005年哈列图村教育情况统计表

在校生	小学生	初中生	高中生	辍学生
121人	73人占60.3%	42人占34.7%	5人占4.1%	2人
村民小学文化	村民初中文化	村民高中文化	村民大专文化	村民本科文化
223人	173人	7人	3人	1人

从文化构成上看，首先，在校生中，小学生和初中生比重大，由此可见，普及九年义务教育在这里得到了贯彻执行。但是，高中生只占4.1%，这说明三个问题：一是基础教育质量还需要继续提高，初中升高中的升学率较低。二是高中教育尚未普及，公立高中学校只有1所，招生名额有限。私立高中，收费较高，一般家庭难以承担。三是除在校生外，其他村民的文化程度为小学和初中文化程度的占总人口50%以上。

通过对巴音布拉尔村和哈列图村达斡尔族农民生产、生活现状的比较，为民族学研究提供了“田野样本”。两村都是达斡尔族较集中聚居的村屯之一，具有研究民族文化、生活习俗和经济发展的典型性。

第三节 疾病、医疗与健康

疾病是导致莫力达瓦达斡尔族自治旗达斡尔族农民贫困的重要原因。莫力达瓦旗主要医院有2所：莫力达瓦旗人民医院和莫力达瓦旗中蒙医院。中心卫生院3所，分别是阿尔拉中心卫生院、汉古尔河中心卫生院和宝山中心卫生院。另外还包括巴彦乡卫生院、哈达阳卫生院在内的10多所乡卫生院。

莫力达瓦旗人民医院是当地较为著名的医院。该医院始建于1947年，原名为蒙民医院。1949年改建为诊疗所。1952年改称为莫力达瓦旗卫生院，医务人员也由刚成立之初的12人，增加到23人。1958年开始扩建为莫力达瓦旗人民医院，医务人员增加到34人。当时的占地面积为1200平方米，共有病床15张。到1992年，医院医务人员已经增加到215人，其中达斡尔族人51人，占职工总人数的23.7%。此时医院的各科室都相继组建成立，医疗设备增加了，医疗技术也在不断提高。

2005年11月15日，莫力达瓦旗汉古尔河镇乌兰村发生高致病性禽流感，旗委旗政府高度重视，采取各项有力措施，保证了自治旗内的疫情没有蔓延。

疫情发生后，在确保禽流感不扩散、不传播人，全面彻底扑灭疫点、控制疫情的前提下，旗委旗政府坚持以人为本，确保疫点、疫区群众的基本生活保障。先后向疫区紧急发放面粉2.5万斤，棉被50套，棉衣5000件，确保了疫区群众有粮吃，有衣穿。同时，还派出驻村工作队，一面做好群众的思想工作，一面解决群众面临的衣食住行、求医用药等方面的问题。

由于乌兰村内有村小学，在全面、彻底进行防疫消毒后，除1名外村学生外，其他学生均保证了正常上课。

在保障疫区其他生活物资的供应方面，工商部门对全旗市场进行了大检查，防止部分商贩趁机哄抬物价，确保了进入疫区的物资价格稳定。卫生部门严格按规定做好疫区环境卫生、市场检疫工作，确保疫区群众的正常生活秩序。

卫生部门严格按照防控高致病性禽流感应急预案行动，对扑杀、处理病死禽和接触病死禽的分泌物、排泄物的相关人员进行追踪排查，对疫区工作人员进行了预防性投药，对养殖户及邻户46人进行监测、检查及流行病学观察。截至11月23日，未发现1例发热症状病人。

旗直属各医疗卫生单位实行了预警分诊制度，村卫生室及个体诊所不允许接诊发热病人，一经发现发热病人要立即转送到旗人民医院发热门诊。旗人民医院已安排好了发热门诊的病床及专门的医护人员，一旦发现紧急情况立即出动医疗救护车，将病人接到旗人民医院发热门诊进行隔离治疗。

在汉古尔河镇乌兰村疫区周围共设了6个堵卡站和6个消毒点，为防止工作人员感染，每个堵卡站都有一位消毒人员。各地防控高致病性禽流感指挥部办公室，实行24小时值班工作制度，并派有专人值班和设有专用电话。消毒组每天都在疫区内对居民室内、饮用水等严格按照消毒标准进行消毒。在这冰天雪地的冬季，每位工作人员冒着严寒，毫不畏惧地坚守在第一线。与此同时，宣传部门充分利用新闻媒体、科普专栏、宣传挂图、宣传册、宣传单等多种途径宣传科学防控禽流感知识，做到家喻户晓。全民动员切实加强各地禽类及产品流通和市场监管工作，确保人民群众身体健康。

2005年12月8日下午，莫力达瓦旗防控高致病性禽流感指挥部召开验收筹备会议。12月9日，自治区防治高致病性禽流感指挥部又组织成立了“呼伦贝尔市莫力达瓦旗高致病性禽流感疫区解除封锁专家验收组”，抵达莫力达瓦达斡尔族自治旗开展工作。疫区群众情绪稳定，日常生产、生活基本正常。防控高致病性禽流感指挥部的成立，从另一个方面来说，促进和加强了村民的“体检”意识，提高了人民对爱国卫生运动工作的重视。

莫力达瓦达斡尔族自治旗在发现高致病性禽流感后，莫力达瓦旗人民医院作为指定人禽流感定点收治医院，集全院医疗技术力量，积极做好各项救治准备工作。一是该院成立了以院长为核心的医疗救治小组，并储备了一定数量的应急药品，包括常用药品 30 多种、中草药 32 种及其他 10 种清热解毒类药品。二是对急救中心全体医护人员、感染科人员、应急队人员等 37 名医务工作人员进行了培训。通过培训使全体人员掌握了人禽流感诊断、治疗等知识及技术。莫力达瓦旗人民医院通过物资和技术的储备，达到了能够确保迅速、有效地投入救治工作的状态。

关于疾病和医疗问题，我们专门访谈了原莫力达瓦旗人民医院 MW 副院长。她告诉我们，目前莫力达瓦达斡尔族自治旗的公共医疗卫生工作已经有了很大进步，成立了 120 急救中心。在“非典”发生后，政府更加重视对医疗卫生事业的投入，比如，国家投入 60 万元，建立传染病房，购进救护车 3 辆。又比如，阿尔拉中心医院已经得到了较快的发展。该院位于阿尔拉镇政府所在地，前身是兴隆卫生所，并于 1955 年改名迁至阿尔拉。1958 年扩建为卫生院，1969 年改建为阿尔拉中心卫生院。1999 年呼伦贝尔盟和莫力达瓦旗联合投资兴建阿尔拉中心医院综合门诊楼，建筑面积为 750 平方米。该中心医院现有职工 17 人，其中助理医师 4 人、护士 2 人、调剂师 3 人、放射 1 人、检验 1 人、防疫 1 人、会计 1 人、工人 3 人、行政院长 1 人。病床 4 张，每天可接待患者 30 人次。现设有内科、外科、妇幼科、口腔科、放射科、检验科、手术室，并配有心电图机、X 光机、半自动化仪等基础设备。

特别是妇幼保健工作取得了可喜的成绩。2003 年开展“降消”项目，母婴保健方面的工作开展得有声有色，计划生育工作完全达到了国家的指标。

1995 年，莫力达瓦达斡尔族自治旗出血热发病率还在 95%以上，现在，总体上已经有所降低。莫力达瓦旗医院已经新建结核病病房，所有的病人都可以到旗人民医院就医。发病率比 5 年前有所下降。据调查了解，当地农民人均寿命较短，人均年龄超过 55 岁的仅占 5.44%，尚不足全国老龄人口的 1/2，个别村屯超过 70 岁的老人很少。而在同一地区的其他民族的人均寿命都要比达斡尔族农民长。原因正在研究探讨，暂时拿不出较为科学的解释。民间认为：一是达斡尔族农村农民饮食结构不合理；二是村民饮水可能有一定问题。无论如何，到 2005 年止，莫力达瓦旗有活动性结核病人 4000 余人，患病率达 1500/10 万左右，是全国平均患病率的 3 倍，而达斡尔族农民的患病率接近全国平均患病率的 6 倍，45%以上的达斡尔族贫困人口是因病致贫。莫力达瓦达斡尔族自治旗为此积极采取 10 项措施，投资 450 万元，扩建了结核病防治所，并针对结核病防治工作，将农民，尤其是达斡尔族结核病高发人群作为结核病防治工作的重点，切实结合莫力达瓦达斡尔族自治旗实际，制定了《莫力达瓦旗结核病防治规划（2000－2010 年）》，以此指导莫力达瓦达斡尔族自治旗近十年的结核病控制工作。

我们也对达斡尔族村屯村民的健康状况进行了详细的调查，以下是对 6 个村屯健康状况调查的分析。

表 28　村屯健康状况调查表

村名	男（女）	健康人数	残疾	长期医治	患病
哈布奇村	526 人（472 人）	509 人（459 人）	9 人（4 人）	8 人（9 人）	
满都村			7 人（4 人）	1 人（16 人）	4 人
托尔苏村			5 人（3 人）	2 人（5 人）	

续表

村名	男（女）	健康人数	残疾	长期医治	患病
阿尔拉村			11人	9人	
巴音布拉尔村			14人（6人）	30人（24人）	
哈列图村	326人（328人）	290人（285人）	9人（8人）	27人（35人）	

从上述6个村屯人口健康状况统计表中能够看出，健康和疾病问题仍然是制约达斡尔族农民身体素质提高的重要因素，也是制约达斡尔族人口发展变化的一个条件。莫力达瓦旗达斡尔族村屯的农民患有各种疾病需长期医治的人较多，残疾人比例也较高。仅阿尔拉村，就有11个残疾人；常年有病需要医治的还有9人。此外，患肺气肿、支气管炎等寒冷性季节性疾病和结核病、流行性出血热、肠炎、痢疾等传染性疾病的感染率和发病率都比较高。所以加强对民族村屯的定期、定点的身体检查工作十分紧迫。尤其是在经历过“非典”和“禽流感”的教训后，更应该加大防范意识，提高疾病预防能力。2006年，中央和地区财政将大幅度增加投入，加强以乡镇卫生院为重点的农村卫生基础设施建设，健全农村三级医疗卫生服务和医疗救助体系。到2008年，在全国农村基本普及新型农村合作医疗制度，建立与农民收入水平相适应的农村药品供应和监管体系，规范农村医疗服务，加大农村地方病、传染病和人畜共患疾病的防治力度，组织城镇医疗机构和人员对口支持农村，这样才能从根本上解决达斡尔族村屯群众“因贫致病，因病返贫”现象。同时，要引导达斡尔族农民改变传统的生活方式，通过改圈、改水、改厕、改院等，改善达斡尔族村屯农民的居住条件，为提高达斡尔族人口身体素质奠定必要的、良好的物质基础。

莫力达瓦达斡尔族自治旗达斡尔族农民作为中国9亿农民的一

部分，在社会变迁过程中存在着这样和那样的问题，尽管这些问题都是社会发展过程中不可避免的问题，但是我们相信建设社会主义新农村的伟大运动，会大大加强和促进农村生产力的提高，加快农业科技进步，加快农村教育文化卫生事业的发展。关心农民的困难，关注达斡尔族农民的健康问题，也是建设社会主义新农村的重要内容之一，是党中央再三强调的一项长期的历史任务。

第四节　教育的发展

在农村，除了土地、劳动力外，科学技术是决定农民生活的主要因素，并且直接反映在村民的人口素质和教育发展程度上。为此，我们对达斡尔族教育现状进行了调查。

莫力达瓦旗教育起步晚，解放前，莫力达瓦旗各族人民在政治上受到压迫，经济上落后，生活极其贫困，广大劳动农民没有受教育的权利，文化教育程度偏低。解放后，随着我国教育事业的蓬勃发展，农村受教育的人口也在逐渐增多。

据 1964 年全国第二次人口普查资料统计，全旗总人口 88225 人，其文化构成如下：大学文化程度 119 人；高中文化程度 3909 人；高小文化程度为 9640 人；初小文化程度 17797 人，13—14 岁 8367 人；初识字 3275 人，13—40 岁 2146 人；不识字人口 25689 人，13—40 岁 10766 人；12 岁以下不在校儿童 26997 人，7—12 岁 10609 人。

1990 年全国第四次人口普查资料统计，全旗 6 岁以上人口为 234638 人，其中具有小学以上文化程度的 191070 人，占总人口的 81.43%；不识字或识字很少的 43568 人，占总人口的 18.57%。15 岁以上不识字或识字很少的人占 15 岁以上人口的 19.24%；小学文化程度 120258 人，占总人口的 44.68%；高中文化程度13036人（男7762人，女5247人）；中专2163人（男1256人，女907人）；大学专科645人（男448人，女97人）；大学本科134人（男104人，女30人）。通过对比，不难看出受到各种文化程度教育的人数已经有了明显的增加。

民族学和人类学家博厄斯通过他的研究工作指出，文化没有优劣之分，每种文化都有其存在的价值；各种族或民族的体质构造特征基本相同；社会原因和历史条件决定了各民族文化发展水平。博厄斯对遗传决定论提出批评，强调环境与教育的关系，尤其强调了儿童的文化背景。我们在调查中发现，社会文化背景和家长的教育观念对子女的影响是很大的。

据1982年统计，达斡尔族学龄儿童入学率达96%。1983年，全旗已有小学412所，民族小学为58所。在校生达34293名，达斡尔族小学生3835名。中学24所，民族中学为7所。在校生达7647名，达斡尔族初中生1589名。高中在校生1058名，达斡尔族高中生256名。但是，将城镇人口和农村人口分开进行统计，就会发现：莫力达瓦旗在校师生占全旗总人口的15%。其中农村达斡尔族，中、小学生入学率比全旗平均水平低10个百分点，辍学率比全旗平均水平高8个百分点。初中以下文化程度人口占到达斡尔族总人口的81.3%（2005年统计），农村达斡尔族文化教育素质亟待提高。

表29　1982年和1990年人口文化结构表①

（每千人中有各种文化程度人口）　　　　单位：人

文化程度	1982年	1990年	增长（%）
大　学	0.87	2.89	2.02
高中（中专）	47.8	56.47	8.67

① 铁林嘎编：《莫力达瓦达斡尔族自治旗志》，内蒙古人民出版社，183页，1998。

续表

文化程度	1982 年	1990 年	增长（%）
初　中	152.8	203.71	50.91
小　学	342.15	446.77	104.62
合　计	543.57	709.84	166.27

以巴彦乡满都村为例，在校小学生 55 人，初中生 34 人。小学、初中辍学学生 16 人，辍学率为 15.2%。高中、大专、本科在校生为零。除了在校生外，全村其他成员有小学文化 59 人，初中文化 48 人，高中文化 7 人，大专 1 人，本科 1 人，文盲人口占总人口的三分之一以上。从中可以看出，该村在校生中，小学和初中比重大，但高中和大专文化程度的人很少。学生辍学率和村民的文盲率都很高，升学率低，说明了该村基础教育还存在一些问题。从经济角度分析，有些家长对孩子进一步升学认识不足，因高中教育学杂费用过高，再加之莫力达瓦达斡尔族自治旗尚未普及高中教育，公办高中学校少，招生名额有限，私立高中收费偏高，不少家庭因无力支付学生学费，导致高中学生辍学。

在学生辍学问题上，家庭因素是最直接的。许多达斡尔族农民的孩子辍学，是由于学生家长本身就不重视学习，思想保守，还未改变传统务农的思想观念。他们认为农民的孩子应该务农，在承担不了学生费用时，索性将孩子放到田地里。而他们很少为孩子积极争取提供受教育的机会。在这一点上，我们在吉林省乌拉街满族镇做调查时深有体会。吉林乌拉街满族镇中心校，以“文化品位、人文精神”为理念，以学生成长需要为基础，在活动中体验，在活动中成长；并实行“学校、社会、家庭”三位一体的教育网络，完善家长学校制度，每年举行一次“家长开放日活动”，沟通教师与家长的关系，形成教育合力，交流经验，共同培育学生。家长努力为孩子寻找一切可利用的机会，让孩子接受更多的教育。

对满都村来讲，要让更多的初中生升入高中，高中生不辍学，必须转变学生家长不重视教育的思想，让更多的学生接受教育，让更多的少数民族适龄儿童接受九年义务教育或职业教育，提高他们的文化素质和基本技能。只有这样，才能彻底地从根本上解决贫困问题。否则将会出现一代又一代的无知识无技能的“人”，如此恶性循环地挣扎在贫困线上。

除此之外，国家应对莫力达瓦达斡尔族自治旗达斡尔族学生予以扶持，采取特殊照顾政策。目前，莫力达瓦旗达斡尔族考生在高考录取分数线上只享受降低10分的政策，进入高等院校学习的学生非常少。为加快培养达斡尔族人才，提高民族人口的文化素质，希望有关部门积极协调，在高考录取分数线上，对达斡尔族考生给予特殊政策，增加保送名额等等，使更多的学生有机会接受高等教育。

我们在尼尔基镇某招待所，采访了一名达斡尔族女服务生，今年刚满16岁，从小母亲去世，2004年6月初中毕业，家里无钱供她继续上高中学习，于是自己出来打工。而她还未满18岁，打工即使是做同样的工作，也拿不到相同的工资。她和我们说，经理能够收下她，对她来说就已经是一件幸运的事情。在和她的交谈中，我们了解到，她很想再读书，但迫于生活的压力，学习的梦想随之破灭。在当地像她这样的初中毕业生很多，因此，如何在现代化迅速发展的今天，让更多的孩子都能上学，这不仅仅是一个达斡尔族农民孩子的教育问题，而是一个涉及广大农民子女教育的复杂的系统工程。

2005年统计，全旗已经有民族小学34所，164个教学班，在校生3931人，其中达斡尔族2089人，鄂温克族271人，鄂伦春族9人，其他民族98人，汉族1464人。民族中学7所，61个教学班，在校生2519人，其中达斡尔族1438人，鄂温克族222人，鄂伦春族6人，汉族664人，其他民族189人。

从办学条件来看，全旗 34 所民族小学、7 所民族中学校舍均为砖木结构，其中有 4 所中心校和中学为楼房，教学用房面积基本能够达到标准。但教学仪器设备、学生平均图书册数和教师平均图书册数，在 2000 年“两基”验收时勉强达标，具体的教学基础设施等硬件还需要完善。尤其是民族学校普遍缺少资金，办学条件上存在着一定的困难，基础设施不够完备。

从师资水平来看，民族小学有教职工 425 人，其中，专职任课教师 363 人，学历合格率为 92.84%。民族中学有教职员工 274 人，其中专职任课教师 205 人，学历合格率为 96.10%。教师合格率有了一定的提高，但实际教育教学能力与先进地区相比尚有较大差距，特别是新课标实施后这种差距更加明显，需要进一步加强和提高。

从教育质量来看，近年来，全旗义务教育阶段民族校教育教学质量有所提高。2003 年中考，达斡尔族学生平均分为 333.9 分，比 2002 年提高 28 分。但是农村达斡尔族初中毕业生考上高中的相对较少，考上大学的就更少。然而社会的发展，市场对人才的要求越来越高，一个普通初中毕业生或肄业生知识技能都有限，要想在现代社会上找到一份力所能及的工作是相当困难的。无奈之下，只能从哪里来回到哪里去。重新回归到土地上的辍学生、肄业生和普通初中毕业生，技术能力及生产能力依然不强，自然也就制约着当地农业生产的发展和技术的推广。

表 30　阿尔拉村九户村民受教育情况调查表①

户主	民族	年龄	教育程度	妻子	民族	年龄	教育程度
MBZ	达斡尔族	60 岁	小学文化	WLF	达斡尔族	53 岁	小学文化
GS	达斡尔族	58 岁	小学毕业	MSQ	达斡尔族	56 岁	小学四年

① 村民 GTB 的妻子已去世，调查组成员没有对其妻子进行调查。

续表

户主	民族	年龄	教育程度	妻子	民族	年龄	教育程度
DCX	汉族	54岁	小学文化	GQL	达斡尔族	42岁	初中文化
MHBT	达斡尔族	54岁	初中毕业	ESL	达斡尔族	50岁	初中毕业
MBQ	达斡尔族	35岁	小学文化	EFH	达斡尔族	33岁	初中毕业
GM	达斡尔族	38岁	初中文化	GYY	达斡尔族	35岁	初中文化
SY	达斡尔族	51岁	初中一年	DSR	鄂温克族	49岁	初中文化
GTB	达斡尔族	50岁	小学文化	LN	汉族	50岁	小学文化
GMD	达斡尔族	53岁	小学文化				

据当地达斡尔族村民介绍，在莫力达瓦达斡尔族自治旗达斡尔族各个村屯中，阿尔拉村村民的文化程度相对来说已经算高的。其实我们从表30可以看出，阿尔拉村大多数村民只是小学毕业，初中毕业很少，高中毕业没有。而其他村屯的情况更不乐观。

GM，达斡尔族，38岁，初中文化。妻子，GYY，达斡尔族，35岁，初中文化。一子一女。女儿考上民族中学，但因家里贫困无力支付学费，现辍学在家。儿子现上小学四年级。该户共有40亩地。由于妻子患有风湿性心脏病，儿子患有肾炎综合征，外加连年的自然灾害，使全家人温饱难以维持。2000年、2001年GM曾赴大连当力工，但最终包工头只是给了回乡路费。面对政府进行危房改造，该户很快就可以住进新房。谈到要住进新房，全家人对生活充满了希望。但谈到女儿上学的问题，男女主人身为家长，极其“正常”地说：“没有钱，就不念了。”

在阿尔拉村，像GM这样因贫困而剥夺“孩子继续受教育”的“机会”和“权利”的家庭不止一家。从他们的具体的鲜活的实例中，能够看出现今在农村普及义务教育，加强高中教育还任重而道远。

完全出乎我们意料之外的是，莫力达瓦达斡尔族自治旗“高考移民”现象十分严重，高考移民考生占到当地考生的 30%。2004 年 300 多名考生属于高考移民，2005 年则迅速扩大到 700 多名考生。尤其是以山东省的高考移民考生居多。问题来得太快、太突然，以至当地政府还未来得及采取任何应对措施。然而本地考生和家长对此意见很大，纷纷要求政府出台相应政策。为此，我们走访了莫力达瓦达斡尔族自治旗原教育局局长 NSDL。

作为在教育战线上工作多年的老局长，他认真深刻地剖析了莫力达瓦达斡尔族自治旗教育发展的现状。莫力达瓦达斡尔族自治旗作为内蒙古“三少”民族自治旗之一，教育上存在以下问题：第一，国家政策发生变化，原来要求“村村小学达到砖瓦化”，现在又提出“集中办学”，导致很多村没有小学，学生必须到有中心校的村去上学，额外支出了一笔住校费或交通费。第二，多年实行计划生育政策取得了赫赫成果，即新生婴儿减少，生源自然随着减少。第三，1998 年遭受严重的水灾，农民一蹶不振，至今歉收，已经入不敷出。比如在阿尔拉小学出现这样一种情况，由于该村离镇中心校远，为节省学生住宿费，村委会决定为学生雇两辆客车，每天接送学生，每月每名学生交 50 元车费。即使在“两免一补”的情况下，有的农民仍没有能力支付这笔“交通费”。因此每年开学之初就有一部分学生因无力交缴上学必须用的“车费”而辍学。

初中毕业生，毕业后考不上高中。有的考上高中，因为在尼尔基镇，各村学生都要到高中上学，路远的学生只能住宿，住宿生每个月伙食和车费需要 100 元。对于连基本温饱都难以维持的家庭来说，这是一笔较大的开支。无奈之下，只好辍学。这些辍学的年轻人整天无所事事，上学只是上到初中，并没有学到真正的技能或一技之长。种地又种不好，只能稀里糊涂地混日子。在阿尔拉村，80%以上年轻人辍学或初中毕业后在村里流浪。久而久之，就会出现“今天的辍学生，就是明天扶贫的对象”的恶性循环。与其等到他们成为“贫困户”时，再去“关心、扶贫”他们，不如在他们还是初、高中学生时就关注他们，从小抓紧、抓好。必须强烈地意识到“今天多一名辍学生，明天就会多一个‘扶贫对象’”。

首先，要加大对教育的扶贫。百年大计，教育为本。党中央、国务院在《中国农村扶贫开发纲要（2001—2010年）》中明确提出，从2001年到2010年，国家要集中力量，加快贫困地区脱贫致富的进程，把我国扶贫开发事业推向一个新阶段。但事实上扶贫的难度越来越大。扶贫的目的是为了致富，如果国家将扶贫资金多用于学校教育这一硬件上，强化普及九年义务教育，不让任何一个学生辍学，就会缓解甚至减轻“扶贫”的压力。要认识到“今天辍学的学生，就是明天扶贫的对象”。

在调研中我们了解到，大多数贫困家庭都有未完成普及九年义务教育的辍学学生。或者贫困户的主人就是当年的辍学者。例如，农户GM，达斡尔族人。女儿已经考上民族中学，但因家里经济困难，现辍学在家。凡此种种，政府应该加强九年义务教育的力度，保障学生完成九年义务教育。对此，2004年10月，莫力达瓦达斡尔族自治旗成立了达斡尔民族教育基金会，主要为了帮助、救助“三少”民族的贫困生和辍学的学生，早日回归学校，此基金会的成立得到各界人士的关注。当年，内蒙古兴安实业股份有限公司董事长宿梓枢先生率先投入启动资金50万元人民币，达斡尔族知名人士巴音湖先生捐助10万元人民币。

2005年10月，在莫力达瓦旗红十字会的积极组织倡导下，莫力达瓦旗社会各界人士本着“人道、博爱、奉献”的精神，对家庭困难而品学兼优的学生给予资助。

目前，尼尔基一中是莫力达瓦达斡尔族自治旗一所著名的公办高级中学。该校在校生总数为2700人，仅2005年新生人数就达1054人。为了使每位在校优秀高中生都能够顺利地完成高中学业，2005年10月25日，在尼尔基一中举行新生入学大会上，部分单位和个体私营业主捐赠了3.28万元。旗委宣传部为尼尔基一中高二年级孙胜杰同学捐款1200元；高一年级的5名特困学生，得到万厦房地产开发公司总经理张良贵先生5000元捐款。此后三年内他们都能得到捐款，直到他们5人完成高中学业，共计1.5万元。同时，高一年级其他3名学生获得万鑫公司总经理刘万鑫先生5000元的资助；旗地税局为2名高一年级特困学生捐赠9600元；个体户付宏仁先生为2名特困生捐款4000元；尼尔基一中教师张云龙为一名特困生捐款2000元；旗红十字会为6名学生捐赠6条棉被；尼尔基一中红十字会为高一至高三年级的40名困难学生捐款6000元。

这次捐赠会作为莫力达瓦达斡尔族自治旗教育扶贫的起点，希望以后能够有更多社会人士关注莫力达瓦达斡尔族自治旗，关注莫力达瓦达斡尔族自治旗的教育。而这些受到捐赠的学生也表示要争取这次学习机会，将更加努力，不负众望。正是这些人士的关注，才使得更多的孩子接受了正常的教育。社会本应该赋予贫困群体更多的关爱，正如克鲁泡特金在《互助论》中所说："互助"是一种宇宙人类的普遍现象，不仅存在于动物自然界，也存在于"从蒙昧人和文明"的人类社会，它是从动物到人类的一种"生活法规"，一种本能。他说："合群、互助与互相扶持的需要与人类的本性是不能分离的。"其次，"互助"也是人类社会进化的重要原因，"互助的根源很早就深深地渗入人类过去的进化中"，而且比"竞争"更重要，"我们可以坚决地承认互助与互争皆是自然界中法则；但是论起进化的原因，互助或许比较互争重要得多，因为互助大大有利于种族的保存与发展，互助能以较少的劳力予各个体的较大的安适和愉快"。第三，"互助"本身就是一种道德悟感，就是“爱、同情、牺牲”，“人类道之进步，如按大体立论，亦由互助的原理逐渐扩张而成”。针对达斡尔族的贫困，其他兄弟民族也不能坐而观之，要引起全民族的道德感悟。

其次，要加强基础教育。国家规定：2006 年对西部地区农村义务教育阶段学生全部免除学杂费，对其中的贫困家庭学生免费提供课本和补助生活费。2007 年在全国农村普遍实行这一政策。继续实施国家西部地区“两基攻坚”工程和农村中小学远程教育工程。建立健全农村义务教育经费保障机制，充分发挥城市带动农村发展的作用，加大城市经济对农村的辐射，加大城市人才、智力资源对农村的支持，加大城市科技、教育、医疗等方面对农民的服务。要形成全社会参与新农村建设的激励机制，鼓励各种社会力量投身社会主义新农村建设。进一步改善农村办学条件，逐步提高农村中小学公用经费的保障水平。加强农村教师队伍建设，加大城镇教师支援农村教育的力度，促进城乡义务教育均衡发展。

从目前情况看，莫力达瓦达斡尔族自治旗教育事业发展的规模和速度与三十多万人口相比，仍然是不相称的。在今后的发展中，要加大对民族学校、民族学生的扶助，积极扩大高中阶段教育规模，同时按照“统招”和“分招”相结合的原则，争取使民族学生高中阶段入学率提高到 45%左右。在重视基础教育的同时，当地政府要尽最大的努力为本地年轻人，尤其是针对初中毕业回乡务农的学生，提供学习农业知识、田间管理技术和使用现代化农机具的机会，并积极组织进行职业技术性教育和培训，这也是实现脱贫致富的关键。最终将把莫力达瓦达斡尔族自治旗“可能的劳动力”转化为“现实的劳动力”，把“一般的劳动力”加工成为“专门的劳动力”，将“经验型劳动力”培养成为“科学型劳动力”，将“体力型劳动力”训练成“智力型劳动力”，从而提高农民的整体素质，促进民族地区经济、教育和社会各项事业的发展。

第六章　生命的历程

第一节　生　　育

马克思主义认为人类有两种基本的生产，物质生活资料生产和人类自身生产，即种的繁衍。完成自身种的繁衍，几乎是所有生物的本能，但只有人类才把这种与生俱来的本能，衍生出丰富多彩的人生文化。

生育，是一个人生命中的重要内容，它不仅使家族的香火得以继续，也是一个社会繁荣兴盛的标志。对于任何一个民族来讲，生育如同婚姻、家庭一样是一个古老而又永远新鲜的话题。作为一个新的生命个体，以婴儿来到世间的第一声啼哭为生命历程的开端，到百日、周岁、16 岁获得公民身份以后，到结婚生育子女，直至一个生命个体的结束，反映了人类种族繁衍的过程。

我国目前是一个人口大国，对此国家制定了严格的计划生育政策。在达斡尔族地区，由于达斡尔族人口比较少，内蒙古自治区人民政府对其生育子女的数量不作政策性限制。1985 年，《莫力达瓦达斡尔族自治旗计划生育暂行规定》，达斡尔族、鄂伦春族、鄂温克族不控制生育数量。但要求男 20 周岁，女 18 周岁始得登记结婚。提倡优生优育，提高民族素质。又从 1996 年开始，规定多胎生育的间隔期必须够 3 年。莫力达瓦达斡尔族自治旗政府还针对农村农户独生子女户出台了奖励照顾的政策。多年来，阿尔拉镇人民政府一直认真贯彻执行。2002 年，阿尔拉镇政府根据当地的实际情况对独生子女的奖励政策作了调整：“规定男孩户每月奖励人民币5元；女孩户每月奖励人民币10元；双女户每月每户奖励人民币10元；发放救济灾粮时，在原有的基础上，每户额外发放1—2袋救济灾粮。”①

1990年内蒙古自治区颁布《内蒙古自治区计划生育条例》，其中规定：达斡尔族、鄂温克族、鄂伦春族公民，提倡优生，适当少生；要求节育的，给予技术服务。从政府部门所制定的政策看，生育，不仅仅是一个人的个人行为，它关系到社会和国家乃至全人类的繁衍和发展。

过去，达斡尔族人对妇女怀孕并不重视。即使主观上认为怀孕是传宗接代的好事，但是在实际生活中，会坚持认为怀孕是女人天经地义的义务，不需要特殊照顾，妇女们依然正常劳作。一般情况下，产妇产后三天就得下地劳动，也不讲究“坐月子”。产妇临产前，家人开始请接生婆。那时，几乎每个达斡尔族村屯中都有专门的接生婆，这些接生婆都是一些能领悟萨满教巫咒的“巴日沁”。家中媳妇临产前都要请“巴日沁”来帮忙接生。遇有特殊情况时，比如，接生婆碰巧不在等等，也可以由有经验的老年妇女来接生。这种习俗一直延续到20世纪中叶。

新中国成立以后，达斡尔族村屯中有了专门的接生员，接生员每年定期到医院接受医务培训，掌握了一定的医疗知识和技能。2000年以后，出于对产妇和婴儿健康的考虑，孕妇们一般都到正规医院去生孩子，正常情况下，在家里生孩子的人已经不多了。边远农村，有因为来不及去医院而在自己家里生产的。

达斡尔族人在长期的生活实践中发明了一种育儿工具——悠

① 阿尔拉镇人民政府文件［2002］9号：《关于对独生子女户、双女户奖励和优惠政策变动的通知》。

车。一个新的生命呱呱坠地时，一切美好、一切祝福、一切期盼和希望都在母亲的摇篮曲中寄托着……摇呀摇，新生的婴儿在悠车里舒舒服服，既安全又方便。

达斡尔族的习俗，婴儿出生一个月内，亲戚和左亲右邻，多数是村中的成年女性要带上鸡蛋、牛奶、挂面等营养品到产妇家下奶、祝贺。生育孩子，无论男女都是喜事。于是产妇家要准备简单的酒饭招待前来庆祝的亲朋好友。等到婴儿满月后，母亲抱着孩子到亲戚和朋友家回访答谢，并正式邀请客人到家里来吃孩子的满月酒。

满月酒通常是在傍晚举行，用丰盛的美酒佳肴款待客人。按照达斡尔族的传统，小孩是不过百日的，只是自家人吃顿饭高兴一下就行了。

到了清朝和民国年间，满汉文化的影响日益深入，达斡尔族在孩子周岁的时候开始有了“抓周”的习俗。所谓“抓周”，就是在男孩面前摆放一些钱、笔、书、弓箭、锹等，在女孩面前则放针线、顶针、书和笔等，认为小孩抓到什么，象征和预兆着以后的人生就会如此发展。如果抓到钱，就表明孩子以后能赚大钱；如果抓到笔和书，就表明孩子将来读书有出息；抓到针线的女孩手艺巧；抓到锹的男孩农活干得好。这种习俗虽然被看作是占卜之类的迷信习俗，但从“抓周”习俗中，能够反映出长辈对子孙的期待。现在，在孩子满月、百日和周岁时都要摆宴请客，亲戚朋友也都要前来祝贺，送红肚兜和长命锁，希望小孩无病无灾，健康成长。尤其是富裕人家，宴请的规模较大。

过去，因为出生率高，死亡率也高。孩子两三岁，才正式命名。之前，父母都会给孩子起个小名，如果孩子长到了两三岁，说明孩子身体结实，已经经历了人生最脆弱的阶段，再不会轻易夭折。所以要为孩子正式起名，其小名在家中仍然沿用。达斡尔族取名字和汉族不一样。没有严格的规定，不排辈分，也不按辈字取名，可以让老人取也可以由父母取，主要是吉祥如意即可。

现在，达斡尔族人在给孩子取名字上，也逐渐受到汉族文化的影响，取汉名的人越来越多。比如，新中国以前出生的人，名字有叫苏荣达赖的，也有叫敖拉·乐志德的。但是新中国建立后出生的人，比如敖拉·乐志德两个儿子的名字叫敖风雷和敖春雷。还有人起名为敖玲、刘伟力、郭小林、吴鹏飞等。改革开放以后，某些年轻人追求时尚的名字或外国的洋名字，比如郭丽娜。仅仅从人名一项，也能够反映出时代发展的特色。

村中的老人们讲，过去达斡尔族人都愿意多生育孩子，认为“子孙满堂”、“多子多福”是自己家族兴旺的重要象征。而且求子嗣的观念是很严重的。现在，传统的思想已经愈来愈没有市场了，尤其是年轻人，很开明很解放，不用计划生育员动员、宣传和进行思想工作，就积极主动地自愿地少生。比如，农户MBQ说，“现在不用动员，大家都想通了，为了让孩子过上幸福的生活，尤其是让孩子接受更好的教育，不管是男孩还是女孩，有一个就行了。”有这种心理的人相当多。可以说这种思想得到了普及。甚至对不孕妇女的态度无论是家人还是村民都比较宽容。比如，有的妇女结婚后长时期不能怀孕，家人不会把责任推到女方身上，也不会愚昧地举行特殊的仪式、祭礼，更不会主动地请“雅得根”（萨满）施法术。而是由家中长者陪同年轻的夫妇前往医院检查，看看到底是男方还是女方的原因？是什么原因？争取早检查、早治病、早生育。村民们基本上都比较相信科学和现代医疗技术。尤其是35岁以下的年轻夫妇一般是只有一个孩子。虽然政策上，允许他们生育第二胎，但是他们面对日新月异的社会发展和进步，从孩子的身体素质和教育程度等多方面考虑，觉得还是生一个好。

现在，达斡尔族的妇女或村里其他民族的妇女怀孕都会受到家人的关照和社会的关心，特别是妇女主任、计生员便会积极主动热情地宣传优生优育的政策和胎教、保健知识。我们在与青年夫妇的访谈中了解到，如今的男人们也和父辈们不一样了，他们的思想观念都发生了变化，细心了很多。尤其是自由恋爱结婚成家的，两个人感情好，丈夫更加注意关心产妇的日常生活。产妇自己也有了休息的意识，平时不能吃生冷的东西，也不能喝酒，怕影响胎儿的发育。尤其是产后，妇女很讲究坐月子。长辈和丈夫也不让其干重体力活，使其尽快恢复正常，避免留下疾病，而且至今关于孕妇还存在着一些相关的孕期禁忌。由此可见，达斡尔族十分重视生育，在长期的生儿育女的过程中积累和逐渐形成了自己的生育观念及文化习俗。

“家庭、家族是一种具有共同居住、经济合作及生育特征的社会群体。它包含男女两性别的成年人，其中至少有两个人维持社会认可的性关系，及他们所生育或收养的小孩。”[①] 在整个生产和养育孩子的过程中，处处体现出达斡尔族人对新生命的喜爱与充满希望。

第二节 成 人 礼

按照传统，成年礼是一个人迈入社会门槛的重要环节。清代至民国期间，达斡尔族的习俗是男女孩子到了15岁，便是成年，经媒人介绍，双方父母同意订亲，俗称成年亲或成年婚。一个人被认为已经具备了结婚资格也就理所当然是成年人了。他们的日常行为就要受到社会的约束，并在生产和生活中承担起一个成年人的社会责任和义务。

---

① 穆道克（默多克）著，许木柱等译：《社会结构》，洪叶文化公司，1页，1996。转引自庄孔韶主编：《人类学通论》，山西教育出版社，第284—285页，2003。

我们知道，家庭是构成达斡尔族社会的基本单位。清代，达斡尔族人的家是由几代人同居在一个大院的大家庭结构。每个聚居的大家庭都拥立一位有威望的男性长辈担任家长，负责管理和安排大家庭的生产生活、婚丧嫁娶、经济往来等各项事务。整个大家庭的人皆听其安排，所谓“家有百口，主事一人”，以此维护长幼有序、男女有别的家庭秩序。民国以后，家庭规模逐渐缩小，由祖孙三代组成的主干家庭，逐渐取代了大家庭。

在达斡尔族的家庭中，大都是兄长成婚后先分出去，幼弟留下与父母共同生活。至于家庭财产，要完全听从父亲的分配。父亲给儿子分家产时，既要坚持照顾人口多的，又要体现幼子多得的原则。尤其对于还未娶妻的幼弟，当哥哥的一般都能主动地让他多分一部分财产。分家另过的儿子，仍然要尽共同赡养父母的义务。若是老人已经去世，那么弟兄几个就请来近亲父老做主，给他们分家产。尽管家庭成员中是男女实行共同劳动，共同消费。但是家庭的财产则归男性成员承袭。在家庭内，男尊女卑，夫妻地位很不平等。在氏族阶段，嫁进来的女人没有作为氏族成员的资格；在氏族的家谱上，也不能填写她们的名字，也不能享受当家长的权力。丈夫死后，儿子年幼时，母亲可以当家，但是儿子长大成人，她必须把当家的权力交给儿子。在经济生活中，女人对于家庭财产没有支配权和继承权；甚至子女们的婚姻大事，也主要由父亲说了算。由于与汉族的长期交往，因此，“三纲五常”、“三从四德”等封建礼教的影响，在达斡尔族的家庭中也是根深蒂固的。例如：“泼出去的水，嫁出去的女”、“儿子是接续之本”的传统思想，在达斡尔族社会中广泛地流行着这种重男轻女观念经过了“五四运动”的冲刷、新中国颁布的《新婚姻法》的制约，以及毛泽东积极倡导的“妇女能顶半边天”的革命思想的再教育，直至“文化大革命”的批判，竟然还依然顽固地占领着农村阵地。比如，子女都要随父姓，夫妻无子，可以领养子，在接纳养子时，过去必须要经本莫昆会议的讨论同意，并把养子的原姓改为本莫昆的姓氏。

虽然达斡尔族男女在成年的时候不像其他民族那样举行专门的成年礼或仪式。但是男女青年一旦步入成年人的行列中，每个人就享有和其他成人一样的权利，成年男子在服装上的标志是从此要扎正规的腰带，未成年男子则相对比较随意。佩带烟袋也是成年人的专利，只有成年男子才有资格在公开场合佩带烟袋和抽烟，未成年人没有抽烟和佩烟袋的资格。

判断女子是否成年？过去主要是根据女子的发式，传统的女子发式是小女孩在头顶中心留圆发，扎一个小辫垂在脑后。到了十五六岁时，头的前半部分留发，分成八字形，从两耳的上部向后绕，与头顶发合梳为一条长辫子。接近结婚年龄时，可以留全发，但仍然要梳一条辫子。未出嫁的女子不能露出鬓发，已婚女子则经常将头发束在头顶上，佩戴各种头饰。这是社会中约定俗成的通则。

现在，“莫昆”的直接管理和功能都不存在了。但是农村劳动力的缺乏和男婚女嫁的婚姻习俗，导致成年男子依然在社会上具有较高的地位。新的成年（身份）标志是男女到16周岁可以领到公民身份证。

第三节　婚　　姻

“婚姻是人类延续的必要社会形式，也是传统社会中人们社会关系的重要纽带。对于个人来说，婚姻是人生历程中最重要的组成部分。婚姻是一个人走向成熟的标志，也是承担起新的社会责任的一个里程碑。达斡尔族自古就很重视婚姻，有着丰富的婚姻礼俗。”①

根据达斡尔族民间传说，很早以前，在达斡尔族社会里，实行的是女娶男嫁的习俗。即男女双方到了结婚的年龄时，男子到女子处居住。由于男方不情愿这样做，经常逃走，后改为男娶女嫁的婚姻习俗。

清代，在达斡尔族社会里，年轻男女完全没有自由选择的权利，更谈不上自由“恋爱”。他们的婚姻大事都由父母决定，严格遵守“父母之命，媒妁之言”。婚姻关系的缔结也讲究门当户对，只有门第相同，方可提亲。婚姻观念中，普遍存在着富贵人家的子弟不娶穷人家的女儿为妻，富贵人家的女儿也不嫁给穷人家的子弟。但偶尔有个别的现象出现，就是因为穷人家的女儿各方面都十分的出色和优秀，被富贵人家“看上”，娶来作儿媳。依据历史上流行过的婚姻形式，达斡尔族的婚姻可以分为以下几种类型：

1. 指腹婚

这是指在儿女未出生前就由父母包办订下来的婚约。这种订亲方式，多在知心好友间发生。待孩子出生后，如果两家的孩子都是男孩，便结为兄弟，如都是女孩，便结为姊妹，如果是一男一女，便订为夫妻。其订亲的方式是由男孩的父亲携酒去女孩家，给女孩家辈分最高者行敬酒磕头礼，经其长者许诺，婚约便视为成立，从此以后两家严格恪守。这种婚姻习俗是特定时代下的产物，也是封建意识在婚姻礼俗这片土壤中的一种表现。

2. 娃娃婚

这种订亲形式是在孩子幼小时，两家父母感情相投，便为儿女包办订亲，其订亲形式和指腹亲相同。等两个孩子到了结婚的

---

① 毅松、闫沙庆：《达斡尔族传统婚姻习俗》，载《黑龙江民族丛刊》2000（1）。

年龄时，就可以完婚。虽然形式比较简单，但大多数是因情义而定，故彼此都能信守诺言。

3. 童养媳

在达斡尔族社会里，这种情况一般发生在家中女儿夭折，父母为了获得心理平衡与慰藉，便将自己幼小的女儿许嫁给某家境很好的人家。待到女孩15岁左右的时候，才可与男孩“合房”。过去人们认为这种情况是在科学文化不普及的年代里，所表现出的一种落后与幼稚，也是一种陋俗。随着现代社会的进步，目前这种婚姻形式在达斡尔族社会已经消失。

4. 娶女婿

娶女婿，是我国入赘婚的典型。这种婚姻类型要经媒人介绍，姑娘家因父母年事已高且子幼，或无子嗣，便可以经媒人介绍、双方家长同意后，便把女婿娶到家中。若岳父家有儿子，女婿没有财产继承权，待岳父家男孩长大成人，女婿也可以分居另过。但若岳父家没有儿子的情况下，岳父可将其视为亲子，让其继承家业支撑这个家庭，并为之传宗接代。按照达斡尔族学者的观点来讲，这种婚姻是达斡尔族人处理特殊情况，解决个别家庭具体困难，改善其生存条件与心境，使这个家庭成员从各自的角度感到生活仍然富有意义的一种传统方式。

而且达斡尔族传统上实行早婚，一般订婚年龄多在十六七岁，而结婚的年龄男为20岁左右，女为17—19岁左右。配偶年龄讲究男大女1—3岁，女大男的现象基本没有。在我们走访的9户达斡尔族家庭，除了一家是夫妻同龄外，其余的8户都是男比女大，最大的大7岁。

“每个民族的成婚模式，无不是在一定生存空间长期形成的一种社会行为规范，是宗教信仰、民俗意愿、共同心理和思维方式等精神因素交融而成的一个民族内心世界的形态化和外化的文化体系。因而它集中地、多方位地反映出民族基于婚姻家庭与伦理道德观的价值追求。根据这一点，我们可以说每个民族的成婚模式，是民族的一个文化内涵十分丰富的活的民俗资料库。”①达斡尔族社会很早就实行一夫一妻制。虽然也曾出现过“一夫二妾”的现象。这和达斡尔族中流传着“儿子是接续之本”的说法有关，只有儿子才有权继承和支配家庭财产。因此，“一妻二妾”现象的发生主要是因为妻子不能生育或不能生男孩的缘故。可见传统的封建伦理道德观念是根深蒂固的，表现在男女婚事上，多数婚姻是由父母包办的，礼聘之俗已经出现。民族学调查证实达斡尔族社会买卖婚姻的性质尚不严重。一般不拿女儿做交易，按达斡尔族的婚俗，由男方所纳的彩礼，除了留一头乳牛之外（为了报答母亲的养育之恩），全部都给女儿结婚时带走，同时还要尽可能地给女儿陪送嫁妆（衣物）。达斡尔族也十分讲究订婚仪式和婚礼的每一个程序。

1. 托媒

在达斡尔族社会里，除了指腹婚、童养媳以外，普遍采取的是托媒的方式。首先男方父母看好姑娘，然后就开始托媒人，媒人必须是双方都十分熟悉的，多数是女方的亲属或好友。媒人要将男方的品行、家庭成员、经济条件等，向女方父母介绍。如果女方父母没有拒绝，媒人将带着酒到女方家，给女方父母及家中的长辈斟酒，表示前来提亲。如果女方父母不同意，就直截了当地告诉媒人以后不要再来提亲。有时候，女方父母出于面子，即使是同意这门婚事，也不会立即就答应的，还需要媒人再来，甚至媒人要跑三四次，才能定下来。因此，在达斡尔族传统社会里，媒人的角色是十分重要的。在女方父母同意后，媒人要多次到女方家商讨订亲事宜。

① 袁志广：《达斡尔族成婚习俗文化内涵探析》，载《新疆社会经济》，1996(1)。

2. 订亲

订亲在达斡尔族人的生命历程中，是极其重要的，青年男女到了结婚的年龄，父母有责任和义务为其订亲。届时，媒人将给女方的父母及家中老人行礼、敬烟、敬酒，并用优美的言辞来表达。如：

您方有个拿剪子的姑娘
我方有个拿弓子的儿郎
为了撮合异性男女
为了亲睦两家门宇

穿过千里丛生的荆棘
冲破遍盖山野的厚雪
我甘心磨穿了鞋底
我情愿累断了腰脊①

接着一一向女方父母详细讲述男方的所有情况，在女方父母没有任何异议的情况下，便提出彩礼的要求。通常是马、奶牛和妇女所需用品。礼毕，媒人返回男方家报喜，男方家会热情款待媒人。

3. 纳礼

纳礼，达斡尔语称"察恩特礼"。一般是在订婚后的几个月或一年左右，甚至时间更长一些时候进行。主要是为了进一步确定双方的婚姻关系，为婚礼做准备。纳礼要分两次，第一次必须要由女婿送，并请一位能言善变的年长者陪同前往。达斡尔族的纳礼仪式也十分热闹，在女婿来到以前，岳父家把大门关闭，派几个年轻人在大门外刁难女婿，并有一系列问答的场面。多数就

---

① 孟志东编:《达斡尔族研究》，第四辑，内蒙古达斡尔历史语言文学学会等联合编印，294 页，1989。

是问从何而来、为何而来等问题，由陪同女婿的人答复，经过几番理论后，在长者的示意下，才可打开大门，让礼车进院。

莫昆的成员都来参加酒宴，女婿要给岳父和莫昆中年老的人磕头，老人们给女婿以钱和钱褡子等物品。生活较富裕的岳父家还让女婿把送来的马骑回去，或把更好的马送给女婿。

开了酒坛，喜宴开始时，陪同女婿前来的送礼者首先举杯致词，大意如下：

你家少女我家郎，
千里姻缘结夫妇，
远地相近两家亲，
割也割不断，
砍也砍不裂。
松树长高了，
新郎长大了，
选择这吉日和良辰，
拜见慈爱的父母，
送来了丰美的筵席。
为了两家的亲事，
我用双手斟酒，
请接受我的敬意。

岳父接酒后斟酒回敬：

为了两家的亲事，
你们走了遥远的路程，
与你们会宴不拖过当年。
在吉日上送来了美餐，
我约集莫昆亲友，
请他们尝一尝我们的喜酒，
求你把带来的东西，

一个不漏地介绍一下。

陪送女婿者道：

我们的彩礼是：
牵连两家新亲的，
吉若·硕勒布热（意即出色的走马）一匹，
黑夜里走起路来，
两个眼睛看得清；
在石头上跪起来，
结实的蹄子咔咔响。
像狍子样飞快，
像狐狸样敏捷。
在沙漠里能追上兔子，
在土墩里不栽跟斗。
在圈内喂养的猪七口，
在它的嘴上，
肥脂有二指厚。
锅内蒸出的乌如木帕三十锅，
达斡尔人特有的瓦特岫八桌，
希日格勒·乌图木醇一百二十块，
满坛子的阿乌日酒，
……①

在旧俗整个纳礼的过程中，姑娘和女婿是不允许见面的，在女婿到来之前，姑娘就已经躲避起来。其实此时双方都很想知道对方的相貌，但受传统习俗的制约，终究是不能如愿的。偶尔有姐妹和嫂子等，通过各种方法使双方彼此偷视，但也只能看到外

① 国家民委民族问题五种丛书之一——内蒙古自治区编辑组：《达斡尔族社会历史调查》，内蒙古人民出版社，229—230页，1985。

貌和体态。

之后，女方派人查收礼品，礼品多数是带有缰绳的乘马1匹、乳牛1头；酒几十斤；点心20斤；饼10张、油炸糕100个及衣物金银首饰等。这时，通过礼物的多少和贵重程度就能判断出男方的家境。

4. 婚礼

过去达斡尔族人举行婚礼都会选择在冬闲或春闲的时候。在举行婚礼的前一两个月，就开始筹备。在结婚前两天，男青年就要到女方家，这时男女双方才可以正式见面。并商定送亲的傧相及人数。一般的男傧相三至五人，女傧相二至三人，送亲车三四辆。婚礼当天，由新娘家亲戚朋友组成送亲队伍。送亲队伍是有年龄和辈分之分的，这些人基本上都是新娘的直系亲属，也有的是比较要好的乡里邻居。由哪些人去送亲是要提前定好的，要报给男方家里，以便按照人数准备酒饭。

婚礼当日的清晨，新娘家就要给新娘梳妆打扮。这天要由新娘的伯叔、舅舅等担任“亲家”。新娘的弟弟来担任“押车亲家”，如果新娘没有弟弟，则可由嫡系弟弟来担任，有的还可由外甥来充任这个角色。总之，要由男孩来完成这项任务。同时还要由新娘的姑姑、婶子或嫂子等人组成送亲队伍，在婚礼的当天要由她们来照顾新娘。届时，父母要将早已准备好的嫁妆送给女儿。根据《莫力达瓦达斡尔族自治旗志》的记载，娘家陪送女儿的嫁妆一般有：大红柜一个，红皮箱一对，小红木匣一对，帽盒一个，梳妆盒一个，首饰盒一个，绣花枕头一对，绣花布鞋十双到十二双，绣花烟荷包十个，幔子一个，绣花小钱褡子若干。稍富裕的人家会送一头奶牛。

这些被褥和衣物等，统一装在事前准备好的大红柜子里和四个箱子里，最后都放在大轱辘车内，与送亲车辆一起送往男方家里。有时双方相隔很远，还要准备酒、肉、点心等食品，以备中途休息时食用。

一路上，新娘要坐在“押车亲家”的车里。路遇其他送亲车时，将事前准备好的彩绸、手帕等礼物互相赠送。在要到达新郎家的村屯时，送亲车停下来，等候新郎家派人来接亲。一般是在中途休息时，新郎就要先道别回家。当送亲队伍到来时，新郎家要派两位宾客来迎亲，向送亲客人一一行礼后，给每一位送亲的人敬酒，表示欢迎和问候。送亲队伍到达新郎所在村屯时，早已等候在这里的迎亲队伍要夹道欢迎。当送亲车到达新郎家大门外时，送亲人下车，由迎亲傧相带领进院。送亲的人们进入屋内，新郎父母向送亲的人恭敬喜酒，并对他们表示欢迎，邀请他们坐在炕上。婚礼中，新娘是众人注目的焦点。当送亲车停下来之后，鞭炮声四起，新娘在两位年轻已婚妇女的搀扶下走下车。头蒙红盖头，由嫂子和新郎家的年轻妇女搀扶到屋内的南炕，掀去盖头，面朝窗户，双腿盘坐。嫂子将新娘的女儿妆改变成媳妇妆。

达斡尔族的婚宴，主要以手扒肉和酒为主。在婚宴开始前，要先去犒劳厨师。这与汉族的习俗是相同的。

酒宴开始时，男方主持者致词，一是欢迎送亲的男女傧相，二是手捧角弓的一支翎箭，献给新婚夫妇，为新人祝福。

祝词大意：

光临的霍都古、华达们请听：
姻缘由媒妁撮合，
世交由代表办成，
从祖先的时候起，
彼此敞开着大门，
在荒地上走出道路，
把堆积的雪层冲破，
把异性合拢了起来，

两家门户和睦起来。
我们有个拿剪刀的姑娘，
在成亲的宴会上，
讲起我的祝词。
选择吉祥的日子，
摆开我们的酒席，
所用的酒肉是，
在自家饲养的肥猪，
在它的嘴上，
有二指肥油；
满罐子的巴尔辉酒，
是我们自家酿制的。
光临的霍都古、华达们：
恕我们准备的微薄，
请品尝席上的美酒菜肴。
我手拿这支箭，
祝愿新婚夫妇：
在今后的共同生活中，
孝顺长辈，
慈爱晚辈；
像箭的叉口样整齐，
像箭杆的羽毛样爽快，
像箭杆样笔直，
像碾石样相合，
像钢铁样坚强，
用刀子割不绝，
用斧子砍不离。
走过的地方光明，

做过的事情清白，
不被人们指斥，
不被外人们议论。
生养出嫁的姑娘一个，
生养在家的男孩七个。
拿着这副弓箭去打猎，
射死山阳坡的公野猪，
射死山阴坡的花公鹿，
射死溪旁林间的狍子，
满载回到莫昆屯落里，
名扬四方享富贵。……①

届时，新郎家要按长幼次序分别向送亲的人敬酒，大家共同举杯祝福两位新人喜结良缘。有时还唱歌祝贺，或朗诵诗篇，气氛祥和，欢歌笑语，其乐融融。宴席结束后，新娘开始向家中的长者依依敬酒、行礼；在家宴中，要向长者敬酒、行礼。新娘给公公、婆婆敬酒、磕头。

如果双方距离很远的话，送亲队伍要住在新郎家里，第二天才返回。次日清晨，要为送亲客人准备早饭，通常是肉汤、水饺等。在送亲队伍要返回时，新郎家有一长者代表全家人向远方的送亲客人敬酒，然后一一道别。新郎家要将准备好的手扒肉、点心和酒交给送亲的人，由他们带回。还有一个很有意思的习俗，就是在送亲队伍告别之前，新娘家会有一个人偷拿新郎家的碗碟，意为分享新娘的福分，这通常是事前由新娘家安排好的，也是婚礼中常见的现象。婚礼之后的第三日，新媳妇要在妯娌的带领下，到亲族和邻居家中，敬酒行礼。

---

①　国家民委民族问题五种丛书之一——内蒙古自治区编辑组：《达斡尔族社会历史调查》，内蒙古人民出版社，232—233页，1985。

一个月后，新郎赶车或骑马带上酒、肉等礼物送新婚妻子回娘家。新女婿也可以在岳父家小住几天，但新娘要在娘家住满一个月。此时，才意味着婚礼结束。

达斡尔族人把离婚看成是很羞辱的事情。因此，男女一经结婚，就不能轻易离婚。如果夫妻双方感情不和，村里的老人们尤其是亲属和好友会尽量地劝解。一旦他们的婚姻真的不能再维持下去，只好离婚。离婚时，还要缮写离婚文书。一般情况下，夫妻离婚后，孩子由丈夫来抚养，女方不得带走孩子，也有个别的情况是由女方来抚养，丈夫每年必须要给孩子抚养费，抚养费多少要根据丈夫的经济条件来决定。若丈夫因病或其他原因去世，妻子必须服满三年孝期后才能再嫁，一般情况下，寡女很少再嫁，相对而言达斡尔族人离婚的很少。而且至今严格禁止同姓和近亲通婚。受现代科学知识的影响或长期的婚姻经验，人们懂得血缘内通婚所带来的后果。因此，在达斡尔族社会里，实行严格的氏族外婚制，即同一氏族内部严格禁止通婚。这种婚姻制度受到传统习惯法的制约，一旦违背，就会遭到本莫昆或本哈拉成员的非议、干涉和处罚，甚至被本“莫昆”或“哈拉”除名。按心理学的观点，这种族外婚的各项规定，就是所谓的性禁忌，是对性乱意识的防范。而对达斡尔族人来说，它只是实现伦理道德的价值追求，是为了保持本民族成员机体强壮的自然选择。对于性禁忌的实际意义是所有民族共同的特点，也是人类群体自我保护意识的形式化。对此，我们走访了阿尔拉村村民 GS，58 岁，达斡尔族；妻子 MSQ，56 岁，达斡尔族。夫妻俩是两姨亲，当年结婚属于父母包办，男主人 23 岁成家。两人在结婚时，男方家没有花一分钱，女主人至今很抱怨地说，当时娶媳妇流行送三大件（自行车、手表、缝纫机），而我一件都没有，就被父母给嫁了出去。如今我有二子二女。两个女儿已经外嫁。大女儿嫁给一位汉族教师，小女儿嫁给一位鄂温克族农民。我很高兴的，完全是女儿们自己做主决定的。大女儿结婚时，由于当时家里的经济条件不好，所以也没有给她任何嫁妆。小女儿是一年前结婚的，当时家里条件相对来说要比前些年好，所以给小女儿买了电视机、洗衣机、影碟机等作为嫁妆。两个儿子现在还未到谈婚的时候，两位老人就已经表示坚决不给儿子包办婚姻，在婚姻问题上，积极支持儿子自己做主，完全自由。具体给儿子办婚事时要花多少钱，就看那时家里的经济状况，好的话就多花一点，不好也没有办法，到时再定。

农户 MHBT 在谈到婚姻问题时，非常赞同儿子自由恋爱。因为他们当年是托媒人介绍的，婚前彼此都不认识不了解。结婚后，两人一边生活，一边磨合，也可以说是先结婚后恋爱。主人自己说是没有感情基础的婚姻生活，也就对付着过了一辈子。现在看电视里，年轻人过着愉快美好的爱情生活，使他们很羡慕。自己一辈子都没有享受到那样的婚姻生活。因此，他们希望自己的孩子不要走自己的老路。儿子的婚姻完全由自己做主。不管是达斡尔族的姑娘，还是其他民族的姑娘，只要儿子同意，父母不会反对，而且和“外族”通婚，可能“孩子”更健康、聪明。我们在调查中发现，在达斡尔族村屯中普遍存在族际婚的现象。过去，达斡尔族实行本民族内婚，但不限制同其他民族的通婚。由于相近而居或杂居，各民族交往密切，达斡尔族与鄂温克族、鄂伦春族通婚较多。民间有达斡尔族和鄂温克族、鄂伦春族是姑舅表亲的说法。

例如，1951 年 10 月 1 日在小二沟正式宣布建立鄂伦春自治旗。1982 年改称为诺敏乡，1986 年，改建为诺敏镇至今。该镇位于地处东经 123°43′至北纬 49°02′之间，面积为 9540 平方公里。东邻黑龙江省的嫩江县，南与莫力达瓦达斡尔族自治旗接壤。尤其是 1951 年至 1958 年间诺敏镇曾是鄂伦春自治旗政府所在地。如今，在鄂伦春族自治旗诺敏镇小二沟，由于和外界接触的较早，地理上与莫力达瓦达斡尔族自治旗接壤，很多鄂伦春族男子娶达斡尔族女子为妻。致使那里的鄂伦春族男人普遍使用达斡尔语，特别是孩子受母亲的影响和教导，更多地接受了达斡尔族的文化和习俗。仅从“通婚”这个角度看，文化的变迁和适应正潜移默化地从一个一个的个体小家庭开始的。比如，文化上的变化之一，是达斡尔族语通过“妻”传播给自己的鄂伦春族“丈夫”，当“妻”成为“母亲”时，自然而然地传播给自己的鄂伦春族“孩子”。由此类推，从“丈夫”到“孩子”逐渐得以流行，甚至影响力之大，竟然使当地的鄂伦春族男人在日常生活中普遍使用达斡尔族语（到2000年我们调查时，50岁以下的鄂伦春族人大多不会讲鄂伦春语，但是每一位鄂伦春族人却都能讲一口标准的达斡尔族语）。在鄂伦春自治旗乌鲁布铁镇的讷尔克气猎民村，村党支部书记鄂彩虹是从齐齐哈尔的达斡尔族地区嫁到讷尔克气猎民村的，其丈夫是鄂伦春族，非党员。她连续几届担任村党支部书记，深受鄂伦春族村民拥护和支持；该村妇联主任孟淑英也是达斡尔族妇女，她是从莫旗嫁到讷尔克气猎民村的，她们不仅仅在自己的家庭中掌管一切事情，还是全村人的主心骨，该村的大事小情都离不开她们。该村的村长是一位鄂伦春族男人，他少言寡语默默配合服从村党支部书记的领导。由此可见，达斡尔族妇女的地位和影响是不可低估的。

再比如，“通婚”带来的变化，是娶达斡尔族女子为“妻”组成的家庭（当地人把这种男方为鄂伦春族，女方为其他民族组成的家庭统称为“团结户”；反之女方为鄂伦春族，男方为其他民族组成的家庭统称为“姑爷户”）在当地比较多，也就是说“团结户”的“妻”是以达斡尔族女子居多。一般来说达斡尔族妇女普遍都会种植庄稼，所以在新中国建立初期农业种植技术就一点一点地影响和传播过来了，到20世纪90年代，政府鼓励鄂伦春族猎民办“农场”，由此开始兴起了办“家庭农场”的热潮，发展到1996年，猎民放下猎枪后，办“家庭农场”成为时尚和风气，也达到了一定的规模。这一段时间凡是“团结户”的家庭，只要“妻”是达斡尔族或汉族的，“妻”一定是经营“家庭农场”的主力。

随着与周边民族交往的频繁，促使达斡尔族族际通婚的现象越来越普遍。达斡尔族与满族、汉族通婚历史较早。“自民国初年起，布特哈、齐齐哈尔、瑷辉等地达斡尔人开始与汉族通婚，但这在布特哈地区一直属于个别现象，在齐齐哈尔地区也并不普遍。瑷辉地区达斡尔人自民国以来和汉族杂居，相互通婚者逐渐增多，到解放前后已成为普遍现象。”① 如阿尔拉村村民SY是达斡尔族，其妻子则是鄂温克族；村民GTB也是达斡尔族，其妻子是汉族；村民GQL，达斡尔族，其丈夫是外来打工的汉族人。在与村民的访谈中，谈到他们对未来儿子选择“媳妇”或女儿选择“女婿”是否考虑民族成分的问题时，村民们十分开明地表示，什么民族都不介意，只要人好就行。由此可见，达斡尔族人的思想发生了很大的变化。从另一个层面上也体现了各民族间互相交融，平等往来，团结和睦的民族关系。社会总是在向前发展的，夫妻之间的互敬互爱是随着物质文明和精神文明的发展而发展的。现在的婚礼多数是选择在冬季举行，因为这个季节，对于从事农业的达斡尔族人来讲属于农闲时期。婚姻的承办方式也简单化了，有些年轻人很时尚地选择旅行结婚的方式。

---

① 国家民委民族问题五种丛书之一——内蒙古自治区编辑组：《达斡尔族社会历史调查》，内蒙古人民出版社，227页，1985。

第四节　丧　　葬

每个人都面临着生死轮回，死亡意味着个体自身的自动消亡。为了纪念死者，人们在实践中形成了不同的丧葬礼仪。

达斡尔族的丧葬形式是根据人的死因的不同，来确定葬法。主要分为土葬、火葬和天葬（风葬）。如果是正常死亡，就实行传统的土葬；对于非正常死亡的，如急性传染病致死、溺水、难产致死的孕妇、夭折等等，则实行火葬；由于出天花、麻疹而夭折的小孩，要将尸体放在筐里，然后挂在山坡的树上，即为天葬，或称风葬。事实上，丧葬习俗，随着所处的自然环境的变化、生产技术的提高、社会制度的转变以及与其他民族文化的接触和交流等而有所变化。

达斡尔族将其先民旧俗与汉族及其他民族的丧葬礼仪杂糅在一起，形成既保留其旧习俗，又注入新时代特征的丧葬仪式。

达斡尔族丧葬仪式一般要分为：停葬、入殓、开吊、出殡、安葬、丧宴、圆坟、服孝等过程。

1. 停葬

达斡尔族人死后，先在院门外立一根几米高的杆子，并在顶端上挂三四尺白布，预示家中有丧事。然后由老人或子女为死者更着寿衣鞋袜、剃头洗脸。并将尸体首北足南停放于西炕沿下的铺板上，面遮白布，摆灵桌，置酒、肉、饭菜、水果等。在尸体左侧放上烟袋。达斡尔族人守灵是很讲究的，儿子们用白布缠发，跪于灵前足侧；儿媳妇则散发蹲于灵前之首旁；女儿蹲在灵桌旁。供香，夜间点长明灯于灵桌上。

在停灵期间，要火速派人到外村通知亲属及死者生前好友。亲朋、好友及邻里要前来吊唁或给遗体行装烟礼。死者家人要以哭应对，同时要给前来吊唁的长者跪着敬烟，而吊唁者要说一些惋惜的话。若与死者是平辈的关系，吊唁者则行蹲哀礼；若死者是长辈，吊唁者要先给死者儿子行请安礼，接着向遗体跪拜。此间，儿女要昼夜守灵，并给前来的吊唁者还磕头礼。

2. 入殓

第三天或第四天，在所有亲属都到齐后，移灵出室入殓。达斡尔族人所使用的棺材与有上脊的满式棺材相同，为上窄下宽、前壮后小的形状，外涂红漆。在入敛前，用线网包装死者生前所用的餐具、烟具、刀具和一袋米谷等放入棺材内，过去还放刀、弓箭等武器。再剪一圆形金箔，贴在棺材的左侧，一弯形银箔贴于右侧，喻为死者在赴“彼岸世界”途中仍有太阳、月亮相伴。同时，手握瓜子和桨（小型木刻品）。由直系亲属抬起尸体，由东向西绕行三圈后，抬出房门，殓入棺材内。一般停灵三天，此间，死者儿女要昼夜守灵，并举行三尊三哭仪式。即每到固定的时辰时，要由一家族的长者组织死者儿女进行哭悼仪式。每次都要有悼词，并倒酒、烧纸钱。

3. 开吊

通常情况下，如果在死者去世的当天举行出灵，则不用择日，但若隔天出灵，需择日。在出灵前，要举行庄重的祭灵仪式。前来参加祭灵的亲属好友要携带金银箔或现款。在举行祭灵仪式时，过去杀牛、马，现今杀猪、羊。届时，按照各自的辈分和与死者的关系找各自的位置。一般第一排是死者的女儿，第二排是死者的儿子，第三排为死者的侄子，第四、第五排为族内亲属和生前好友。晚辈跪，平辈立。由一长者诵读祭文，大致内容主要包括死者的姓名、年龄、籍贯、死因、日期、简历，以及送葬的金银箔钱数、宰杀牲畜数和亲朋好友送来的祭钱、物等。诵读后，洒酒、磕头、宰杀牲畜等。下午款待前来参加出灵的人们，即为“告灵饭”，晚上还要提供“夜席”。

4. 出殡

次日，出殡前要在灵前烧金银箔和祭文后，由长子、长媳走在灵前，其他人按顺序紧随其后。以前，不管离墓地多远，都要将棺材抬到墓地。后来改为用牛车、马车拉。

5. 安葬

以前，每个莫昆都有自己的公共墓地，称为“拇恩竿”或“花仍”，后来随着人口的增多，分化出家族坟地。目前达斡尔族基本上每家都有祖坟，立有墓碑。墓地通常设在大路旁的土岗上，或风水好的地方。到了墓地，将棺材置于事前挖好的墓穴中，调好方向，由长子先添三锹土，众人开始动土覆棺，堆成一个小丘。在墓前，将祭品连同死者生前常用的衣物全部焚烧。

6. 丧宴

安葬结束，死者家人要用早已准备好的手扒肉和酒菜招待送葬的亲友。在散席前，死者长子要给送葬的亲友依次磕头、敬酒，以表谢意。

7. 圆坟

死者入土后三天，子女要到坟前去添土圆坟。此后周月、百日、周年、忌日都要举行祭奠活动。这与汉族的习俗是相同的。

8. 服孝

从长者去世开吊起，孝子开始服孝。根据与死者的辈分和亲疏程度，达斡尔族服孝的形式和服孝期也不同。一般死者的妻子、儿子和亲侄为全身着白孝衣，其中长子要外着白马褂，服孝百日，百日后要脱白马褂后着素服3年。女子戴白布孝帽、穿白鞋。死者第三代叔侄和弟弟服孝两个月。五代以内的侄孙，服孝一个月。系白带于腰间。若舅死无子，则由外甥来服孝，服孝期长短于自己的亲生父母相同，为百日。

现在，达斡尔族人的丧葬习俗已经发生了很大的变化。有些带有宗教迷信色彩的葬俗和繁琐的仪式得到了简化，甚至有些仪式被废除。葬礼是人生的最后一件大事。当一个生命结束的时候，每一个活着的人都要尽自己的力量帮助、处理好逝者的后事，使逝者能够顺利归天。这既体现了村民团结互助的精神，又反映了新的民风民俗。但是，在这里值得我们关注的是达斡尔族人口的平均寿命比周边其他民族短，人均年龄超过 55 岁的仅占 5.44%，尚不足全国老龄人口的 1/2，个别村屯超过 70 岁的老人很少。民间普遍认为一是达斡尔族农民饮食结构不合理；二是村民饮水可能有一定问题。真正的原因是什么？有必要继续认真地调查研究和深入探讨。

第七章 物质文化

第一节 民族服饰及其功能

服饰是民族文化的重要载体，也是理解民族文化的重要途径。它是在特定的自然环境、历史时期和生产生活方式等条件的影响下逐渐形成的，具有重要的实用价值和欣赏价值。达斡尔族服饰主要分为男装、女装和佩饰。

一、男装

传统上，达斡尔族的男装具有鲜明的民族特色，正如巴图宝音先生在《达斡尔族风俗志》一书中写到："早在清代达斡尔族男装为冬季穿绒毛的狍皮袍，达斡尔语为'哈日密'和带毛皮裤。有时在狍皮外加鹿或犴皮马褂，皮轻而厚实，箭矛不易穿透。下摆前后开衩，又轻又暖；春秋穿毛短毛稀的狍皮衣，达斡尔语称为'布贡其德力'。皮板厚实，挡风耐磨；夏季穿光板皮衣，皮裤。达斡尔族在清代和清代以前，基本穿皮衣；只有少数人从清代开始穿布衣。"① 该书从民俗研究的角度对达斡尔族服饰进行了详细的分析，并将达斡尔族传统的服饰总结为"蓝衣摆下狍腿靴"。

从上述资料中，能够看出达斡尔族的男装以皮制为主，所用的主要材料除了大部分用狍子皮外，少量的还用狼皮、狐狸皮和

① 巴图宝音著：《达斡尔族风俗志》，中央民族学院出版社，5页，1991。

狗皮等。

1．“哈日密”

是达斡尔族服饰文化中的精华，是用春夏和初秋时猎获的狍子皮制作的皮袍。由于此时狍子身上的长毛基本脱落，因此，特点是毛稀而短，皮质结实。长短随意，用于上山打猎，或伐木放排时穿着。一般扣子是用黄铜做成，钉在前襟的右侧，呈圆形。狍子皮朝外做的皮上衣叫“果罗木”，在打猎时用于伪装。达斡尔族人还习惯在狍皮袍外另加一件用鹿皮做的马褂，主要是在作战时起到保护作用。

2．帽子

达斡尔族人普遍戴用狐、猞猁、水獭、貂、狼等兽皮做的帽子。毛朝外的狍头皮帽子，达斡尔语称为“密雅特玛格勒”。主要是用狍子的眼、鼻、耳的皮朝外做帽面，狍子耳朵竖起，用上述其它动物的皮毛做帽耳，也是外出打猎时起伪装、防御的作用。

3．靴子

足登“奇卡密”、“塔特玛勒”。达斡尔族人喜爱穿靴子，从设计的角度来讲，便于骑马、保暖。达斡尔族传统的靴子用狍腿皮拼缝鞋面，用鹿脖子皮做靴底。靴面毛朝外，里边穿狍皮袜子，垫乌拉草，轻暖柔软，吸汗防潮。穿上这种靴子，不仅轻便、美观，而且不沾水、防滑，适合冬季涉雪时穿。随着猎获物越来越少，达斡尔族人开始用棉布面来做靴子面，代替狍皮面。

4．手套

达斡尔族人用狍皮制作的手套，达斡尔语为“博力”。达斡尔族的手套分为三种：一种是大拇指单独为一个套，而其余四个手指同用一个套的称为“哈奇博力”。一种是与上面相同，但是在手腕处有一开口，使手指灵便伸张，达斡尔语称为“额莫替博力”。一种是五个手指各自分开的，单独为一个套，达斡尔语称为“霍若博力”。这种手套一般在腕口、手背、关节等处绣上花纹和图案，使其更加美观。

目前，这些传统的狍皮大衣、手套和靴子等，在达斡尔族社会中很难找到，只是以“珍藏品”的形式在个别的老人家中能够看到，平日里的穿着，与汉族基本相似。

二、女装

过去，达斡尔族妇女的服装，以布质为主，夏、春、秋三季，天气比较暖和，妇女穿旗袍、布裤、布上衣；冬天穿棉长袍或棉上衣、棉裤，在外面罩上马褂或坎肩。女性的衣、袍袖子都较宽，袍子一般开右衽，在左襟下摆有开衩。其余的不开衩。在衣领、开襟、下摆、袖口等处缝上镶边。民国以后，布料渐渐取代了皮料，款式也有很大变化。特别是妇女服装，根据不同季节，穿棉、夹、单布料衣、裤。妇女结婚时都要做几件面料较好、比较华丽的服装，外面罩艳色大绒长坎肩，穿绣花鞋。普遍喜欢戴头饰、耳环、手镯、戒指等装饰品。衣襟上佩戴绣花荷包和手绢，专为老人或客人敬烟时用。

根据年龄的不同，衣服颜色也不同。一般情况下，老人的长袍以蓝、灰、褐色居多，长袍外着长过膝盖的黑色缎子上衣或外罩；中年妇女的衣服颜色相对来讲比较鲜艳，而且还绣有各种花纹图案，并镶上不同颜色的花边，做工考究。家庭经济情况较好的，每逢喜庆佳节穿绸缎服装。参加婚礼或外出探亲，长袍外加绸缎面的貉皮、灰鼠皮、山猫皮等斜襟坎肩。这些不同款式和色彩的服装，表现了达斡尔族人特有的思维方式，把具体的款式和色彩变成了一种特殊的符号，并赋予它象征意义，是一种表达感情、交流思想的工具。

1. 绣花鞋

绣花鞋是与绸缎服装相配套的。达斡尔族的绣花鞋也是用绸缎做面料，鞋底很厚，穿布袜子。在达斡尔族社会里，女孩一般在十几岁的时候，就开始和母亲学习刺绣和针线活。在女子出嫁时，自己要带上绣花鞋、烟荷包和绣花枕头，同时还要给自己的未婚夫和小姑子们带上自己亲手绣的绣花鞋。下面的舞词，表达了达斡尔族姑娘们在绣绣花鞋时对未婚夫充满的无限期待。

千层底，绣花帮，
给我的情人做鞋忙，
左只绣上龙花样，
翻山越岭添力量，
右只绣上凤花样，
渡江跨海心不慌，
黑布面，白布里，
妹妹亲手做一双。

2. 女帽

妇女的帽子达斡尔语为“都如本奇克提玛格拉”。从表面上来看，形似用各种颜色缝制的四只耳朵。里面衬有“帽桌子”，外型似三角形，两个角上各自带有绣花绲边的扣子。

冬用女帽帽套达斡尔语为“库金”，女式帽套毛边达斡尔语为“海哈勒”。还有一种是里外皆有毛皮的平顶圆帽或双缨帽。

3. 童帽

达斡尔语为“米亚日特玛格勒”。是由兽头皮染上各种颜色，并用金银线绣出狍子、狐狸、狼的耳朵口鼻及各种美丽的图案。儿童们戴上这种帽子十分的招人喜欢。大部分达斡尔族人给男孩戴这种帽子是为了让孩子更加勇敢。尤其是用天然的狍子皮做的帽子，双耳挺立，侧有犄角。

在调查中我们发现，达斡尔族妇女的服装无论是从款式上，还是从色彩上，都有了很大的变化。尤其是年轻的妇女们，她们身着时尚艳丽的服装，可与城市里的妇女相媲美。

三、佩饰

达斡尔族人除了为狩猎和御寒的需要而穿的服装外，还在服装上配有腰带、烟具、佩刀。这些佩饰给达斡尔族的传统服装增添了几分特色。

1. 腰带

达斡尔族的男子普遍扎腰带，缠黑布带，达斡尔语为“波斯”，这是达斡尔族人必须遵守的族规。腰带围腰需缠绕几层，两端分别掖在背后两侧，呈对称下垂。到了清朝末年，开始出现一种羊毛的腰带。民国以后多数达斡尔族人扎青布、蓝布腰带。达斡尔族人在出门时要扎5米长左右的腰带，平时的腰带则没有那么长，干活的时候就把衣服的前襟掖在腰带里。在腰带上要挂有烟袋、火镰和配刀等装饰物品。习惯上，男子将烟荷包和小烟袋、火镰等均挂在左侧腰带上，带鞘的猎刀挂在右侧腰带上，装烟荷包的皮条末端，要拴上一个干核桃，掖在腰带的下边，以免烟荷包从腰带上滑落。

2. 佩刀

世代生息繁衍在中国北方的达斡尔族，主要靠渔猎维持生存。因此，佩刀成为传统服饰中不可缺少的一项内容。刀柄和刀鞘都用黑桦木做成，用金或银将刀柄和刀鞘铆穿，镶上古朴美观的星形或圆形的中空小花。有的还可以用一根细绳从小孔中穿过，把刀固定在刀鞘上，防止刀鞘颠落，尤其是骑马作战或外出打猎时。

佩刀不只是一种装饰，有时客人来家中做客，主人通常情况下是不特意给客人准备刀具的，客人用自己随身带的刀子来切手扒肉。因此，佩刀具有实用的功能。

3. 烟具

由于烟在达斡尔族人的生活中必不可少。所以，伴之而出现的烟具也就成了达斡尔族人烟文化中不可缺少的一个因素。男女腰带或大襟上挂有烟具，已经成了一种特殊的装饰。

达斡尔族人的烟具也十分别致。其中装烟用具和装饰品“卡日特勒革”非常精致。主要分为皮制和布制的两种：皮制的“卡日特勒革”下部以兽皮为料，毛朝外，把兽皮依毛纹、色泽剪出窄条，拼出有变化的纹理。上半部分拼缝黑色绒布作为装烟口，上面绣上一些暗花纹，古朴典雅。布制的“卡日特勒革”则十分清秀，在各种颜色的布、锻上刺绣各种图案。这种“卡日特勒革”的外型花样很多，如有葫芦形、石榴形、花瓶形、钱袋形等，做工讲究，色彩明快艳丽，结实实用。

烟袋，达斡尔语称为“代热”。烟袋由烟袋嘴、烟袋杆和烟袋锅组成。烟袋嘴一般是用刻有各种造型图案的玉石、玛瑙和翡翠坠子来装饰的，并精雕细做而成。达斡尔族人主要用铁做锅子，把杏树根挖心去皮后套在铁质锅子上。烟杆是用银、铜或木制作的，大约 30～60 厘米不等，饰有各种花纹。将铁制锅子和烟杆接上，最后再将烟嘴接上。

达斡尔族的男人多数用短杆的烟袋，中老年妇女用长杆烟袋。新婚妇女用的是细杆、细嘴的烟袋，这种烟袋比较透气。大多数妇女所使用的烟袋杆上，还装饰两个小银环。

近几十年来，受到周围其他民族的影响，达斡尔族人开始用纸条卷烟叶，而且这样的人群也越来越多。但传统的使用烟袋吸烟的习俗仍然保留着。

与其他兄弟民族一样，达斡尔族也有使用荷包的习俗。达斡尔族人的荷包不是用来装针线和钱等物品的，而是用来装烟的。

服饰文化，作为文化的一种表现形式，它是在交流过程中得以传播和延续的。新中国成立后，达斡尔族与周围其他民族在长期的交流中，民族服装的制作技术、用料、款式都趋于现代化。各民族互相取长补短，有很多相似之处。比如现代生产技术条件下生产的“织锦缎”，这种面料色彩艳丽，更显富贵，普遍受到各民族的喜爱。

随着时代的发展，现在除一些老年人穿长袍外，大多数人都穿时装。平日生活中，达斡尔族人的服装与汉族的服饰完全相同，只是在重大的节日里，男女老少都会穿上自己的民族服装，尤其是阿涅节。

1998年以后，国家实施“天保工程”，打猎活动受到了严格的限制。因此失去了以猎物皮毛作为材质的服装。如狍皮、狐狸皮等等，都成了“珍贵”皮毛。环保组织和野生动物保护组织及爱护动物协会也反对人们穿“兽皮”服装。

在美丽的莫力达瓦山周围的达斡尔族村屯中，随着现代生活方式对民族文化的冲击及与周围各民族的密切交往，特别是商品经济的发展，生活节奏的加快，人们的传统观念开始变化，很多年轻妇女不如母辈那样专注于缝制传统服装，他们的手工活也显得很粗糙。年轻的女孩普遍到市场上买现成的服装。因此，列宁装、中山装、军装、牛仔装、西装和休闲装根据时代的发展和审美标准的变化而一一走进达斡尔族人的衣柜。那些传统的民间手工缝制的服装，逐渐被现代工业生产的服装所代替。大多数的年轻人衣着时尚，紧跟时代潮流。妇女们越来越喜欢穿时尚流行的服装。但是每一位达斡尔族人几乎都有本民族传统的服装，每到民族节日时都会自觉地穿上，这是一种民族认同心理的具体表现。自从国门打开后，达斡尔族服装也开始走向时装化。这些现代、时尚的服装逐渐地成为村里的年轻人的崇尚。在调查中，发现我们走访的几户年轻人家庭，很多新婚不久的家庭中都挂有大幅的结婚照，新郎穿西装，新娘披婚纱。偶尔，一些中年、老年人也会着上民族服装。但这些民族服装也都是从附近的商店里买来的，做工、用料和款式都增添了几分流行因素和现代的审美观念，迎合了现代人的品味，又使达斡尔族服饰跟上了时装潮流的同时又很好地保留了民族服饰文化。

阿尔拉村村长SY，身着淡绿色的中山制服衬衫，下穿长裤，脚上穿一双黑色的布制鞋。另一位陪同的老同志GLS，头戴一顶白色的运动帽，身穿一件浅灰色的夹克服，下穿一条灰白色长裤，脚上穿一双运动鞋。在阿尔拉村像他们这样穿着的人很普遍，从他们的外表上已经分不出民族的成分。在与当地村民的谈话中，还了解到，现在除了冬天穿的棉衣、棉裤外，村民已经不再自己花大量的时间去做衣服，一般都是到商店购买各种色调、款式的服装。生活在这里的达斡尔族人与生活在都市里的年轻人的服装和发式基本上没有什么不同。在这里，我们看到了染成棕色头发的姑娘和小伙子。这种现代化都市里的"哈韩""哈日"一族，对这个偏远小村的影响力是不可低估的。

达斡尔族的服饰文化中积淀着历史的、社会的、习俗的、文化的、宗教的诸多丰富的内涵，作为人类文化的表现形式之一，成为不同时期生产力水平发展的重要标志，也反映了变化中的社会关系和丰富的民族意识。达斡尔族的服饰蕴藏着审美情趣、审美理想、审美追求，折射出达斡尔族的民族性格和民族心理。

第二节 饮食消费与结构

饮食是人类生存的基本条件之一，是生活中必不可少的一项重要内容。达斡尔族的饮食文化不仅是区别于其他民族的主要标志之一，同时，更主要的是达斡尔族繁衍、生息、发展的根本支撑。从食品制作到食用方法的整个过程，充分反映了达斡尔族的社会经济状态和民族文化的鲜明特征。

一、日常饮食

在达斡尔族社会里，从事劳动的人们为了补充体力、增加营养的需要，人们通常一日三餐。主要以米面为主，以奶、肉、鱼、菜等为辅。其中：将稷子、谷子、糜子、燕麦等碾成米后，焖成干饭。也常吃面条、饼和稠粥。稷子经过锅蒸、烘干，碾成米后，蒸成干饭，达斡尔语称为“敖苏莫布达”，吃时口感松散，清香可口。通常情况下，达斡尔族人喜欢在焖干饭时再加上一些芸豆，称为大豆干饭。吃时泡上酸牛奶或配以小鲫鱼汤，味道则更为鲜美。达斡尔族人还按照各自的喜好做成肉粥、奶粥或炒面、炒米。肉粥，达斡尔语称为“希日莫勒布达”，喷香可口，既能充饥，又能增加热量。奶粥，达斡尔语称为“索提查”，则是达斡尔人的日常食品，吃时拌以奶油或奶皮子。炒面，达斡尔语为“那仁合格”，类似于汉族的油茶，用来拌糖冲奶喝。炒米，达斡尔语为“布古鲁合格”，既可嚼吃，也可泡奶茶吃，是野外劳动时经常携带的食品。

达斡尔语把经过加工碾成米的大麦称为“木器给勒”、燕麦称为“夸林颇”。这些也可以做成干饭或稠粥，拌以禽汤或鲜、酸牛奶。老年人更喜欢在粥里加上狍子肉。

二、主食

自然地理环境对一个民族的饮食文化有很大的影响。达斡尔族人所居住的地理环境和自然气候条件决定了达斡尔族人的经济文化类型。如在小麦、大豆等作物传入达斡尔族地区前，达斡尔族农业主要种植燕麦、荞麦、大麦、稷子、糜子、黑豆、苏子和烟叶等成熟期短的粮油作物和经济作物。由此，燕麦、荞麦、大麦、稷子等也就成了达斡尔族的主要食品。达斡尔族人把这些农作物的果实加工成米、面，在饮食中既可焖干饭、熬粥，也可烙饼、蒸干粮、包饺子、擀面条、蒸豆包。在这些看似与汉族相同的食品中，又都各有特色，别具风味。

（一）面食

达斡尔族人喜欢吃面食。其中，荞面最有民族特色。

1. 荞面饼

达斡尔语称为"绰莫吾图莫"。这是达斡尔族人生活中最常见的一种面食。其做法是先将荞麦面和好，醒透，揪成剂子擀成饼，然后下到用狍子肉或野鸡肉烧成的汤锅里煮熟，连汤食用。另外，还有一种用死面做成的中间有眼的饼，达斡尔语称为"巴尔楞"。放在火炭或火盆中烤熟，吃时抹上一些奶油，酥松香脆，主要用来哄小孩。

2. 荞面条

也是达斡尔族人喜欢的面食。其食用方法可以清煮，也可以混汤；可以热吃，也可以冷食。达斡尔族人在食用荞面条时，常常要加上酸奶或奶油。我们在调查期间，有幸在尼尔基镇上吃到荞面条。据老板讲，将用机器压好的荞面放到热水锅里煮熟，然后捞出用冷水投凉，放上肉末酱或韭菜末即可食用，类似山西的刀削面。

3. "达勒布达"

还有一种与面条相似的食品，达斡尔语为"达勒布达"，制作时先将锅中的水烧沸，再把和好的荞麦面团放在一块钻有筛子眼的牛肩胛骨上，用力挤压面团，使其从眼中直接漏进锅内，待熟后捞出浇上些用沙半鸡、野鸡或飞龙等野味勾兑的卤汁即可食用。也有的先用锅中的水将狍子肉或蔬菜做成混汤，煮熟后原汤进食。这种面食别具风味，深得达斡尔族人的喜爱。清代学者西清在《黑龙江外记》中曾记述"荞麦……面宜煎饼，宜河漏，甘滑洁白，他处所无。河漏，挂面类，俗称'合漏'"。达斡尔族人在用早餐时，多数人喜欢吃稀饭，特别是冬季，为暖和身子，将荞麦面和好，搓成面条，用右手捏成小片下锅，煮熟与汤一起食用。

（二）荞麦饭

1. 荞麦饭

达斡尔族人喜欢吃荞麦饭，达斡尔语称为“哈乌勒”。将荞麦干饭泡上酸牛奶，这种吃法不仅滑润爽口，而且开胃，更有助于消化，而且还具有很高的营养保健作用。

2. 奶疙瘩饭

在荞麦食品中最好吃的要数奶疙瘩饭，达斡尔语称为“瓦尔勒拉里”。这种饭往往是宴请亲朋好友的首选佳肴，其做法是用粉碎后的荞麦糁子加上少量芸豆或豌豆煮成黏干饭，达斡尔语称为“拉里”，再泡上经过发酵而结成小块的奶疙瘩，达斡尔语称为“瓦尔勒”。

（三）苏子饼

苏子饼也是达斡尔族人喜爱的一种面食。一般用荞面和白面作为原料。做法类似于汉族的糖饼。将苏子炒熟捣碎，拌上白糖或红糖为馅儿，放到擀好的面饼中，包好，放到锅里烙熟，即可食用。

苏子，不仅可供食用，而且也是经济作物。2005 年，尼尔基镇西博荣村，每户农民都有 3 亩左右园田地，利用这些园田地种植苏子，每亩成本 3～5 元，收入可达到 1000～2400 元。

（四）黏食

达斡尔族人很喜欢吃黏食，如黏豆包和黏糕饼子。其做法是将糜子脱粒成米，再将米磨成面，做成黏糕饼子或黏豆包。吃时蘸上糖或拌上热猪油和大豆做成的酱，味道可口。

（五）饺子、包子

在重大节日里，达斡尔族人喜欢吃饺子或包子。每逢“阿涅节”（春节），在农历三十晚上守岁时，特别讲究吃饺子。达斡尔族人与汉族人有相同的习俗，即在包饺子时，喜欢在饺子馅儿里放上各种小东西，如铜钱、糖块等。在人们的意识里，这是一种吉祥的象征。据说在吃饺子时，吃到这些吉祥物，预示在新的一年里就会吉祥如意、心想事成。“达斡尔人的春节是在喜庆的烟雾缭绕的气氛中度过的，从大年三十傍晚到正月初六，家家户户都要在大门前点燃一大堆干牛粪，因为传说大年三十这天晚上是鬼节，各家的已亡人的灵魂都要回家省视，而这些亡魂中，也夹杂着一些无主野鬼的游魂，所以不敢得罪他们，只好以好酒好饭招待。当守岁饺子煮好进食前，男主人首先要端些酒菜和饺子，面向火堆恭敬一番，然后将它们投进火里，祈求祖神保佑全家在新的一年里人畜兴旺，五谷丰登，也祈求那些游魂不要兴妖作怪，把灾难降给他们。达斡尔人这一祈祷习俗，起到了平衡人们精神生活的作用。”① 目前，达斡尔族人通常用一些干柴来代替干牛粪。

三、副食

（一）肉食

游牧时期，达斡尔族人主要是以牛羊肉为主食，同时也吃猎获的狍子、野猪、野兔、野鸡、飞龙、鹿肉。吃法有熟吃和生吃两种。熟食有煮、烤两种，达斡尔族人喜欢大块煮肉，煮肉时放入大量山花椒作为调料。更喜欢吃手扒肉，把带骨头的肉在锅中煮熟，盛在盆中端在炕桌上，家人团团围坐，每人拿起一块肉，用刀割着吃。吃时还要蘸韭菜花或白菜末、盐，味道颇为鲜美。生食即生吃野兽的肝、肾，认为这样能补养身子。

近代以来，随着达斡尔族居住区域和生产方式的变迁，达斡

---

① 王永曦等：《浅谈达斡尔族饮食文化中的荞麦食俗》，载《黑龙江民族丛刊》，111—112页，1994（2）。

尔族的生活方式也发生了变化。开始以猪肉为主，辅以牛、羊、家禽或猎获的各种兽肉。喜欢吃炖菜更善熘炒，尤其以吃手扒肉为贵，手扒肉是招待宾朋或重大节日宴会上必不可少的一道佳肴。吃时放上盐和韭菜花，香嫩可口。达斡尔族人与汉族、满族人一样喜欢吃血肠，尤其是老年人。同时，烤狍子肉是达斡尔族人普遍喜欢的美味之一，每当猎获到狍子后，先把狍子肉切成小块串在柳条上，架火烘烤，待把狍肉烤到外焦里嫩时即可食，是上等的美味。在古代社会中，传说吃肝能增强视力，有助于发现和猎获猎物。因此，猎人也有生食新鲜狍子肝的习惯。自“天保工程”实施以来，达斡尔族的自然保护意识逐渐增强，很少有人从事狩猎。因此，狍子肉等在达斡尔族的餐桌上已经很少见了。从某种意义上说，由饮食能够考证一个民族文化的发展轨迹。

（二）奶食品

达斡尔族多数人家善养奶牛。他们通常把牛奶加工成奶茶随时饮用。用牛奶煮面片；用牛奶泡饭；用奶茶当饮料；用奶疙瘩招待客人；用奶皮、奶酪供孩子们食用。

（三）菜肴

达斡尔族人在定居后，逐渐开始种植白菜、豆角、土豆、萝卜、黄瓜等。一般以白菜为主，吃法也很特别，达斡尔族人喜欢把白菜磨成碎末，放入蒜泥、辣椒末、适量的盐，味道清香可口。达斡尔族人更为喜欢吃韭菜末。

同时，达斡尔族人历来有吃鱼的习惯，最常吃的鱼有鲫鱼（达斡尔语为“克洛特格”）、鲶鱼（达斡尔语为“碟古”）、嘎牙子（达斡尔语为“爱快”）等，主要吃法是清炖。达斡尔族人喜欢用鲶鱼或嘎牙子鱼炖柳蒿芽，这是达斡尔族人独具特色的民族风味食品，也是招待客人的上乘佳肴。

（四）饮品

达斡尔人的饮料非常丰富，除了鲜牛奶、酸牛奶、奶茶之外，还喜欢喝用红茶或砖茶煮的浓茶，如果没有红茶、砖茶，便上山采集些小黄芪的叶子，晾干泡水喝。达斡尔族人喜欢把山丁子、蓝莓、稠李子、榛子、刺玫瑰等磨成粉，掺和到一起冲饮；把桦树汁接到容器内，加工成稀汁，也是达斡尔人特有的民族风味的上等饮料。

四、烟

达斡尔族人不仅善于经营农牧业，而且“在长期的生产实践中，达斡尔族人在烟的种植、加工方面形成了独特的方法和技艺，也形成了独具特色的烟具和用烟礼仪，从而构成了很有内在特色的民族文化现象。”①

过去，人们一说到达斡尔族烟，总会想到“东北三怪”之一的“十八岁的姑娘叼个大烟袋”的画面。它生动形象地描述了达斡尔族的吸烟习俗。今天看来，这句话要稍做变动，可能吸烟姑娘的年龄要增加几岁。但无论如何，达斡尔族的“烟”已成为生活中不可缺少的一部分内容。吸烟对于达斡尔人来讲，不分男女都喜爱。达斡尔族社会中有“入座烟交换，空筵酒互倾”的风俗。家里来客或外出做客时，还讲究进烟仪礼，以示互相尊重。

因此，种烟就成了达斡尔族人生产中的必须环节。论及达斡尔族的种烟习俗，已有很长历史。按照达斡尔族人自己的说法，他们的祖先已经有几百年的种烟经验。早在《黑龙江外记》中就有记载：“人家隙地种烟草，达呼尔则一岁之生计也。”

旱烟，又称叶烟。达斡尔族人对叶烟的栽培极为细致和下工夫。在种烟前，先要泡种催芽。把烟种装在布口袋里，每日在清

① 毅松：《达斡尔族的种烟和用烟习俗》，载《黑龙江民族丛刊》，1998（3）。

水中浸泡一次，取出来后，挂在通风处。待几天种子就会发芽。到立夏时节，人们就开始挖池子做苗圃，达斡尔语为“熬如古”。苗圃一般是用柳条编制的篱笆或木板围成的。再将一些柔软、疏松的土倒进池子里，浇水、撒种，并用筛子在上面筛上一层细土。为了让烟苗长得更直、更挺，在土上面要盖上一层小卵石。此后的每天早晨都要浇一次水，夜间还要用草袋等苫盖，以免夜间温度低，冻伤烟苗。

在烟苗成长期间，达斡尔族人要开始为即将移植的烟苗做准备工作。首先要施肥、起垄。待几天后，绿绒绒的幼小烟苗就从卵石缝隙中钻出来。烟苗大约长到两寸高的时候，要将水浇透，把烟苗拔出，移栽到烟地里。一般情况下，为了便于田间管理，每两垄之间要留一宽垄，大约相距两尺。两棵烟苗之间大约相隔六寸。之后，为了保证烟苗的成活，每天要及时浇水。在没有发明水利灌溉之前，达斡尔族人靠人工挑水浇烟，可见当时种烟已经很下工夫。一个月左右后，此时，烟苗大约长到半尺高，开始锄草、打底叶、培土，待烟叶长出来后，要给烟掐尖、打杈；大约到白露时分，便可摘烟叶。

烟叶长大成熟时，根据茎上不同的烟叶成熟情况，实行分层摘收。在长期的生产生活中，达斡尔族人形成了按顺序来收割烟叶的习俗，共分为四个层次：首先要收烟底叶，达斡尔语为“瓦勒当格”；接着收顶烟叶，达斡尔语为“霍日当格”；然后收腰烟叶和腰枝烟叶，达斡尔语分别为“贝当格”、“索多思当格”；最后要收底枝烟叶，达斡尔语为“萨列日当格”。把烟叶放在铺满艾蒿的地上，分别用黄蒿盖起来，等到烟叶沤成黄色变蔫时，把烟叶用早已备好的长扁穿针和麻线一叶一叶串成串，挂在木椽上，晒干。之后，用大柳条筐装上，放在锅上用热气蒸后，放在木制的模子里，上面压一块石头。两三天后，将烟叶压成宽一尺，厚两尺的烟块。取出烟块，并给烟块按照品类编号。通常情况下，所成的烟块大致分为三个等级：上等烟，达斡尔语为“霍日当格”；二等烟，达斡尔语为“背当格”；三等烟，达斡尔语为“硕杜子当格”或“萨列日当格”，这些优质的烟叶享誉东北地区。

每年秋天把烟叶割下晒干，然后喷酒蒸透，趁潮卷成高约寸许类似雪茄的烟卷，晾干后贮存备用。吸烟时，将烟卷插入烟袋锅中，点燃后即可吸，可以一次吸完，也可分次吸。

这种吸烟习俗一直流传下来，已经成了达斡尔族人生活中不可或缺的一部分。而“烟”是构成达斡尔族物质文化中的一大特色。有关烟具和烟礼在本书的第四章专门介绍，不再赘述。

目前，达斡尔族民族村屯开始发展庭院经济，尤其是阿尔拉镇，该镇种植黄烟有着悠久的历史，生产的黄烟也远近闻名。政府大力鼓励村民因地制宜，逐步发展黄烟产业。市场前景乐观，有一定的开发潜力。同时将达斡尔族传统的种植烟叶技术进行推广，并计划开发烤烟基地。

在调查中，每到一户都能看到在土炕上放有烟盒。目前，只有老年人才吸自家生产的烟，大多数年轻人吸所谓的“洋烟”，即从城里买来的外地产的香烟。但无论何种形式，在达斡尔族社会中，吸烟已经成了生活中的一个内容，这也可能是当地人身体健康状况下降的一个很重要的原因。在研究一个民族传统文化中，要看到隐藏其背后的深层社会现象。

五、野菜

达斡尔族有吃野菜的习俗。清初以来，达斡尔族就以大兴安岭与嫩江流域为故乡。当时征战频繁，达斡尔族男子多数在外征战、戍边，有的甚至战死于沙场，给家庭造成不幸和贫困。独特的地理环境及特殊的历史时期，达斡尔族妇女为了生存和发展，靠吃野菜来维持生存，并积累了很多采摘野菜和吃野菜的经验。

野菜种类主要有：柳蒿芽，达斡尔语为“库木勒”；山里混，达斡尔语为“满给斯”；粘根菜，达斡尔语为“莽格热则”；野山葱，达斡尔语为“洪格热”；小根蒜，达斡尔语为“曼齐”；灰菜，达斡尔语为“可日勒”等。

1. 柳蒿芽

我们对“柳蒿芽”的印象十分深刻，因为来到莫力达瓦达斡尔族自治旗的第一天就品尝到这道富有民族特色的菜肴。

柳蒿芽，是达斡尔族传统的野菜。这是一种一年生的草本植物，属于菊科、蒿属，主要分布在我国的东北、日本、俄罗斯西伯利亚等地的河谷，散见于其他地区水草丰盛的地方。达斡尔族人吃“柳蒿芽”有文字记载的历史超过三百年。早在《黑龙江外记》[①] 中就有对达斡尔族采集柳蒿芽的记载。外型类似艾蒿，但外表十分光滑、翠绿。每年五月，绿草如茵、百鸟欢唱的时候，达斡尔族妇女头包毛巾，腰扎围裙，三五成群，走出村屯，到江河湖畔、沟边壕沿，采集柳蒿芽。一般情况下，妇女们将采集的柳蒿芽，趁新鲜时食用，有时也可以晒干后保存，以备冬天食用。柳蒿芽味道苦香清爽，是具有清热解毒作用的药膳菜肴。

具体制作方法是将新鲜的柳蒿芽，用清水洗净，放到锅里，用开水焯，然后将水分挤净，再用清水洗再三次，剁碎，用水煮。同时可放一些肉块、肥肠、排骨和饭豆等，并放少许盐。调配好后，再用锅煮一小时左右，便可食用。过去，为了冬天食用，有的人家把柳蒿芽晒干后贮藏起来；还有的人家把柳蒿芽用开水焯后摊开晒干贮藏，这样处理过的柳蒿芽炖出来的汤颜色鲜嫩；时至今日还有人家把用开水焯过的柳蒿芽攥成团，放进冰箱里，这样调出的柳蒿芽汤既鲜嫩又好吃，与新鲜的柳蒿芽相差无

---

① 成书于清嘉庆十五年，即1810年。

儿，而且可以常年食用，方便快捷。现代工业技术可使鲜野菜速冻，而且野菜加工厂已经建立，柳蒿芽成为绿色食品出口日本等国。

目前，在达斡尔族居住地周围的山上，每逢端午节前后，就可以看到漫山遍野的柳蒿芽。越来越多的人开始接受柳蒿芽。在呼伦贝尔市、齐齐哈尔市和哈尔滨市的星级饭店里都有柳蒿芽菜。在达斡尔族民俗村，许多游客专门为品尝柳蒿芽远道而来。

2. 山里混

达斡尔族人除了喜食柳蒿芽外，还常吃山里混。山里混是一种形似韭菜的野菜。新鲜的山里混，有一股淡淡的韭菜味。为了保证山里混味道鲜美，通常是采摘后用清水洗净，凉拌，直接生吃。也有用于作料腌制成咸菜的。

以前，由于达斡尔族人没有冬储设施，将山里混用水煮七成熟，晒干后储藏，留做冬天食用。一般情况下，将冬储的山里混在食用的前一天放到凉水里泡，第二天用土豆、排骨等一起煮汤喝。山里混的味道有些苦涩，但清凉。如果家中来客，也可当即用开水泡开，招待客人。

3. 菌类

每年七八月份，雨水充足是采集蘑菇的黄金季节。此时，在山林间、草地上会长出一朵一朵的蘑菇。采摘后，用水洗净，可和鸡肉一起下锅，俗称“小鸡炖蘑菇”，也是民间菜肴中的佳品。还可以将采来的鲜蘑菇，拿到当地的市场卖，这也是一笔不小的收入。另外，将采回来的鲜蘑菇放在院子里晒干后，储藏起来，以备随时食用。也可以将蘑菇用坛子装起来，放上适量的盐，腌制蘑菇。

提到腌制的蘑菇，不得不谈及达斡尔族人腌制的咸菜。咸菜也是达斡尔族人较为喜欢的小菜。达斡尔族有各种各样的咸菜，如把胡萝卜和长白菜切成丝腌到一起，大萝卜整个或切成若干块腌，吃时切成细丝。达斡尔族人还腌制黄瓜。有时，还将大葱、青椒等切成条，放进煮熟的茄子中腌制，使茄子的味道更丰富鲜美。

“饮食不仅是维持人们生存的前提，也是构成民族文明的一个标志，从一个侧面体现了民族文化。达斡尔族的传统饮食习俗，与民族的历史经济发展，以及社会文化有着密切联系，是达斡尔族勤劳、智慧的创造。”①

一个民族的饮食习惯能够反映出该民族特有的民族文化。除了上述饮食习俗外，受地理生态环境的影响，达斡尔族在生产生活中形成的“烟文化”，也充分显示了达斡尔族独特的民族特色。同时，长期以来达斡尔族饮食文化中所表现出的对“柳蒿芽”的认识，“发现”其较高的医用价值。比如：清火解毒之功能都是人类对植物性能的了解和认识的一大贡献。尤其是把这种饮食文化现象转化为社会文化现象，颇有自己的独到之处。

如今，达斡尔族的饮食习俗也发生了很大的变化。我们可以看到达斡尔族的饮食习俗在保留传统文化特质的基础上又有所创新，尤其是吸收了汉族及其他民族的许多烹饪特长，从而使达斡尔族的饮食习俗内容日益丰富多彩。改革开放以来，在商品经济和市场经济的冲击下，达斡尔族村屯加快了由传统向现代转变的步伐。农民的饮食结构也向市场性消费转变。在达斡尔族人经营的饭店和餐馆中，不仅体现传统的民族特色，而且也引进了大量的川菜、鲁菜等，使达斡尔族的饮食越来越丰富和多样化。

---

① 毅松：《达斡尔族传统饮食习俗的文化特色》，载《内蒙古社会科学》，1996(6)。

第三节　民族建筑与居住条件

人类为了生存繁衍，就需要一个遮风雨、御严寒、避酷暑、防野兽的居住休憩的场所。不同族群、不同地域的人们在各自不同的社会发展过程中便形成了各异的居住习俗。在漫长的演变过程中，达斡尔族人通过建造自己的住所来营造民族世界观和价值观。

达斡尔族房屋建造十分讲究，多建在依山傍水、地势平坦的向阳之地，房屋院落修建整齐、有条理。村落多是比较宽敞的院套结构，房屋建在院套的偏南端。院门和屋门朝南开。村落少则十来家，多则上百家，园田连接，街道整齐，房屋成行。

房屋有土木结构，用草坯、土坯垒墙或砖瓦结构。一般是两间或三间，也有五间。取材松木，柱埋两三尺深。栋梁5架。墙用塔头墩子，以泥抹墙，户外两端烟囱，用于火炕通烟。

房屋分正房和厢房两种。主要依据辈分来安排居住空间。正房屋内有环形的火炕，以南炕为尊。二间房通常是西屋为长者住之。东屋是厨房。西屋有南西北三面连炕。长辈住南炕，儿子和儿媳住北炕。西炕待客，如家中有未成婚的小儿子可住西炕。炕沿和地板都讲究用实木。目前，旧式三面连炕，老少三辈同室的房屋日渐减少。

在炕沿的下方有一些向内凹的小槽。据主人介绍，这些精致的小槽是用来存放鞋子，有时这些地方也是家中宠物的栖息处。在达斡尔族的家庭里，南北大炕上一般都有高大的炕柜。在农户MHBT家，我们看到了一个典型的达斡尔族炕柜，上面雕刻着五角星、红灯笼等图案。主人MHBT介绍，此炕柜制作于20世纪50年代初期，主要用来装被褥和衣服等生活用品。

两间房的结构是仓房和住房相连。大多数房屋盖成东西厢房式，东厢房主要用来储粮；西厢房主要是放置碾推米、置磨压面，以及存放农机具和车辆等。外面用柳篱笆墙或土坯墙围起来。外院用松木障子或篱笆障子围成，用来做谷物场或秧草垛场等。房屋后院是个不大不小的菜园子，也用柳篱笆或土坯围起。

三间房的结构，中间是厨房，东西两侧住人。东屋北炕是火炕，用来堆放或烘干粮食。厨房有四个灶台，除了用来做饭外，还用来供热。

五间房的结构，正房的前墙用砖砌成，东西各有两间厢房，用来住人。东侧为火房，西侧为仓房，中间是过道。房屋正中间为厨房，两侧四间住人。正房窗前有栅栏，内种花草。院墙用柳条编制的带有各种花纹的篱笆。这种篱笆在现在的达斡尔族聚居的村屯还能够看到。我们在阿尔拉村村民 GBS 家看到了典型的柳条篱笆墙。据主人讲，像这样完好的篱笆墙并不多见。政府投资进行危房改造后，虽然房子变成了砖瓦结构，但自己家的篱笆墙还要保留。

厢房也是达斡尔族房屋结构中值得一提的。达斡尔族的厢房分东、西厢房，厢房的墙是用柳条编制而成的篱笆或用原木搭建而成。东厢房盖有楼房，用粗木托仓，开有一扇落地大门，多数用来储备粮食和生产生活用品。西厢房用石头或木板搭高，离地大约有半米左右，开有一扇小门，门前有一小平台，类似阳台，主要放置一些生产和生活用具及用作碾房。

窗户是达斡尔族房屋建设中又一个有特色的地方，达斡尔族人讲究室内光线充足并通风。所以，达斡尔族人讲究多开窗、开西窗。在房屋的南墙上设有三扇窗户，西面也设有两扇。另外，在房门两侧还各开一扇小窗。甚至有的人家的窗户能达到十几扇。窗户大多数是木制的，分上、下两扇。窗扇由大约相隔 10 厘米的窗棂纵横交错组成。达斡尔族的窗户最有特点的是，窗户纸糊在外[①]，防水耐用且透光性能好。

一般的人家要在西窗上供奉各种神。在一户达斡尔族家中的东南墙角处，能够看到挂有一个用布和棉花缝制的小人，很小，如果不仔细看，很难看到。据主人讲，这是先民传下来的习俗，家有此神，预示着人丁兴旺，平安吉祥。

如今，房屋结构也发生了不同程度的变化。新的房屋结构增加了多功能性，一般是有客厅、卧室、厨房等。

阿尔拉村村民 GS 家就是典型的旧式房屋。三间房，中间是厨房，东、西两侧各一间住人。西屋北侧有炕，炕沿是木制的。火炕在靠近西屋门口下方有一洞口，是用来添柴、烧炕、取暖。火炕上有一个大木柜，主人说这个木柜的历史并不长，是结婚多年后，为了放衣物而买的。在正屋南墙上开有两扇窗户，这还是一个典型的达斡尔族旧式窗户。窗户也是木制的，分上、下两扇。与传统的达斡尔族窗户没有区别，所不同的是过去用窗户纸现在都改用玻璃。中间屋有一个灶台，用来做饭和取暖。该户由于子女多，所以东屋也住人。

通过以上对达斡尔族民居的了解，我们发现，达斡尔族人的居住方式是与气候和自然地理条件密切相关的，同时也是其先民居住方式的继承和发展。

村长 SY，51 岁，达斡尔族。该户是改革开放以后，村里最先富起来的农户典型代表。该户位于阿尔拉村村中间，在马路的西侧。朱红的大门朝东开，院落宽敞、平坦。院墙一律用红砖砌成。房子全部是用砖砌成的，房顶起脊，类似京城四合院的清水脊，在房屋外上方东、西两端各有一个鸡形铁制的手工制品。据主人讲，达斡尔族人房屋建筑讲究风水，认为在房子上方有一个

① 所谓东北有三怪：窗户纸糊在外，养活孩子吊起来，十八岁的姑娘叼个大烟袋。

类似的手工制品，象征着吉祥。正房两侧各有一厢房，西厢房用来存储东西；东厢房因靠近马路，用来做商店，主要经营烟、酒、糖、茶等日常生活用品。

正房的门朝北开，经过过道，走进大厅。沙发、茶几、电视、饮水机等现代家具、家电样样俱全。坐在沙发上向外可见塑钢窗，中空玻璃。我们来到东屋，在东屋的正中间上方，有一粗绳，挂在房屋的顶棚处，绳子的下端挂有一达斡尔族婴儿摇篮。正值中午，婴儿在摇篮中熟睡，我们经主人同意后，象征性地摆动摇篮，看着摇篮中酣睡的婴儿，不仅感慨万千。达斡尔族的先民们很早就创造出了如此精湛的民族文化，并流传至今，令人惊叹。

2006年，新年伊始，国家博物馆首次举办了“非物质文化遗产”保护成果展。在黑龙江省的展品中，我们再一次看到了“达斡尔族摇篮”。这让我们意识到抢救和保护民族民间文化的价值和意义。民族民间文化（folk culture）是指由某一特定民族或者一特定区域的人群世代相传，留存于民间的，反映该民族或该区域人群历史渊源、生活习俗、心理特征及所赖以生存的自然环境、群体特征、宗教信仰等诸多内容的文化艺术表现形式的总和。民间文化是一种下层文化，是在大众或者老百姓中流传的文化。有着极为丰富的内容，而且大多交融在文学艺术等各个方面，有着突出价值，很多都是世界文化的精粹。因此，及时抢救和保护处于生存困境中的民族民间文化，则是当务之急。比如民族歌舞艺术，是靠人来传承的，人若不演示这些，我们就看不见，我们从文字上就不能理解它。外国在这些方面有很多值得我们学习的地方，比如日本和韩国便是较早注意到民族无形文化遗产重要价值的国家。日本于1950年颁布的文化财产保护法就开始涉及了由国家对无形文化遗产的保护责任；韩国也于20世纪60年代颁布了有关无形文化遗产保护的法律条例。莫力达瓦达斡尔族自治旗应该充分发挥政府的职能，传承和发展本民族的文化，提倡辖区内文化的多元化。

第四节　交通条件的改善

交通工具在人类社会发展和文化交流中占有十分重要的地位。“每个民族使用什么样的交通工具，与该民族所从事的经济活动和所处的自然环境有着密切的联系。”达斡尔族及其先民在生产生活实践中，为了突破地域的束缚，进行物质交流和信息沟通，开辟了陆路和水路交通，创造发明和使用的交通工具，具有一定的民族特征和地域特点。

一、陆上交通

过去，达斡尔族的陆地交通工具是乘马、雪爬犁、滑雪板和木制大轱辘车。外出携带物品不多，骑马既方便，又快捷。达斡尔族男子从小就学会骑马，外出打猎、放牧、探亲、迎娶新娘等等都离不开骑马，所以马是达斡尔人的重要交通工具。如果携带的物品较多，就要乘坐马车，但套马车的马和乘骑的马是分开的，各有专用，达斡尔人爱马如宝，从不用鞭子乱抽马。

雪爬犁主要用在冬季大雪时。在深雪没膝的雪原上，雪爬犁要比马车便捷。“双马橇疾如飞鸟”，这种形容一点也不夸张。在达斡尔族社会里流传着：“外出远行骑马赶路，走屯串亲坐大轮车，远征出猎、伐木放排、长途运输、拉庄稼和烧柴都用木制大轱辘车。”因此，木制大轱辘车是达斡尔族最具民族特色的交通工具。无论是南迁，还是戍边，都离不开大轱辘车。

大轱辘车是达斡尔人自制的一种交通工具，又称“草上飞”，蒙古族人称其为“勒勒车”。达斡尔族人使用大轱辘车的历史，最早能追述到隋唐时期的契丹人。当时的大轱辘车不仅作为交通工具用来运载货物，而且用于与周边民族进行牲畜等实物交换，体现了大轱辘车的经济价值。

据说，早在三百多年前，达斡尔族人从黑龙江北岸南迁时，一路上用大轱辘车运载货物。因而，大轱辘车与达斡尔族的生活是分不开的。《达斡尔族的大轮车》一文中指出：“达斡尔族的大轱辘车，在我国北方民族的高车基础上，逐渐形成自己的独特类型。它是古代北方民族物质文化的一个见证，也是达斡尔族人民智慧的结晶。”① 同时，它还是达斡尔族人手工艺术的精华。有关大轱辘车的制作，达斡尔族人也有其独到之处。从以下大轱辘车的制作过程中，能够充分体现出达斡尔族人独具一格的手工技艺。

大轱辘车的制作原料是桦木和柞木。传统的大轱辘车主要分为轮子和辕子两部分。车辕子，达斡尔语为“阿日勒”，一般用桦木为原料，有四五米长，并配上大小均等的八根横掌，横掌上是用柳条编成密密麻麻的车板。车辕子左右各配上车槽。

车毂是用烘干的桦树做成的，长 45 厘米，内直径 29 厘米，外直径 32 厘米。

车毂通凿直径 10 厘米的穿轴孔眼。车毂中部转圈凿出 18 个或 30 个轴条眼。轴条采用柞木制作，每根长达 65 厘米。轴用黑桦木，长 1.6 米。为了减轻磨损，在车毂轴孔两端嵌有车川，轴与川相触部位嵌上车键。② 两个直径长 8 厘米，宽 1.2 左右的黑桦木，用烟或熏烤成半圆形，然后将两个半圆衔接成一体，做成车圈。再用辐条连接起来，固定在车头上，这样就成为车轮子，

① 吴依桑：《达斡尔族的大木轮车》，载《内蒙古社会科学》，1987（1）。

② 乌力斯·卫戎：《大轱辘车的制作与使用》，载《黑龙江民族丛刊》，1994（3）。

衔接为一个车圈，达斡尔语为“莫额日”，车圈一般高1.6米左右。

木制大轱辘车最适应在山区、沼泽地使用，主要有三种车型：普遍适用的是有车厢的大轱辘车，它是主要运载工具，载重量约为500公斤；另一种是没有车厢，车辕很长，备有绞扛、绞棍、绞绳等工具，专用于采伐放排，出排时吊运原木之用；还有一种是车厢夹苇，厢上搭棚的篷车，它是专为乘坐之用，也可用于在野外宿营；这种带篷的大轱辘车，达斡尔语为“木格拉日特日格”。《大轱辘车的制作与使用》一文中写到：“带篷的大轱辘车车体的制作方法同普通大轱辘车一样，所不同的是用弯曲的六根柳条棍插在车架子的两端，然后在柳条棍上用苇席或桦树皮包上，就成了带篷的大轱辘车。带篷的大轱辘车不怕风吹雨淋，烈日暴晒，富裕的人家在车棚外还要包一层白毡子，这种冬暖夏凉，适宜出远门，达斡尔族姑娘出嫁，都要乘坐带篷的大轱辘车。”① 达斡尔族的工匠们在长期的生产生活实践中，将大轱辘车的制作技术趋于完善。后两种车型都是在第一种车型的基础上改进而成的，给人以别致雅观、朴实亲切的乡土之感。

以前，达斡尔族乡村姑娘出嫁时大都乘坐篷车，而送亲的男女宾客则坐苇厢车。但现在这种送亲方式已经不存在了。

在经济不发达、交通手段不便利的时代，达斡尔族人靠大轱辘车来运载物资。

达斡尔族的运输业，在北方少数民族中久负盛名。过去，有役畜的人家，专靠运输业维持生活。从事运输业的人家，必须具备三个条件：1. 生活较宽裕；2. 有马；3. 有木匠手艺。运输通常都是一人赶五辆车，几个人组成一个车队。几十辆、上百辆车

---

① 乌力斯·卫戎：《大轱辘车的制作与使用》，载《黑龙江民族丛刊》，1994(3)。

串连起来，排列成长长一串，走动起来就像一条游动的龙。因此，出现了依靠大轱辘车，以雇工方式来从事副业收入的现象。直到民国时期，一些有车、有牛而无劳力的农户，还以这种雇工的方式维持生计。中东铁路修建后，达斡尔族人的运输路线主要有：海拉尔至新巴尔虎左翼旗；海拉尔至新巴尔虎右翼旗；海拉尔至吉拉林；海拉尔至甘珠尔庙；海拉尔至贝尔湖。到了伪满时期，达斡尔族人的运输业达到了极盛时期。

综上所述，达斡尔族的大轱辘车不仅是有形的物质载体，而且推动了当时的运输业。

新中国建立后，莫力达瓦旗达斡尔族的交通情况有了很大改善。从1956年开始国家投资30万元修筑尼尔基至宝山西小泉子段公路，成为莫力达瓦旗公路建设史上新的开端。此后，形成了以尼尔基为中心的四通八达的公路交通网。到20世纪70年代，尽管农村牧区生产队里有了汽车、拖拉机，但大轱辘车仍是使用最多的车辆。到20世纪80年代中期，农户运输以小四轮拖拉机为主，改变了单靠畜力运输的状况，开始以机动车为主要交通工具。

“到1996年，全旗22个乡镇，300个行政村全部开通公共汽车，交通出行方便了。随着铁路、公路事业的发展，自行车、摩托车、四轮拖拉机、汽车等现代化交通工具在达斡尔族地区得到了广泛普及和使用，旧的交通工具已逐渐被淘汰。据1996年统计，全旗境内有国家干线公路（北京—加格达奇111国道）4段：阿荣旗边界—尼尔基渡口（扎尼线莫力达瓦旗段）60.3公里（其中包括尼尔基镇街道1公里）；尼尔基—腾克（尼腾线）67公里；腾克—莫克里段16.5公里；扎如木台—鄂伦春自治旗边界（扎大线莫力达瓦旗段）17公里；合计160.5公里。有县级公路4条163.9公里：汉尼线（尼尔基—汉古尔河）26.5公里；尼小线（尼尔基—小二沟）63.5公里（不含尼尔基至后兴隆岔道）；尼查线（尼尔基—查哈阳）14.7公里（西门外岔道至闸门)；水塔线（新发水库—塔温敖宝）59.2 公里。乡道 7 条 212.4 公里：宝杜线（宝山—杜拉尔）40.4 公里；塔卧线（塔温敖宝—卧罗河）32 公里；红拉线（红彦镇—拉抛林场）21 公里；嫩额线（额尔和乡—嫩江渡口）9 公里；红甘线（红彦镇—甘河农场）39 公里；西太线（西小泉子村—太平川村）10.5 公里；嫩红线（嫩江渡口—红彦镇）。全旗公路总里程 536.8 公里，公路密度为 4.5 公里/百平方公里、18 公里/万人，低于全国平均水平。”[①] 在我们调查的村屯中，大多数的村民家都有摩托车。现在，达斡尔人的运输业仍然具有活力，古老的传统副业在新的现代化运输工具的推动下，焕发出勃勃生机。

达斡尔族人的生产生活与传统相比都已经发生了明显的变化。追述达斡尔族的生活历史，无论是靠狩猎、捕鱼和采集野果生活的时代，还是定居农业时代，都为我们今天研究达斡尔族的社会留下了丰富的文化遗产。大轱辘车是勤劳智慧的达斡尔族人在长期的生产实践过程中的发明和创造。现在大轱辘车无论从使用范围，还是外观上，都得到了进一步的改造，使其越来越实用。达斡尔族匠人手工制作大轱辘车，出售给草原牧民。在草原或沼泽地上，大轱辘车以其独特的优势存在和运行着。在现代化的背景下，大轱辘车增加了几分商业化因素，并成为达斡尔族传统文化的象征。民间工艺品中大轱辘车的模型依然存在，同时，在达斡尔族民族博物馆中，我们能够见到陈列中的大轱辘车。2006 年 2 月，在国家博物馆举办的非物质文化遗产展览馆内，达斡尔族的大轱辘车作为有形的民族文化出现在观众面前，这不仅是达斡尔族人的骄傲，也是中华民族的骄傲。

---

① 铁林嘎编：《莫力达瓦达斡尔族自治旗志》，内蒙古人民出版社，484 页，1998。

二、水上交通

莫力达瓦达斡尔族自治旗有发展水路交通的得天独厚的条件。全旗境内有嫩江、诺敏河等大小河流 47 条，其中可作为水运通道的较大河流有嫩江、诺敏河等。过去，达斡尔族水上交通工具用独木舟和小木筏子。由于达斡尔族人靠近嫩江地段，所以主要使用木船搬运货物，运送旅人，载重量不大。自清代以来，达斡尔族人从事放排木，可放排木的水路主要有嫩江及其支流甘河、奎勒河，诺敏河及其支流毕拉河。嫩江为松花江之北源，是东北地区较大的河流之一，嫩江流经莫力达瓦达斡尔族自治旗 8 个乡镇共 206 公里，嫩江水量充沛，莫力达瓦达斡尔族自治旗段江面宽阔，最宽处有 460 米，航道深达 2.5 ~ 5 米，水势较缓，是发展水路客运、货运输理想的天然水道。清末，布特哈九峰煤矿（今大杨树煤矿）开发后，所采煤也大部分用船沿嫩江下运至齐齐哈尔等地。"清末民国时期，来自齐齐哈尔、吉林等地的货运帆船，经常不定期的运行于齐齐哈尔至嫩江镇之间，停靠莫力达瓦旗沿江村屯，出卖货物、收购农副产品，进行物资运输、交易等。莫力达瓦旗本地也曾有过用大帆船沿嫩江水路运输货物的船户。(20 世纪)50 年代，曾有机动船不定期的运行于尼尔基镇至腾克镇之间，运送货物和来往人员。"① 随着公路建设的发展，莫力达瓦旗的桥梁建设得以发展。从 1956 年在扎—尼公路修筑太平桥后，相继又建了几座大型桥梁。如 1973 年建成扎—尼线兴发水库中桥；1979 年建成尼—查线诺敏河东四方山大桥；1986 年建成扎—尼公路诺敏河大桥及引线中桥；1989 年建成的尼—腾公路霍日里河一桥；到 1992 年止，全旗公路上共有小桥

---

① 铁林嘎编：《莫力达瓦达斡尔族自治旗志》，内蒙古人民出版社，492 页，1998。

865.28米，68座；中桥163.68米，3座；大桥305.54米，2座；跨江浮箱桥2座。1994年建扎如木台奎勒河桥，1995年莫克里中桥建成通车。近年来，国家西部大开发重点工程尼尔基水利枢纽工程正在投资建设当中。具体内容将在第九章专门论述。

总之，无论是陆上交通，还是水上交通的改善，给达斡尔族经济和社会发展都带来新的发展机会。

以下是几个典型村屯的交通工具情况。

特莫呼珠村和提古拉村，到1997年止，前者已有大型拖拉机16台、小四轮拖拉机40台、吉普车4辆、摩托车8辆。后者在实行生产责任制以前全村只有大型拖拉机2台，牛47头。1997年全村58户人家已有大型拖拉机22台，小四轮拖拉机56台，吉普车8辆，东风汽车2辆。

双龙堡村58户人家，有小四轮拖拉机32台，摩托车7台。该村从1995年到1997年三年投资15万元，修建了直通村外的5公里公路。该村一户达斡尔族人自己购买面包车搞客运，往返于双垄堡村至莫力达瓦达斡尔族自治旗政府所在地尼尔基镇之间。

西瓦尔图镇小库莫村71户人家，有小四轮拖拉机32台，大型拖拉机9台，吉普车2辆。也有一户达斡尔族人搞客运，往返于卓洛尼村至尼尔基镇之间。

从上述几个村屯的情况看，目前，随着现代交通事业的发展，达斡尔族村屯的交通工具也在不断进步，使农民能够及时往返于城乡之间。交通条件的改变，也使达斡尔族农民容易接受外界新鲜事物，转变传统的思想观念。同时，也在一定程度上改变着村民的消费观念。

2002年，莫力达瓦达斡尔族自治旗公路建设成效显著。111国道在莫力达瓦达斡尔族自治旗境内53公里三级油路建成通车，111国道尼新线86公里二级油路和红甘段24公里三级油路基础工程完成，博荣大桥主体竣工，嫩江大桥按期开通，四通八达的交通网络已初步形成，交通“瓶颈”制约现象得到明显改善。

2004年相继开工建设了后兴隆—阿尔拉4公里公路、尼尔基—拉哈5.62公里二级公路，建设通村公路26条，218公里。同时本着为民办实事的原则，2004年完成了巴特罕大街三期工程，全长3.72公里的巴特罕大街贯通尼尔基镇。

截止到2006年1月，“十五”期间莫力达瓦达斡尔族自治旗等级公路累计增加里程182公里，使莫力达瓦达斡尔族自治旗境内国道111线实现全面黑色化，增加沥青路面里程136公里，是“九五”期间增加里程的4倍，完成投资3.2亿元；县级公路增加里程46公里，其中沥青路面18公里，砂石路面36公里，完成投资3590万元，使县级公路有质的转变。农村乡级公路增加里程5条，168.1公里；新建村道69条，537公里，完成投资6490万元。同时，嫩江段也建立起横贯莫力达瓦达斡尔族自治旗的嫩江大桥，公路和桥梁建设大为改观。

莫力达瓦达斡尔族自治旗的交通虽然有了长足的发展，但也存在一些问题。到2005年，莫力达瓦达斡尔族自治旗仍未通火车。到莫力达瓦达斡尔族自治旗，只能从齐齐哈尔市乘火车到黑龙江省讷河市，从讷河市乘出租车或公交车到莫力达瓦达斡尔族自治旗政府所在地尼尔基镇。在中国120个少数民族自治县一级，莫力达瓦达斡尔族自治旗作为少数民族自治旗未通铁路的现象的确是少有的。对此，莫力达瓦达斡尔族自治旗政府从2005年起计划用5年时间重点修建以下五条公路：兴隆—小二沟公路，全长65公里，总造价10400万元；杜拉尔—宝山公路，全长44公里，总造价7289.8381万元；红彦—甘河大桥公路，全长26.5公里，总造价3975万元；腾克—库如奇公路，全长90公路，总造价14400万元；卧罗河—新发水库公路，全长91公里，总造价19110万元。工程的竣工将有望改变莫力达瓦达斡尔族自治旗的交通状况，也将给达斡尔族农民生活的改善带来新的发展机遇。

国家提出："到'十一五'期末基本实现全国所有乡镇通油（水泥）路，东、中部地区所有具备条件的建制村通油（水泥）路，西部地区基本实现具备条件的建制村通公路。引导农民自愿出资出劳、开展农村小型基础设施建设，有条件的地方可采取以奖代补、项目补助等办法给予支持。按照建管并重的原则，逐步把农村公路等公益性基础设施的管护纳入国家支持范围。"

然而，目前，莫力达瓦达斡尔族自治旗的交通以公路运输为主，全旗等级公路总里程仅有 702 公里（国道 111 线 208 公里、县道 6 条 326 公里，乡镇 5 条 168 公里），其中只有国道实现黑色化，县、乡道路均为砂石路且路况较差，全旗尚有 112 个村屯未通等级公路，尤其是贫困偏远的达斡尔族村屯冬季大雪封路，夏季大雨泞路，难以出行。由于交通不畅，导致物流、人流不畅、信息闭塞等现象的存在。莫力达瓦达斡尔族自治旗的交通总体发展水平排在国家落后行列之内。落后的交通状况较大程度地制约着经济的发展，对于交通部门来讲，"改善交通环境，促进经济发展"是当前最大的任务。因此，国家加大农村基础设施建设的投资，只有道路畅通才能拉动村屯经济的发展，从而加快新农村的建设步伐。

交通条件改善与否，直接影响到农村经济的发展程度。俗话说要致富，先修路。因此，在今后的发展建设中，投资建设地方铁路是首先应该考虑的问题。

第八章 精神生活

第一节 节 日

节日是全体社会成员参与的社会文化行为，是各个民族在特定时间举行的盛大纪念活动和欢庆活动，是人们调节自身生活节奏的一种综合性、群体性、阶段性的典型生活模式。

达斡尔族的传统节日是在不同的时空背景下产生的，具有独特的文化体征。这种独特的文化体征尽显于特定时间的物质民俗事象，更烙印在全民族的深层精神生活中。因此，达斡尔族的传统节日在内容和程式上具有鲜明的民族特色。

一、传统节日

莫力达瓦达斡尔族传统节日主要有阿涅节、卡钦节和端午节等。

1. 阿涅节

即春节。同其他民族一样，春节也是达斡尔族人一年四季中最为盛大和隆重的节日，届时每家都要挂灯笼、点烟火和放爆竹。除夕，达斡尔语称为“布通”。这天清早，女主人清扫室内，贴年画和对联，准备丰富的食物，备酒菜、点心、猪肉（用来祭天）等；男主人在户外忙来忙去，要清扫庭院，并在门外堆放点烟火用的干柴。午夜来临，男女老少着新衣。晚辈要给长辈磕头、敬酒，并祝赞词；长辈给小孩“压岁钱”，之后要烧香、磕头、拜天地神和各种神灵，以祈全家安康。尤其讲究在除夕的晚上，现包新鲜的饺子。初一清早，烧香拜天地神后，全家人吃饺子。之后就要按辈分和年龄到各家去拜年、请安，一直持续到正月十五。

2. 卡钦节

即正月十五。在莫力达瓦旗，卡钦节也是正月里很热闹的节日，仅次于春节。正月十四晚上要向诸神烧香、磕头，祈祷幸福安康。正月十五这天晚上，家家户户都早早地吃过团圆饭（手把肉和饺子），带上花炮到嫩江冰面上滚冰，燃放烟花，尽情唱歌跳舞。2006 年卡钦节，我们和这里的人们共同度过了一个欢乐祥和的节日。晚上 6 点 30 分到夜里 12 点钟左右，嫩江江畔聚集了大约上千人。明月下人们在冰面上自由嬉戏、滚冰，燃放花炮和礼花。这种喧闹的气氛和焰火构成了莫力达瓦独有的风景。一位老人高兴地说："这是我一年中最快乐的时候。"

3. 端午节

又称为"药日"，是达斡尔族传统的节日之一。清晨，村民们到河边或山上采集艾蒿。据说在这天用带有露水的艾蒿洗脸，可以避邪，保佑家人健康吉祥。过去讲究戴五彩丝和香荷包，现在已经没有了，不知道什么时候，这种传统习俗不知不觉地就消失了。但是这天吃糯米粽子的习俗依旧保留着。

此外，达斡尔族的传统节日还有二月二、清明节、七月十五、腊月初八、腊月二十三等等。

二、民间节日——求雨节

求雨节，这是一个带有宗教色彩的传统节日。之所以把它与宗教节日区分开，是因为该节日是民间自发性的活动，不同于宗教节日中萨满主持跳神祭祀的活动。此节日没有固定的日期，因为乞求雨水，所以一般这个节日是在干旱的时候举行。求雨节的形式男女有别。

男人要去祭敖包，在敖包前摆上供桌，放上牛头、猪肉、酒和糕点等供品。之后，烧香、磕头，并由村中的长者主祭，祭词主要是说些祈祷风调雨顺之类的吉祥话。届时，男人要围着敖包绕三圈，并给敖包添石头。仪式的最后，在场的所有男人都要分享祭品。

此时，女人则到河边神树下求雨。主要是抱着活母鸡到河边，先烧香，后杀鸡。并把带毛的鸡皮扒下，挂在木制的三角架上。待鸡肉煮熟后，年长的妇女开始主祭，祭词大意是祈求上天降雨到人间，消除了干旱。随后大家一起拿桶和盆取江中的水，互相泼洒，以示降雨。“以达斡尔人求雨祷词来看，人们确实是在求‘天’降雨，至于为何到河边神树下和敖包处求雨，可能是河边的神树和敖包上的神树在达斡尔人的眼中构成了人与天沟通的信息‘通道’。再就是认为河水能加强人们想得到雨水滋润的信息。”① 求雨仪式是与达斡尔族人的农业生产相伴而存在的，是一种传统的社会行为，在达斡尔族的农业生产中，它有继续存在的条件，而且类似“求雨”这样的民间节日文化现象有复兴的趋势，比如在我国北方的鄂温克族、俄罗斯族中也存在。这种民间求雨活动，“虽然不能全面反映出达斡尔族整体的宇宙观，但它至少透露着达斡尔族宇宙观的朴素性、久远性和厚重的历史文化气息。”②

三、宗教节日

1．“斡米南”

“斡米南”，意为“萨满的盛典”，是达斡尔族重大的宗教节日。时隔三年举行一次，时间在农历三四月间，为期三天，地点在家或在村边野外。此节日要求很严格，必须有萨满师徒俩人，

①② 陈烨：《求雨——达斡尔族人的一种民间宗教行为的人类学解说》，载《黑龙江民族丛刊》，1999（2）。

才能进行。通常是全村的男女老少都会来参加，本莫昆成员一般都带着礼物来，大的礼物是牛、羊，小的礼物是酒和哈达。

“斡米南”仪式的基本要求是举行仪式前，要先搭一个“席棚子”。“席棚子”内竖两根丈余长的桦树，其上横圈三根绸李子树（当地的植物），成梯状，代表着上、中、下三界，名曰“家柱”，在距离家柱六丈远的地方也要竖一根丈余长的桦树，曰“外柱”，并在家柱和外柱之间拉上红绳，串上彩绸和铜环。“家柱”和“外柱”共三根，象征着宇宙树，萨满的神灵爬到树上，可以通向“天”和大自然。

“斡米南”仪式的跳神要连续三天三夜，分午前、午后和夜晚三段。跳神开始，先由师傅萨满（主祭萨满）击鼓念词，祷告神灵。两位萨满围绕“家柱”鸣鼓跳跃，众人助兴。高潮时，主祭萨满忽然仰倒，浑身颤抖，神灵附体，借‘神灵之意’喃喃口述。众人中有祈求消灾请神保护的人，立刻手拿木碗盛上酒或奶，跪在主祭萨满前，一一表达自己的请求和愿望。主祭萨满以神灵的意旨唱言引导。唱述完毕，两位萨满合跳送神舞，每段结束后，还要用酒肉款待众人。如此反复，每天跳神三段。

跳到第三天，主祭萨满将所有的神灵都请到了。于是在当天上午进行“围圈”仪式，两位萨满手持六丈余长的皮条，将所有参加的人围绕成圆圈，一次、二次、三次紧紧围绕拉紧再拉紧。如果皮条比原来尺寸见长，便是人丁兴旺的吉祥征兆。“围圈”仪式结束，两位萨满从“家柱”到“外柱”往返蹦跳三次，并在地上铺白毡或白布，其上摆放九个盛牛奶或酒的碗（过去讲究用桦树皮的碗）表示敬献所有的神灵。跳神到最后，也就是第三天夜里举行歃血仪式：当日白天杀一头 3-4 岁的小犍牛或 3 只白色的羊，将牛血、羊血盛在木碗里，再拌上牛奶、奶酒，加上 9 段短香和 9 小块牛或羊的心肝肺，供奉给降临的诸神尝饮。届时关掉所有灯火，黑暗中两位萨满击鼓跳跃，众人和曲助兴。降临的诸神畝血时，两位萨满一边舞蹈，一边发出“嘎嘎”“嘎嘎”的布谷鸟的叫声，同时自己的口里也含有牲血，不时地喷向四方，并围着“家柱”唱诵、蹦跳、呼叫直至达到高潮时，点燃灯火，并一一地将各神偶的嘴上涂抹木碗里的血和奶。至此，“斡米南”整个仪式宣告结束。

2. 洁身祭

这是一个古老的宗教节日，新中国成立前，在农村较为流行，“文化大革命”时受到批判以后逐渐消失。在我们调查时，有年长者回忆了小时候的亲身经历：记得是在某年农历正月的一天举行。当时，村里信仰“萨满”的大人，有带着活羊的，有带着酒和食品的悄悄地前来参加。举行仪式之前，主祭者先在大锅内放护心宝镜和五色鹅卵石，然后给锅里添满干净水，旺火烧开，即成“神水”。接着宰羊、摆酒供献神灵。在举行仪式的过程中，主祭者不停地跳神。仪式将结束时，主祭者用炊帚或锅刷浸蘸“神水”，先洒拂本人，然后洒拂所有参加者，象征洁身祛灾。

四、生产节日——“昆比勒”节

“昆比勒”节是极富民族特色的生产节日。“昆比勒”意为“柳蒿芽”，是达斡尔族地区季节性生长的一种植物，现在被誉为“绿色的纯天然的无污染的野菜”。这个节日通常于每年农历四月上旬举行，节期三至五天。

达斡尔族人在历史迁徙中，在艰苦的岁月里，靠吃柳蒿芽度过了重重难关。达斡尔族老人们深情地说：“为了开发黑龙江、嫩江流域，达斡尔族的先民们横刀立马去出征，去戍边，在黑暗的旧社会里奋力拼搏。如今达斡尔族后人在社会主义大家庭里过上了幸福生活”。无论过去、现在，还是将来，达斡尔人的生活都与柳蒿芽有着极为特殊的关系。为了牢记过去的苦难，珍惜现在的美好生活，达斡尔人决定设立以“柳蒿芽”为主题的节日，并定名为“昆比勒”节。

第一届“昆比勒”节是在齐齐哈尔市梅里斯区举行的。突出的特色是在“昆比勒”节上,表演了从采集、烹饪到食用柳蒿芽的全部细节和程序。同时还进行了文艺和体育活动表演,不仅丰富了达斡尔族节日的文化内容,而且更重要的是促进了劳动与娱乐的协调和发展。虽然这是一个具有民族性和地域性的新兴节日,但我们相信这一民族节日会被达斡尔族人民继续传承和弘扬。

总之，节日不仅是一种娱乐生活的表现形式，也是一个民族政治、经济、宗教信仰、文化艺术、民族心理等的综合反映。

第二节　文体活动

达斡尔族是一个能歌善舞，酷爱体育运动的民族。其民间舞蹈“鲁日格勒”，民歌“扎恩达勒”和对口唱等都是达斡尔族传统民间艺术的代表。民间体育竞技如曲棍球、射箭、摔跤、赛马、扳棍和颈力等锻炼了人们的体魄、意志，造就了达斡尔族人民团结合作、勇于进取的精神。目前，经国家文化部批准，莫力达瓦达斡尔族自治旗曲棍球、“鲁日格勒”这两项民族文化遗产被认定为国家级非物质文化遗产。

以下以莫力达瓦达斡尔族自治旗乌兰牧骑和曲棍球为例，介绍达斡尔族传统的文体活动。

一、乌兰牧骑

莫力达瓦达斡尔族自治旗成立之初，举行了首届业余文艺汇演，并从中选拔优秀演员进修，开始组建莫力达瓦达斡尔族自治旗民族歌舞团。莫力达瓦达斡尔族自治旗歌舞团成立于 1959 年，当时演员有 18 人。1965 年开始到全国进行巡回演出，并光荣地受到了毛主席和周总理的接见。1966 年，在全国进行了长达 2 个月的演出之后，组建了内蒙古自治区直属乌兰牧骑，从此，莫旗歌舞团正式改名为乌兰牧骑。

乌兰牧骑的主要节目是民族歌舞和曲艺。主要曲目有《永远跟着共产党》、《莫力达瓦的春天》、《放排歌》、《曲棍球》、《巴特罕当格丰收了》等等。

1989 年，为庆祝中华人民共和国成立 40 周年，莫旗乌兰牧骑参加了全国文艺调演，并获得 28 个奖项，其中的《村姑》、《嘻雪》分别获得优秀创作和优秀表演奖。莫旗乌兰牧骑曾是达斡尔族文化的代表和骄傲。“每个民族的文化都是灿烂悠久的中国文化之一。每一种文化都是独立的体系，不同文化的传统和价值体系是无法比较的，文化价值没有共同的一般等价物，对不同文化价值及其所造成的文化背景的估价，应该是相对的。因此，强调各种生活方式都有存在的价值，是对各个文化价值的肯定和尊重，人类应该寻求了解和协调为目的，而不是损坏与自己不相吻合的东西。”① 2004 年，莫旗乌兰牧骑又一次代表“三少”民族在第一届国际草原文化节暨呼和浩特第五届昭君艺术节上大展风采。在构建“和谐”社会的今天，农村基层文化生活的贫乏，不得不引起我们的高度重视。现在城镇的文化生活较为丰富多彩，基本能够满足城镇人们的精神需要。而在广大的农村，直接为基层农民服务的“部门”十分缺乏，靠乡文化站到农村开展活动，还有乌兰牧骑下乡演出是远远不够的。我们的政府要努力地、积极地去占领农村文化阵地，否则“黄盘”等就会“趁机”钻入。所以搞好农村基层文化建设是非常有必要的，如何挖掘达斡尔族能歌善舞的艺术特长和民族文化精华，满足达斡尔农民群

① 林耀华主编：《民族学通论》，中央民族大学出版社，133 页，1997。

众多层次、多方面的精神文化需求是建设达斡尔族新农村的重要课题。

二、传统的体育项目——曲棍球

达斡尔族是一个热爱体育运动的民族，每逢重大节日或喜庆的日子，都要举行体育比赛。达斡尔族体育运动项目繁多，如曲棍球、射箭、赛马、摔跤等，其中，以曲棍球最为著名。曲棍球运动历史悠久，独具特色，达斡尔族先民契丹人建立辽国时即盛行，距今至少有一千多年的历史。

曲棍球，达斡尔人称为“贝阔”，是由球棍和球组成。球棍，达斡尔语为“波衣阔”，主要是用硬杂木根制成，球棍的头部（即拼接部位底端的下部分）为木质，呈弯曲状，大概一米长；球，达斡尔语为“波列”，形同小皮球，多数是用桦树硬化的白茵疙瘩制成，也有用牛毛团压制而成的，分为木球和火球两种。

曲棍球多在春秋农闲或重大节日里举行。曲棍球比赛分儿童组和成人组两种。儿童的曲棍球是软质球，即毛球；成人的曲棍球是硬质球，即木球。球的直径 10—12 厘米，上穿数个小孔，可用松明点燃在夜间打球。曲棍球的具体打法是分甲、乙两队，每队至少 5 人，多则 10 余人，大多数均为健壮的年轻人。球场为长方形平坦空地，长 100 码（91.40 米），宽 60 码（55.00 米），中间划界线，两端各设球门一个。赛前双方商定由谁先开球，赛中如一方将球打出界外，由另一方在球出界处发球。守门员可用手击球和用手抓球，其他球员只许用曲棍击球。一方将球打入另一方球门内得一分，以打进球多者为胜方。

曲棍球表现了达斡尔族人的勇敢与机智。在内蒙古自治区成立大会上，莫旗达斡尔族曲棍球队第一次参加表演。1975 年，莫旗成立了以达斡尔族运动员为主的业余曲棍球队，在此基础上于 1976 年 3 月中国第一支曲棍球队正式诞生。1978 年，莫旗曲棍球队第一次参加了全国比赛，并在这次比赛中，获得了第一名的好成绩。1982 年以达斡尔族青年为主力队员的中国曲棍球队在第一届亚洲杯曲棍球比赛中获得第三名，轰动世界，这也是第一次在国际曲棍球球坛上升起五星红旗。1989 年，国家体委正式将莫旗命名为“曲棍球之乡”。到 1990 年，达斡尔族运动员有 120 多人次入选过国家曲棍球队。

1980 年，莫旗组建全国第一支女子曲棍球队；莫旗达斡尔族的曲棍球队，在国际比赛中为祖国争得了多次荣誉。2005 年在呼伦贝尔市首届少数民族传统体育运动会上，莫旗运动员摘得四金一银，总成绩名列第一。

发展民族体育事业，广泛开展群众性体育活动，是党和国家塑造社会主义新型农民的要求。我们期望莫旗达斡尔族的全民体育运动事业在今后的发展中，借党和国家培养和造就社会主义新型农民的“强劲东风”，继续发扬光大，迅猛发展。

第三节 冬闲与基层文化生活

冬闲是长期存在于中国东北农民生活中既普遍又特殊的一种社会现象，它似乎已经成了黑土地上中国农民的一种固定的生活习惯。

“三亩地，一头牛，老婆孩子热炕头”是对中国东北农民生活的描述。如今，农民的田地虽然是增加了，也有了四轮车、拖拉机等农用生产机械，但农民的生产活动——春耕、夏忙、秋收、冬闲却没有较大的改变。农民在思想观念上，缺乏进取精神和自立意识，呈现出顺其自然的价值取向，对外来事物产生一种本能的戒备心理。尽管这种价值取向在新中国成立后有很大的改变，但其影响至今仍然没有完全消除。它表现在经济生产和日常生活中就是崇尚安贫乐道和保持一种闭关自守的倾向。因此，要想转变村民冬闲的生活方式，归根结底就是要转变他们的思想观念。和全国农民进行对比，达斡尔族农民有一种得天独厚的优势，就是人人都有一块可以利用的，较为充裕的土地。所以他们仍然从事着传统的农业，维持着广种薄收、靠天吃饭的生计方式。

在这个北国边疆，正直善良的达斡尔族村民告诉我们冬闲的时候，农民们的活动就是聚集起来打打扑克或麻将。我们在调查中巧遇到了这样一个场景：下午3点，我们刚走进某农户家的院门，就被哗啦哗啦的麻将声和几个青年女子爽朗的笑声引到客厅。原来村里的妇女正在打麻将。看见我们来了，她们都只是笑笑，继续着手中的麻将。村长说现在是农闲的时候，村里的人都没有事情可做，所以打牌成了消磨时间的最好方式。长期以来农民自给自足的生产方式，养成了他们安于现状，“肥水不流外人田”的民俗心理和有钱“花在婚姻上，吃在酒席上”的消费观念，使许多农民陷入了一种“贫困——生活消费层次低——消费越严重——越贫困”的恶性循环中。这种落后意识的存在，是与农民传统的生产方式分不开的。不只是莫旗，中国东北的很多农村都是如此。“以农为本”、“知足常乐”就是这种价值取向的写照。日本柳田国男教授在探讨本国旧时贫困的原因时，所提到的民俗因素值得我们借鉴。在一定程度上我们可以说，民族地区的现代化，首先应该是民俗的现代化。[①] 因此，这种文化意识是农民在长期的社会生活中潜移默化形成的，同时也受着气候、经济水平和生产方式等条件的制约。冬闲现象已经是莫旗乃至东北农村社会中普遍存在的社会现象。它在很大程度上成为真正制约东北广大农民农闲生活方式的因素。

---

① 麻国庆著：《走进他者的世界》，学苑出版社，298页，2001。

农民的教育程度、科学技术修养、价值观念、心理素质、思维方式、行为趋势上落后于当代经济社会发展，从而造成自身生存与发展的落后状态，最终导致“文化贫困”现象。

据阿尔拉村村长SY讲，原来在阿尔拉镇政府院子里有一个文化活动室，村民每到节日时，就到这里来搞一些歌舞之类的活动。但是因为这栋楼每年冬天，仅燃煤一项就要花不少钱，所以为了节省开支，索性就关闭了文化活动室。现在闲暇的时候，阿尔拉村的农民主要是以自己家为活动地点聚集在一起，小打小闹地玩玩麻将，打打扑克，抽抽烟。很少有人选择户外活动，主要是没有活动场所。街道旁的小商店、食品店门前，偶尔也会有农民打牌、下棋、抽着烟聊天，这仅仅限于男人。女人绝不会在公共场所聚会聊天或玩牌什么的。据阿尔拉村中的老人们讲，以前逢年过节，村中的老人们都要给年轻人讲述民间故事。在阿尔拉镇曾经出现过几位著名的民间艺人。比如20世纪50年代本村的鄂美聚、敖英花、义贺等都是讲故事的能手。我们在《达斡尔族民间故事》中的确发现了由他们讲述的民间故事：

叭儿狗帮助穷人①

从前，有一对非常贫穷的夫妇，他们除了两只手，什么也没有。穷人没有办法，就去一个富人家扛活。可是这个富人非常狡猾阴险。他变着法儿剥削穷人，穷人扛了几年活，不但没有挣着钱，反倒背了一身债。富人逼债，穷人可拿什么还呀，还不了就被富人抓去抽打。

---

① 呼思乐、雪鹰编：《达斡尔族民间故事》，内蒙古人民出版社，99—102页，1981。

有一回，富人又把穷人拉到家里毒打，打得穷人皮开肉绽、死去活来。穷人正在昏迷中，恍惚看见走进来一个带着叭儿狗的白发老人。叭儿狗悄悄地来到那穷人身旁，在他耳边小声说：

“你要是能站起来走的话，跟我走吧！”穷人挣扎着站起来一瘸一拐地跟着叭儿狗走回家。

那白发老人见此情，就向富人问道：

“你为什么这样毒打那穷人？”

“因为他欠了我很多钱不还，所以才打呢！等一会儿，我还去要账！”

“你这样不是逼得过分了吗？”

“哼！这种人不逼不还哪！”

白发老人见他蛮不讲理，再也没有说什么，就走了出来。富人刚把白发老人送走就又去穷人家逼债。穷人好不容易回到家刚躺到炕上，富人就踹开门进来说：

“还债的钱准备出来没有？”

“我没钱准备呀！”穷人嗫嚅地回答。

“那你打算什么时候还？”

穷人为了缓口气，只得说：

“求你宽限一个月吧！”

“好吧！一个月后，你要不还，可就不客气啦！”富人说完，“咣当”一声摔门就走了出去。穷人哀哀地哭着向妻子说：

“咱们可实在没有活路了，还不如死了！”这时，叭儿狗蹿到穷人的跟前说：

“你们不必伤心，我会帮助你们解脱这困境。今天晚上我给你变成一匹好马。你就把我卖给富人，这样，你就能得到还债钱的一半。”穷人听了，半信半疑地睡了。

第二天清早，穷人醒来走出屋一看，窗前果然立着一匹毛色纯白、腿长蹄圆的好马，向他连连点头。穷人无可奈何地牵着马去卖，果然得到债钱的一半，当下就去还了债。可是仍然有一半的债，像石头一样压着他。他拿什么还这一半的债呢？他毫无办法，只好依然垂头丧气、无精打采地做着。

到了晚上，这叭儿狗又回来了。穷人喜出望外，忙问：

“你变成了马，怎么又变回来啦？”

“要我真给富人当马，那不是太便宜了富人吗？现在我回来了，又能帮你还那一半的债了。明天我再变个好看的骡子，你可到前村卖去。”

第二天早晨，穷人醒来一看，这里果然又站着一匹非常漂亮的骡子。于是把骡子牵到前村叫卖。迎面碰见了债主。原来前一天的马也是富人买的，只不过是他手下的人给他买的。今天看见这穷人又牵着一匹骡子叫卖，就知道了。气哼哼地想原来是这小子在骗我呢，今天我再 买他骡子，看他还会变什么。想着就走到跟前，对穷人说：

“你这骡子我买下了，就顶你欠的那一半的债吧！”

穷人结了账，把骡子交给了富人。这富人因上次被骗，就用铁链拴住了这骡子的腿。这骡子想脱身也脱不了。

第二天早晨，这富人解开铁链牵出骡子去饮水。骡子滚了三下变回了狗，向那富人扑过去，富人慌忙叫喊：“快来人呀，快打死这狗！”众人听喊声，忙跑出来打狗。叭儿狗一看不好，慌忙变成麻雀飞走了。

这富人也会使法术，一看叭儿狗变麻雀飞走了，自己也变成一个鹞鹰紧紧追赶。眼看要扑到了，麻雀又变成小鱼机灵地钻进水里。鹞鹰见麻雀变成了小鱼，也摇身一变，变成了一个水鸥去追扑小鱼。小鱼眼看要被逮住了，就一下子跃出水面变成鹰去捉水鸥。水鸥技穷，终于被鹰吃掉。鹰摇晃了三下，又变回叭儿狗跑回穷人家。穷人一看叭儿狗又回来了，高兴地问：

“哎呀！你怎么回来的？”

叭儿狗把和富人争斗的结果都告诉了穷人。穷人听了后，感激地抚摸着叭儿狗说：

“多亏你这么热心地帮助我，惩治了坏人，救了我一家人的命。”

“直到现在，我只是帮助你报了仇。以后我还要帮你的生活好起来。”

穷人激动地抱住叭儿狗说：

“你可真是我们的恩人哪！”

等到夜深人静，穷人和妻子都睡着了。叭儿狗来到外面，只一点头，就立起了一座房子，只一哈腰，就竖起了大门和院墙，只一仰身，展开来的毯子铺到了地上。叭儿狗完了事就进屋睡觉。

第二天，穷人醒来一看，自己却睡在非常漂亮的屋里，铺着厚厚的毯子，盖着缎子被。到了院里一看，破房子不见了，跟前俨然像富豪的家。乡亲们都奇怪地来看，惊奇地谈论着。穷人请乡亲们进屋里，拿出各种好吃的招待着。

从此，穷人在叭儿狗的帮助下，日子更加美好，愉快地生活了一辈子。

库克勒德尔莫日根[1]

从前，在翠绿的山脚下，住着一个年轻的猎人。他总是穿着青蓝色的衣服，骑着青云走马，领着青褐色的猎狗，臂上驾着青褐色的驯鹰去出猎，因而人们都管他叫库克勒德尔莫日根（库克

① 呼思乐、雪鹰编：《达斡尔族民间故事》，内蒙古人民出版社，120—124 页，1981。

勒德尔：青色的意思)。他的武功非常好，从来箭不虚发，是远近闻名的神箭手。

一天，库克勒德尔莫日根去北山打猎，回来的路上，忽然听到山上有人对话：

“大哥，好多日子不见啦，不知这几天你听到什么新鲜事没有?”

“听是听到了，不过也不算什么新鲜事。我听说附近的青山脚下有一个举世无双的美男子，名叫库克勒德尔莫日根。你听到什么新鲜事了?”

“哈！这么说我也听到了新鲜事。听说在拉满山下住着一个林白音，他有三个女儿，最小的叫林金卡托，长得简直像天仙，当她摇晃右袖时，就会有貂和猞猁跳跃；当她舞动左袖时，就会有珍珠玛瑙掉下来；侧一下身，就会立起寺堂；颠起腿，就竖起墙；一转身，就会竖起楼阁。”

“这么说这两个人可是天生的一对呀！他们不能结成夫妇吗?”

“怎么不行呢!”

库克勒德尔莫日根一听，原来是正说自己和一个叫林金姑娘的事。正听得入神，忽然没有下文了，就抬头四下张望，却不见一个人影，只见山顶上立着两只鹿；这时只听两只鹿互相道别就分头跑了。

库克勒德尔莫日根万分惊奇，这鹿怎能说人话呢? 可是听得明明白白的。他想果真得到像鹿说的那个美丽姑娘该多好呀！心里有了事，他就没有心思再耽搁，兴冲冲地跑回家，当下就找过一个媒人到林白音家求亲。

林白音见媒婆到家，就问：

“红媒来到，不知有什么事给我寒舍增光?”

“没事怎敢相扰啊，青山脚下，住着一个远近闻名的莫日根，名叫库克勒德尔。他眉清目秀，仪表堂堂，练就一身好武艺。家境富足，真是举世难得的好青年。如果你家林金卡托许配给他，那真是天生一对佳偶啊！”

林白音也早就听说库克勒德尔的英名，所以很痛快地答应了亲事。媒婆急忙返回去给库克勒德尔莫日根道喜。

库克勒德尔莫日根听说亲事已妥，高高兴兴地准备着猪羊等礼品，选定了吉日去过彩礼。林家一看，新姑爷果然相貌出众，林巴彦忙让家人摆上酒筵，并邀请了乡亲们来赴喜宴。

林金在绣楼上听见上屋人声鼎沸，非常热闹，就问大姐：

“大姐，不知上屋有什么事，这么喧哗？”

大姐也正在纳闷，听了林金问，正好自己也坐不住了，腾的一下站起来就下了楼。一打听，原来是林金的女婿来过彩礼。她一听心里便不自在了。心想我是大女儿，理应先嫁人，怎么倒先给妹妹找了婆家呢？想着便来到里屋门后，偷偷地向里看，一看可真把她吸引住了，看也看不够，她像傻了似的。只不过怕别人笑，才勉强离开门缝，她不知怎么办好，想来想去，想出一个计，回来就告诉林金说：

“傻妹妹，父母已经给你找了婆家，人家过彩礼来啦，你还啥也不知道呢！可惜的是，给你找个丑老头，真是把鲜花插在牛粪堆儿上了！他两只眼睛，糊满了眵目糊，两个鼻孔流着车轴一样粗的鼻涕，看了真叫人恶心！”

林金一听，非常伤心。于是，她又求二姐替她去看。二姐到上屋一看，妹夫哪里是什么丑老头呀，知道了姐姐在存心骗妹妹。她回身就走到楼梯口，只见姐姐拿着短剑，堵住门威胁道：

“你要不照我说的话告诉林金，当心你的命！”

她吓得魂不附体，只得照姐姐的话说了。林金一听，两个姐姐都说妹夫丑得恶心，便信以为真了。她伤心地哭着哭着，就变成一只布谷鸟飞了出去。林金飞到自己家院里，落在房顶上，

“咯咕！咯咕！”叫了起来。乡亲们听了都很奇怪，怎么冬天还有布谷鸟叫呢？于是，人们都到外边来看这奇怪的布谷鸟。林金从人群中看到一个英武而洒脱的男子。

不一会儿，有人过来对那男子说：

“姑爷请回屋吧！”

这时，林金才知道受了两个姐姐的骗，可是已经变成了布谷鸟，无法再恢复人形了，只得向屯外飞去。

席散了，库克勒德尔莫日根骑着青云走马回家。林金飞到路边的树上，想和未婚夫说个话，可是只能发出布谷鸟的叫声，库克勒德尔莫日根怎能听懂啊！库克勒德尔莫日根只是抬头瞧了瞧，就策马飞驰而去。

她伤心地哭着哭着，就在树上睡着了。忽见一位白发苍苍的老人，拄着手杖过来说：

“孩子！你不要伤心，明天天亮时，在这棵树上将有三缕白色的仙气飘荡，你只要吸着它就能恢复人形！”林金醒来才知是梦，等到天亮，树上果真飘绕着三缕白色的仙气。她腾空飞上去，深吸了几口仙气，就一下坠到地上，恢复了人形。虽然恢复了人形，可是已经逃出来的人，怎好回去呢，于是就到附近一家老俩口儿的家，认了干爹干妈，就在那里住下了。

林白音发现小女儿失踪了，既着急，又不敢声张，每天出去找也找不见。不久，库克勒德尔莫日根差人来通知娶亲的日期，林白音只得硬着头皮答应了。可是，直到送亲日子，林白音还没找到林金的下落。眼看新郎要来迎亲了，老俩口儿急得像热锅上的蚂蚁团团转。这时，大女儿出来说：

“爸爸妈妈，不必愁了，让我替妹妹嫁给库克勒德尔莫日根吧！”

母亲听了，“呸”地吐了一口唾沫，扭过头去，爸爸叹了一口气，不说什么话。

大女儿却无羞耻地说：

“只能怪林金太傻气，放着那么好的人不嫁，跑掉啦。库克勒德尔莫日根没见过妹妹的面，现在我替妹妹出嫁，他也不会知道的。为了爸爸妈妈的声誉，我才这样舍了自己呢！”

老俩口儿实在没有办法了，只得同意，说：

“那你快去梳洗梳洗，换换衣服吧！”

大女儿高兴地回楼里打扮起来，不一会儿，她就被扶上车出嫁走了。因为林金是绝代美女，库克勒德尔莫日根的亲友们都急切地等着送亲车的到来。男人们手拿棍子，准备新娘甩右袖子时打获貂和猞猁；姑娘们挎着篮子，等着新娘甩左袖子时捡珍珠玛瑙。

不一会儿，送亲车进了院，新娘下了车，揭开蒙脸布一看，哎，人长得很平常，甩了甩左右袖子，也没出来什么东西，人们大失所望。库克勒德尔莫日根见她，长相根本不像听说的那样美。不过已经娶来了，只得和她过。

林白音虽然让大女儿替嫁了，可是心里仍然惦记着小女儿，每天照旧去寻找。一天，他进了一个农户家。这家殷勤地接待他，给他烙饼吃。可是，林白音吃着吃着就哭起来。这家的主人奇怪地问他：

“你怎么突然伤起心来啦？”

“唉！我的小女儿已经失踪好几个月了，我还是找不到她的下落呢！你们这个饼，真像我姑娘亲手烙的那样好吃呀！所以，我吃着这饼，便想起我那姑娘来了。”

林金在外屋听见这番话，急忙过里屋来，对她父亲说：

“我呀，让父亲受累了！”

林白音一看，原来是他的小女儿林金！他立刻高兴得破涕大笑，重谢这家主人收养之恩，领着姑娘回家了。

二姐一见林金，羞得无地自容，只好对她如实说明事情的真相，林金原谅了二姐。

没过几天，库克勒德尔莫日根领着妻子来到丈人家。大姑娘进屋一看，林金坐在炕上，吓得她掉头就跑，跑到西山坡，上吊死了。

林白音得知大女儿畏罪自尽，对库克勒德尔莫日根说明了缘由，并要他续娶林金。

库克勒德尔莫日根只好重选吉日，娶来了林金。乡亲们一看，她果然长得貌似天仙，举世无双。林金下车挥起右袖子，貂和猞猁出来跳跃，扬起了左袖子，珍珠玛瑙落满地。人们高兴地跳着唱着，欢乐的气氛，直冲云霄。

从此，库克勒德尔莫日根和林金过着称心如意的幸福生活。

布尔吐迪的奇遇[①]

传说，有一个叫布尔吐迪的孤儿，给一家富户放马。一连放了三年，他想辞工，就向主人说：

“我已经放了三年马，现在想回去。”

主人说：

“你是很能干的人，三年中你让我的牲畜繁殖了三倍，现在你就从马群中挑一匹你喜欢的马骑走吧！”

布尔吐迪一听，喜出望外，就走到马群中找着他早就非常喜爱那匹三岁的血红色的母马。他把它套住后，骑着上路了。

布尔吐迪也没有个家，不知去什么地方好，就由着马儿的性跑。这个马跑得真快，就像疾风一样扫过平原，飞越了不知多少

① 呼思乐、雪鹰编：《达斡尔族民间故事》，内蒙古人民出版社，73—78页，1981。

条河、多少座山，来到一个坐落在山坡上的孤零零三间房前停下。布尔吐迪下马走进屋，见炕上坐着一个十八九岁的年轻姑娘。这姑娘一见异常惊讶，忙问：

“哎呀，你是怎么来的？是人吗？”

“你这话是怎么说的，你没有看见吗？我不是人吗？”

“哎，因为这里常年见不到人，这是魔鬼住的地方。”

“那么你是人呢，还是魔鬼呢？”布尔吐迪反问她。

这姑娘回答说：“我是人，是被魔鬼抢来的。”说着就掉下眼泪。

布尔吐迪听了后很同情，于是说：

“我的马把我驮到这儿，想是让我把你救出去吧。”

刚谈到几句话，突然掀起了一股黑旋风，房顶都差点被掀掉。姑娘急忙说：

“魔鬼就要回来了，你赶快钻进柜子里吧！”说着就开了柜门，让布尔吐迪钻进去。刚藏好，魔鬼就走进来，嗅了嗅就说：

“怎么有一股黑头扁脚虫的味儿呢？”

“可能我的人味没退尽吧！”这姑娘慌忙说。可是魔鬼不听她的话，就直扑向柜子来。姑娘急的没办法，她怕魔鬼吃了这年轻人，自己也免不了被吃，便急中生智，忙把魔鬼的箭取下，从魔鬼后面对着头射了一箭，正中了魔鬼头，把头给劈开了。魔鬼嚎了一声，就倒在炕上死了。布尔吐迪听到了这动静，急忙从柜子里钻出来，拉上这姑娘就往外走。来到马跟前，怕这姑娘摔下去，就把她绑在马上，自己也跨上马，飞奔而去。跑了两天两夜，来到一个村子，这马才放慢了步子。走到一户人家的大门口，有一个人正在扫院子，他见布尔吐迪马上驮着一个女人，就走过来看。他一看就惊喜地说：“呀，这不是我们家丢的姑娘吗?!”但一看她已经昏迷不醒，他们忙把她从马上背下来，抬进屋里，摇晃了半天，才使她苏醒过来。这姑娘醒过来，看见与家人团聚了，异常高兴。

这时，姑娘的父亲见布尔吐迪挺英俊，就把这姑娘许给了他。于是就择吉日成了亲。

婚后才三天，布尔吐迪的马在圈里嘶叫不休。布尔吐迪向妻子说："我的马不安静，肯定又有什么事情了，我要出去走走。"说着他就走出屋，给马备上了鞍就出发了。他刚上马，马就飞一样的向西跑去，跑啊跑啊，马不停蹄，人不下鞍地一直跑了三天三夜，跑到一个山根的洞口才停下，马开口说：

"你进这洞里吧！"

"没有绳子和筐怎能下去呢？"

马一听，绕洞跑了三圈后转身就往回跑。转眼间就腾入云端飞驰，不一会儿就到了家，在院里寻找绳子和筐。布尔吐迪妻子一见马回来找筐和绳子，以为她丈夫掉进山洞里了，忙把筐和绳子给拴到马身上放走了。这马腾空越野地飞到布尔吐迪身旁，布尔吐迪一见马已把绳子和筐拿来，就把绳子一头系在马腿上，一头系在筐上，自己坐着筐下去。约下去半里地光景，洞里就明亮起来。他刚下到洞底，就听到有人叫：

"大哥，快来救救我。"

他向喊声的方向一看，在一个山峰下面夹着一个人，他走到跟前一看，这个人一半在外面露着，一半在山的石缝中间夹着。布尔吐迪正不知怎样才能把他救出来的时候，这个人说："我是龙王最小的儿子，三年前被妖魔捉来，把我夹在这山缝里，你只要把这山峰上贴的符撕掉，我就会自由。不过你撕完符，赶紧跑远一些，免得碰伤。"

布尔吐迪攀上那陡峭的山峰，把那贴在上面的符给撕了下来，急忙闪开身。这时那人把山峰向上提了提就挤了出来，向布尔吐迪说：

"这山的东边有一个黑大门的院子，走进院，在最里边的房子里住着一条大黑蟒。它现在受了伤，正躺着呢，它有三个头，你砍下中间的头就行。”说完，龙王的儿子就从腰间解下宝剑交给布尔吐迪。布尔吐迪提着剑走进黑大门，从远处就听见“唉呀，唉呀”的哼哼声。他顺着呻吟的声音进到最里面的屋里，看见一条三合抱粗的大黑蟒，横跨着三连炕躺着。他照准它中间的头猛地砍下去，就跑了出来。这时，从屋里涌出一股青烟。龙王的小儿子夺过布尔吐迪的宝剑，就把青烟斩断。龙王的小儿子说：

“哥哥你闭紧眼睛，让我背你走吧!”

布尔吐迪闭紧眼睛，让龙王的小儿子背上了。只听耳边呼呼响，走了很长时间，龙王的小儿子才停下脚步来到地面，让他睁开眼。他睁眼一看，他们到了北海的岸上了。这时，他的红马拖着绳子和筐从海里钻出来，连翻了三个滚，就变成了人，走来对龙王小儿子说：“弟弟回来啦!”接着又转过来对布尔吐迪说：

“我是龙王的大儿子，现在我父亲因你救了我弟弟，要请你去龙宫。”说完他就和弟弟两个人把布尔吐迪夹在当中走进海里，海水竟向两边分开。走了一程，只见各种人世上没有见过的奇花异木亭立在道旁，花的尽头显出了高大雄伟的水晶宫殿。这时两个龙子又小声告诉他说：

“我父亲肯定会说要把金银和牛马平分给你一半，你可千万别要，你就说到了人世，牛马会变成鱼虾，金银会变成沙石，你就说要他背后三个葫芦中间的一个。”

他们走进宫殿一看，筵席都已经摆好。龙王就请他入席，并由两个龙子陪伴。等筵席完了，龙王开口说：

“你救了我儿子的命，没有什么赠送给你的，我把牛马和金银平分一半给你。”

“到人世间，牛马会变成鱼虾，金银会变成沙石。你还是给我那中间的葫芦吧。”

龙王听说，十分为难，看着葫芦就流泪，但又没有办法，只好把葫芦取下来给了布尔吐迪。

龙王让布尔吐迪住了三宿，由两个龙子带他到处观赏后，把他送出海。临分别，龙王的儿子对他说："这葫芦是宝葫芦，你只要晃一下，要什么有什么。不过千万不要让别人知道。"

布尔吐迪走了一程，就晃了一下宝葫芦，要了一匹马骑着走。到了晚上，他下马来，让宝葫芦收了回去，又晃了一下，要了一间房子和一桌好饭菜吃着。吃过又要出缎子被褥睡觉。等到天亮，把这一切又都收回，再要马来骑着走。这样走啊走的，走了九天，离家也就剩下半天的路程了，到了一个村，已经快半夜了。他看见村西有个破空房，就住下了。他走进去，晃了晃宝葫芦，要了一桌饭菜吃着，并摇出九男九女献舞。离这破房子不远，东头住着夫妇俩。媳妇出外看见这破屋里有灯光，就悄悄地来到窗前，从破孔向里看，见一个人摆了一桌酒菜吃着，地上还有九男九女献舞。这媳妇正纳闷，只见桌边的人吃完了饭，拿起宝葫芦晃了一下，一切又都不见了。这媳妇一下子明白了，急急忙忙跑回家，告诉她丈夫。丈夫一听有这么好的宝贝，就也想把这宝葫芦弄到手，于是把斧子磨快，和他女人一起到这破房子跟前，从窗户向里一看，宝葫芦闪闪发光，那人却已经在呼呼睡大觉。于是他们两个人走进来，把布尔吐迪的头砍了下来，把尸体扔进院里的一口枯井里。

过了几天，龙王的儿子一掐算，知道布尔吐迪遇了难。于是哥俩一个变买卖人，一个变成了耳朵上带金链的猫来到杀布尔吐迪那家人的大门口，喊着卖东西。那个女人出来一看，竟看中了这个猫，就把猫买了去，过了三天，趁这女人出去的工夫，这猫就开了柜取出了宝葫芦带着，临出门又取出了一个火蝴蝶放了。不一会儿大火弥漫，把这家的财产全烧光。然后又跑到布尔吐迪尸体跟前，拿出布尔吐迪的一只鞋，来到布尔吐迪丈人家，变成一只大白鼠叼着布尔吐迪的一只鞋跑进屋，跑到布尔吐迪妻子跟前，就用前爪扒着她的衣襟。布尔吐迪的妻子低头一看，有一只比猫大的白鼠，嘴里叼着布尔吐迪走时穿的鞋。布尔吐迪妻子惊慌起来，忙问："大白鼠，大白鼠，布尔吐迪是死了吗?"大白鼠就点了点头。布尔吐迪的妻子强忍着悲痛又问："你要是能帮我找到他的尸体，就点三下头。"大白鼠又点了三下头。

布尔吐迪的妻子慌忙去找父亲，告诉大白鼠衔着布尔吐迪的鞋来报丧的事。她父亲向着白鼠问："布尔吐迪果真死了吗?"大白鼠点了点头。于是她父亲急忙套上车，领着女儿去找布尔吐迪的尸体。大白鼠在前面领路，他们在后边跟着。跑着跑着来到了那个村边，这大白鼠就一下子跳进一口枯井。他们下车后探身一看，果然有一个人，抬出来一看就是布尔吐迪的尸体。他的妻子和岳父不禁放声痛哭起来。这时路上过来一个医生，一边走一边喊："我能救活死了十天的人。"

他们听了半信半疑，慌忙请过医生来看，医生看了看说："不要紧，这个人死了还没到十天，可以救活。"说完就把尸体放平，把头安好，从小葫芦里取出药粉撒在伤口上，又取出一个药粒放进布尔吐迪的嘴里。过了一会儿，布尔吐迪舒了口气，竟活了过来，坐了起来说：

"我怎么睡了这么久?"

可是当他看见自己坐在地下，正不知怎么回事呢，这时他的血红色的马又来到他旁边，告诉他是怎样被人杀害了，被他们哥俩救活的，并把宝葫芦交给布尔吐迪。布尔吐迪和妻子岳父一看宝葫芦惹下这么大的祸，都拒绝再要。于是两个龙子告别回去了。布尔吐迪和妻子坐上车回了家，靠自己辛勤的劳动过了一辈子。

这些故事，在达斡尔族村屯中代代口耳相传，教育着年轻人。老人们很激动地说，“那时没有电视机，我们都是围在讲故事能手的身旁，点着苏子油灯，一晚上一晚上的倾听——我们民族是有优良传统的。现在农村文化市场管理混乱，赌博、看黄碟、色情发廊以及看相算命等迷信活动，趁冬闲之际，更加复兴。可是我们这里社会风气比较好。举例来说，几乎没有人去游戏厅、歌舞厅和录像厅，包括青少年。”民风如此“淳朴”让我们深深地感动，这既可能和他们的文化传统有关，也可能和经济条件有关。

目前，达斡尔族农民面临着种种困难。例如经济基础差，农民收入水平低，这是多方面因素造成的。因此，政府应该切实从农民的生活现状出发，加大对农民的引导，使闲散的农民能够真正地忙碌起来。对此，我们期望政府首先承担起引导的责任，我们的专家学者和社会各界，都要关注和关心达斡尔族农民的“冬闲”生活。首先，要从体制上，构建农村公共文化服务体系，以乡文化站为依托，政府投入一定的财力和物力，帮助各村屯组建业余文化队伍，定期或不定期地开展健康活泼的群众喜闻乐见的寓教于乐的文体活动；充分发挥旗乌兰牧骑的优势和作用，有计划地组织乌兰牧骑到各乡村进行巡回演出，积极弘扬和宣传达斡尔族优秀的传统文化。其次，政府要加大力度，继续实施广播电视“村村通”工程，用现代化的传媒技术和手段普及科学文化知识。我们在调研中获悉：莫旗政府为调动农村富余劳动力冬闲时外出务工的积极性，提高农民的务工意识，转变农民的务工观念，于 2005 年 12 月采取以下三项措施：“一是开展政策性培训，主要对广大农村富余劳动力开展基本权益保护、法律知识、城市生活常识、寻找就业岗位及外出务工引导等方面知识的培训，提高其遵守法律法规和依法维护自身权益的意识，激发外出务工的积极性；二是开展专业技能培训，先后开办了獭兔养殖、蓝狐养殖、中医保健、保安培训班。通过培训，激发了部分农民养殖的积极性，在当地技术人员的指导下，现在已经开始运作。同时，直接向北京输出保安4人，向哈尔滨万源保健公司输出5人；三是开展创业培训，抓住农民秋后卖粮有钱的时机，以《创业启事录》为教材，开展了培训。通过创业成功人士的典型事例及运作过程的讲解，启发了农民的创业意识和自信。”拓宽了农民的闲暇活动空间。第三，鼓励农民兴办文化产业，在经济领域，现在有“种菜专业户”、“运输专业户”等等。在文化和科普领域，政府要发现和扶持有条件的农户自办“家庭文化室”、“家庭读报室”等，培养“文化专业户”，引导农村青年进行健康的文化娱乐活动。这样既解决了农民“冬闲”无所事事的苦恼，又繁荣了农村文化事业。

马克思、恩格斯在探讨社会发展的动力时认为：“物质生活的生产方式制约着整个社会生活、政治生活和精神生活的过程。”马克思还指出了物质生产活动在人类社会生活中起决定的作用。而物质生产本身，又包含着生产力和生产关系的矛盾运动，它与经济基础和上层建筑的矛盾同属社会基本矛盾。这些矛盾运动是社会发展、变迁的动力。恩格斯也强调了在社会发展中各种因素之间的交互和合力作用，但更强调的是经济条件归根到底具有的决定意义。如果想改变达斡尔族农民的生活现状，就必须多角度、多方面地提高农民受教育的机会，加大农村文化市场的投入和建设，提高农民的文化素质。比如政府要充分利用冬闲季节和城镇科协部门联合，或者和有关大中专院校联合，举办农业、畜牧、电脑、园艺、市场信息等方面的知识培训班，增加农民市场竞争意识，帮助农民建立各种协会，为农民脱贫致富提供组织保障。同时，聘请旗农牧业局、各乡镇畜牧服务中心及友邻乡镇的技术人员，为达斡尔族农民讲解科技种田、养殖、疫病防治、饲草种植、秸秆青贮、棚圈保暖等技术，在全旗各乡镇实现科技人员包户责任制，真正做到工作到户、指导到户、服务到户。帮助农民掌握和提高科普知识与科学种田的新技术，切实帮助农民解决一些生产方面的实际问题。

中国全面建设小康社会，重点在农村，难点在农民。解决农民问题是实现小康社会这一伟大战略的关键。达斡尔族农民的冬闲问题是中国农村问题的一个缩影。20世纪初，李景汉先生曾经指出，乡村的生活简单，各种文化活动极其贫乏，社会团体生活太少。但随着我国农村经济的发展，农民的生产空间有了明显的扩大，农民原来的交往范围地缘、血缘、亲缘关系开始发生变化。今天当我们走进莫旗达斡尔族村屯时，亲身感受到了达斡尔族村屯的农民在产业结构、耕作方式、劳动时间等方面发生的变化。随着外界新鲜事物尤其是电视机的出现，农民的业余生活也多多少少发生了一些变化。如2005年11月进入冬闲后，忙碌了一年的农民终于可以从庄稼地里抽出身来进行休整。冬闲的活动方式主要有看电视、听广播、走街串户等。其中看电视、听广播成了农民最主要的休闲方式，现在莫旗农村电视机的普及率达到了百分之八十六左右。其次就是走街串户。也有一些年轻人趁着农闲到城镇里打工。由于农民工文化低，技能有限，很多时候，出去打工并没有挣到钱。但是他们毕竟走了出去，即使是短期的打工，也还是改变了祖祖辈辈“面对黄土背朝天、春种秋收度冬闲”的生活方式。这些变化充分反映了典型范式下农民在向市场经济转化过程中的发展轨迹。“人类历史的前进，离不开文化的交流和融合，对于任何一个民族文化而言，拥有文化输出与文化接受的健全机制，方能获得文化补偿，赢得空间上的拓宽和时间上的延展。”①

① 张岱年、方克立著：《中国文化概论》，北京师范大学出版社，87页，2004。

第四节　邻里交往与互助

我国是“礼仪之邦、文明之国”。达斡尔族是个非常注重礼仪的民族。尊长敬贤、扶老爱幼、热情好客、礼貌待人、讲究信义、慷慨豪爽、谦恭互谅是对其最好的概括。达斡尔族人对老人非常尊重，在任何场合都遵循长幼有序的原则。

比如和老年人说话态度要和蔼温顺，呼唤老年人要使用尊称，绝对禁止晚辈直接称呼老人的名字。与长辈相谈，晚辈不能同长辈并坐，更不能插话。特别是儿媳妇与公、婆绝对不许同席对话，一般是恭敬地站在炕下回答老人的问话。

外出时，见到老者无论相识与否都要请安。在我们调研时，因为走村串户，很自然地多次遇到过老年人，和我们在一起同行的无论是村长、镇长、还是旗政府各部门的局长都不会因为自己现有官衔在身，自尊自大而违规。在老人或长辈面前，他们都恭敬地施礼。即使骑马或乘车时遇见老人或长辈也要停下来施礼，并且等老人或长辈远去时，才能离开。即使在家中出入，一般也要讲究老人在前，年轻人在后。家中大小二门，要由晚辈或年幼者开、关。

平时在家里，用餐时，要先给老人盛饭。喝酒时，要让老人先喝，吃肉让老人先动刀，一盘鲜鱼端上来，老人先吃第一口，然后才轮到晚辈动筷子品尝。特别讲究鱼头一定要留给同桌长者。老人饭后，儿媳妇或女儿要端来漱口水，然后敬茶，敬烟。

居住格局上以西屋为贵，西屋南炕专门供老人坐卧。老人睡觉前或起床后，晚辈为其铺床、叠被、敬烟。具体涉及办理家庭大事，首先要征求老人的意见；家庭、邻里或村中发生纠纷，老人出面调解；晚辈不许在长辈面前争执。达斡尔族人无论兄弟叔侄、姊妹妯娌一般都能和睦相处。他们都以发生口角为耻。所以闹离婚和家庭内部不和的现象很少发生。

达斡尔族人非常好客，无论本民族的人，还是外民族的人，都热情欢迎。一定先将客人请到炕上，用好酒好肉奶茶等款待客人。遇有初次见面的同族人，必问“哈拉”、相互敬烟、热情招待。如果愿意留宿，主人会铺床备饭，和客人形同一家。久不走动的亲戚来访，不分贫富，他们都会杀猪宰羊，隆重款待。临走还要举行告别的礼节：客人告辞时，主人通常赠送自产的烟叶和土特产品，以表心意。如果是男客，男主人送到大门外，女主人陪送到院中；如果是女客，则女主人送到大门外，男主人陪送到院中。如果是夫妻同行，男女主人则同时将其送到大门外。真诚、热情、好客是达斡尔族礼仪的道义基础。如果来客拒绝主人盛情的款待，则被看作是对主人的侮辱和最大的失礼。这种民风直到今天还依然保留着。

在众多的礼俗中，最有特色的是装烟礼和请安礼。

1. 装烟礼

达斡尔语为“当格特贝”。在达斡尔族的礼仪中，烟礼不仅仅有特色还占有十分重要的地位。过去男人们用 20 - 30 厘米的烟袋（达斡尔语为“待伊热”），妇女的烟袋（达斡尔语为“德仁达日”）更长。他们家家户户善于种植烟草，普遍嗜烟，甚至七八岁小孩也无例外。装烟礼又分单向礼（一方向另一方请安后装烟）和双向礼（相互问安、装烟）。

装烟待客是达斡尔族人热情待客的一种表现形式。客人到家，虽以烟、酒、奶制品相待，但尤以烟为贵。在长辈或亲友到家做客时，先给长辈将烟点燃后，自己方可装烟。平辈之间互相见面时，要给对方装烟。临行时还要热诚地送给客人一把自己家种的烟，以示敬重。在这样一个家家都种烟，烟文化气息十分浓厚的社会里，烟自然也成了人们传达感情的一种象征。亲邻之间都要互送烟叶，尤其是每逢收烟的季节，大家都会把自家种的烟叶拿出来互相品尝，并交换烟种，进行种烟经验交流。平时在自己家里，儿媳妇和其他晚辈在长辈起床后或晚上入睡前，都要给长辈的烟袋里装满烟，或用纸卷好烟。通过装烟和点烟促进了人与人之间的交流和友好往来，增进了感情和团结。

2. 请安礼

达斡尔语为“萨因哈苏呗”。请安礼施于长辈或同辈兄姐之间。凡是子女出门七天后归来时，必给父母请安、装烟；媳妇自娘家回来，要先到西屋给公婆请安、装烟。村里年轻人出门半个月归来时，见到村中长辈也必须请安问好。行礼的方式有如下要点：右腿向后退一步，脚尖着地，左腿在原处屈膝，上身挺直，左手轻轻下垂，右手放在左膝盖上，眼睛注视对方。妇女请安是双足并立，两手放在两膝上部，稍低头、屈膝。作为一个重视礼仪的民族，我们在其一言一行中，能够看到这个民族在社会变化中的历史痕迹。其实它是作为符号或象征像小河流水一样，源源不断地传递着生活的细节和民族文化的信息。

平时在生产生活中村民之间尤其讲究“互助”精神，表现在生、老、病、死、婚庆等方面，无论贫富都会得到“全体村民”的支持、帮助和参与。比如，修建房舍时，亲朋邻里都会前来祝贺或帮忙。小孩子出生时，邻里都会送些肉、面、鸡蛋等表示贺喜。满月时，要祝孩子“长命百岁”。年节杀猪宰羊，村民们会相互邀请，并将手把肉、肝、肚、血肠等送给近邻亲友。酒席上，要按辈分年龄排座次，按序斟酒。春节和参加婚丧大典，要向老人行磕头礼。同辈人相见，给年长者请安、互敬酒。聚会活动讲究老人和妇女先行。过去出去打猎、捕鱼，猎获物会与邻里共食。民族志书上对此有这样的描述：“猎场是老天爷的”。因此，他们从来不划分猎场，总是按季节的变化在一定的河流范围内活动。各氏族之间互不侵犯，即使在同一猎场相遇，也不发生争执。一般是后来者让先来者。或者互相联合，共同狩猎，猎获物平均分配。“如果有的人感到食物不足，别人有义务援助”。可见谦让、互助早在达斡尔族人从事森林狩猎时就已经形成了风气，成为传统美德。这些风俗礼仪奠定了达斡尔族人际关系的基础，有效地约束着人们行为规范。

正如马克思所指出的，经济基础决定上层建筑。达斡尔族文化的多元化，一方面是吸收外来文化的精华以滋补本民族文化之血脉；另一方面，是在与外民族文化的交流中，以千姿百态的民族风俗习惯的形式得以展现，反映着共同的心理感情，民族精神、品格、价值取向、思维方式以及各种行为方式。它有着广泛的群众基础，它是达斡尔族人民在长期的共同劳动中创造的智慧的结晶，起着维护和巩固民族共同体的作用。

第九章　经济和社会的可持续发展

第一节　水利工程与移民

一、水利工程

尼尔基水利枢纽工程是国家“十五”计划批准修建的大型水利工程项目，也是国家实施西部大开发战略的标志性工程项目之一，具有防洪、灌溉、供水、发电、航运、环保、鱼苇养殖等综合功能。是嫩江流域水资源开发利用、防治水旱灾害的控制性工程。

尼尔基水库位于黑龙江省与内蒙古自治区交界的嫩江干流上，坝址右岸为内蒙古自治区莫力达瓦达斡尔族自治旗尼尔基镇，左岸为黑龙江省讷河市二克浅乡，距离工业重镇齐齐哈尔市的公路里程约 189 公里。

嫩江是莫力达瓦达瓦达斡尔族自治旗境内第一大河。它发源于鄂伦春自治旗境内大兴安岭支脉伊勒呼里山南，由北向南流经黑龙江省、内蒙古自治区、吉林省，在黑龙江省肇源县三岔河汇入松花江，干流全长 1370 公里，流域面积 29.7 万平方公里，其间自北向南流经莫力达瓦达瓦达斡尔族自治旗 8 个乡镇①，总长达 206 公里。嫩江水量充沛，年径流量为 104 亿立方米。上游河道较窄，水流急速，气势壮观。流至额尔和乡以下，河谷始宽，

① 流经红彦、哈达阳、额尔和、腾克、登特科、尼尔基、博荣、汉古尔河 8 个乡镇。

再到尼尔基段以下，水势减缓，江面宽阔，河道宽约 380 ~ 900 米，水深 2.5 ~ 5 米，最深处可达 10 米左右。尼尔基水利枢纽坝址以上控制流域面积 6.64 万平方公里，占嫩江流域总面积的 22.4%；多年平均径流量 104.7 亿立方米，占嫩江流域的 45.7%。莫力达瓦达斡尔族自治旗境内第二大河是诺敏河，它发源于大兴安岭东侧龙嘴山南麓，自西向北流经 8 个乡镇[①]，长度约 152 公里，流域面积为 3470 平方公里。诺敏河年径流量为 43.3 亿立方米，最大洪峰流量为 3750 立方米/秒，最高洪峰水位为 206.26 米，河道较窄，水流湍急，河道曲折。除上述两大河流外，发源于大兴安岭东麓沃伟奇山的甘河是又一重要水源，它是嫩江的一大支流，流经莫力达瓦达斡尔族自治旗的长度约 92 公里，沿岸还有很多小的支流，流域面积为 2471 平方公里。

此外，莫力达瓦达斡尔族自治旗境内还有大小河流 56 条，多发源于大兴安岭东南麓，均汇入嫩江及其主要支流，属于嫩江水系。这些河流基本没有被污染，水质良好，水资源丰富，水土流失现象不明显，而且水流湍急，落差较大，水量充沛，既可用于人畜用水，又可用于灌溉，尤其是适合于水面养殖，水资源可利用率较高。全旗大小河流水域面积为 14961.4 公顷。

尼尔基水利枢纽工程计划历时已久。为改善下游防洪条件，提高防洪标准，并开发嫩江丰富的水资源，早在 20 世纪 50 年代末就开始了工程的勘探设计工作。1994 年经国务院批准的《辽河、松花江流域综合开发利用规划》中，尼尔基水利枢纽被推荐为松辽流域水资源综合开发利用的第一期开发项目，同时，又被列为松辽流域水资源综合利用的“北水南调”水利工程。20 世纪 90 年代后期，尼尔基水利枢纽工程进行了大量的可行性研究

---

① 库如奇、杜拉尔、阿尔拉、宝山、兴隆、乌尔科、兴仁、汉古尔河 8 个乡镇。

阶段的勘测、设计工作，先后通过了国家有关部门的审查。1998年11月17日，国家计委委托中国国际咨询公司，组织专家对尼尔基水利枢纽工程进行立项前的最后一次评估。评估团的39位专家、学者在工程坝址，即尼尔基纳文慕仁公园老山头现场观察，听取项目设计人、水利专家关于项目的勘测介绍。项目设计图纸表明，水库库容量为83.7亿立方米，库区面积483平方公里，工期预计5年，预算投资58亿元。水库分别由主坝和左、右副坝组成，坝长约7242米。主坝自莫力达瓦达斡尔族自治旗老山头至讷河市大克浅村山头。莫力达瓦达斡尔族自治旗境内将有部分乡镇、村屯被淹没。在项目实施前，首先要建嫩江尼尔基大桥，拓宽讷河至尼尔基公路，使莫力达瓦达斡尔族自治旗人民直接受益。

2000年6月6日，国务院批准了《国家计委关于审批尼尔基水利枢纽工程项目建设书的请示》，2000年7月3日，国家计委下发给水利部的《印发国家计委关于审批尼尔基水利枢纽工程项目建议书的请示的通知》正式批复立项；2000年11月初召开了省部级联席会议，签订联合建设枢纽工程协议书、投资协议书；经过40多年的充分准备，尼尔基水利枢纽工程终于通过了国家立项，这是各族人民日夜期盼的大好事。

2001年4月29日，在莫力达瓦达斡尔族自治旗召开嫩江大桥及导流明渠工程投资单位现场研讨会；5月15日，尼尔基水利枢纽工程筹建办公室在莫力达瓦达斡尔族自治旗主持召开了枢纽工程移民工作会议。根据文件通知，讯息工期区征地范围内的土地将于5月下旬开始使用，工程前线指挥部进驻现场。2001年6月1日，尼尔基水利工程进入了前期准备工作阶段。2001年11月27日，国家计委给有关部门印发经国务院批准的《国家计委关于审批尼尔基水利枢纽可行性研究报告的请示》。

水利部和黑龙江省、内蒙古自治区领导及各有关部门对尼尔基工程非常重视。各级政府及有关部门均行文对工程建设等有关问题做了正式承诺。按国家计委的要求，水利部和黑龙江省、内蒙古自治区顺利签订了《水利部、黑龙江省、内蒙古自治区联合建设尼尔基水利枢纽工程协议书》、《尼尔基水利枢纽工程资金出资协议书》、《尼尔基水利枢纽工程分标方案和招标计划》、《水库淹没处理补偿投资包干协议主要原则》及公司组建方案、公司章程、董事会议事规则、监事会议事规则等重要文件。

尼尔基水利枢纽工程总投资为53.87亿元，其中财政拨款40.48亿元，贷款13.93亿元，其余由中央水利基建投资安排。工程静态总投资为51.51亿元。黑龙江省出资5亿元，内蒙古自治区出资3.89亿元，基本按照水利部、黑龙江省、内蒙古自治区三方投资比例为4:3:3进行。总工期计划5年完成。

尼尔基水利枢纽工程主要由主坝、副坝及灌溉输水洞（管）等组成，最大坝高40.55米，水库总库容86.11亿立方米。2001年6月初，嫩江大桥、导流明渠及水库一期围堰正式动工。工程总体于2001年8月开工，同年11月8日实现大江截流。2002年7月经国家计委批复，主体工程正式开工。2004年9月15日实现二期截流。2005年9月11日下闸蓄水后，首台机组年内并网发电。主体工程于2005年底全部完工。

尼尔基水利枢纽正常蓄水位为216米，水库面积为511平方公里（莫力达瓦达斡尔族自治旗淹没面积为225平方公里），总库容为83.74亿立方米，防洪库容13.38亿立方米，年平均调节水量67亿立方米。工业及生活用水，年平均供水量12.54亿立方米；农田灌溉面积454万亩（其中改善灌溉面积401万亩，新增灌溉面积53万亩），供水量18.01亿立方米。电站总装机容量25万千瓦，年发电量6.51亿度。该工程主要建筑物为一级建筑设计，总体布置为河库布置主坝，左右两岸布置副坝，并在主坝之后靠右岸布置电站厂房，溢洪道布置在厂房右侧岸坡上，左右两岸分别布置灌溉引水建筑物。该枢纽主坝采用沥青砼心墙土石坝，左、右副坝采用黏土心墙土石坝。

二、移民

尼尔基水利枢纽正常蓄水水位为216米，将淹没近500平方公里土地。尼尔基水库淹没范围涉及黑龙江省的讷河市、嫩江县和内蒙古自治区莫力达瓦达斡尔族自治旗的8个乡镇66个行政村，另外还将淹没2个林场和3个农场的一小部分。淹没面积483平方公里，耕地34万亩，房屋81.2万平方米，动迁人口5.2万人。由此涉及较为复杂的移民问题。

尼尔基水利枢纽的移民安置实行黑龙江省、内蒙古自治区政府负责制。根据工程建设进度安排，2001年共需安置移民843户，人口3093人，其中库区移民638户，2323人，坝区移民205户，770人。在多方通力合作下，首批移民工作按时完成，尼尔基水利枢纽工程于2001年11月8日顺利实现大江截流。

随着2002年主体工程全面开工，移民动迁、安置工作十分艰巨。在水利部、松辽委、黑龙江省和内蒙古自治区政府的统一领导下，在各级移民管理机构的直接关怀和辛勤努力下，2002年动迁安置移民5217户，人口21500人。涉及3个市、县（旗），4个乡（镇），14个行政村，房屋32.49万平方米，耕地12.9万亩。安排新建等级公路66.14公里，输电线路59.68公里，通讯线路125.76公里。完成部分文物发掘、矿产抢采和西江水库加固等专业项目，投入移民资金达7.8亿元。现已新建集中安置点26个，其中，讷河市15个，嫩江县5个，莫力达瓦旗6个。集中安置移民3892户，15437人，分散和投亲靠友安置移民1246户，4948人。内蒙古自治区莫力达瓦达斡尔族自治旗移民房屋建设工程中采取的是政府统建方式施工。而讷河、嫩江地区移民房屋建设则采用自建的施工方式，但要求是统一规划，统一户型。移民自行选定施工队伍，基本要求就是以工程进度的时间表制定移民的时间表。

2003年9月23日，讷河市第三批移民安置工作动员大会在学田镇召开。讷河市市长在会上做了动员报告，宣读了第三批移民动迁安置工作实施方案。第三批移民动迁涉及学田镇的6个村（15个村民组）、1个林场，共计1314户，4737人，房屋5.36万平方米。2004年动迁移民近6500人，全县共新建移民新村15个，新村水源打井工作基本结束。

第四批移民安置费共计60757.97万元。实际拨付资金59546.5101万元，其中黑龙江省27129.5429万元，内蒙古自治区32416.9672万元。需要动迁安置移民5085户，20981人，房屋31.02万平方米，耕地19.53万亩，涉及莫力达瓦达斡尔族自治旗的腾克镇、讷河市学田镇、嫩江县临江乡的23个行政村，占总移民安置任务的38%。安排新建等级公路114.83公里，输电线路176.95公里，通讯线路269.5公里。并安排坝区征地、专业项目复建和企业补偿等项目投资近9.2亿元。莫力达瓦达斡尔族自治旗、讷河市的移民新址建设全面开展。房建工程、道路、供水、供电等基础设施建设也进展顺利。

坝区老山头公园迁建（现名中国民族园）工程完工，现已对外开放；副坝施工区场地征用等工作的完成，保证了主体工程施工用地。莫力达瓦旗委、旗政府为了配合水利工程部门的工作，深入开展移民搬迁工作。为了确保农民搬迁后，生产生活一切顺利，在引导农民转变生产方式，调整农业经济结构方面做了大量艰苦细致的工作。截至2005年，莫力达瓦达斡尔族自治旗共动迁5313户，20422人，新建移民住房24.735万平方米。其中额尔和乡宜和德达斡尔族民族村就是一个十分典型的移民村。

宜和德移民新村① 是莫力达瓦达斡尔族自治旗最后一个移民村，又是额尔和乡唯一的少数民族村。该村位于额尔和乡政府西15公里，甘河西岸。为确保工程建设，旗政府高度重视移民问题。成立了搬迁指挥部，挨家逐户地进行走访，做移民的宣传工作，动员搬迁。具体执行实物补偿兑现政策，并落实到位，即搬迁一户，兑现一户，移民户搬迁积极性很高。政府"以人为本"切合实际认真研究解决各项繁琐的和村民利益攸关的一系列事情，工作细致周到。经过努力，2005年10月21日，99栋移民房屋建设完工，并顺利通过验收。11月15日移民户全部迁出。由于措施得力，真正地保证了宜和德村的移民搬得出、安得稳，并且以此为契机将库区移民工作视为千载难逢的历史发展机遇：不仅仅是简单的移民，而是有组织、有计划地对移民进行专业技术培训，把移民和扶贫结合起来。宜和德移民新村决定，在村民自愿的基础上，积极倡导、鼓励动员农户把移民资金大部分用在发展畜牧业上，争取一至两年内外购牲畜达到人均3头牛、5只羊、1匹马。鼓励帮助移民尽快调整产业结构，因地制宜发展生产。

同时，甘河、嫩江都流经该村，特别是尼尔基水库蓄水后嫩江上游水面扩大，水流稳定，这些特点，很适合发展渔业生产。再从人文角度看，利用3－5年时间在尼尔基库区上游建立环湖民俗旅游点或民族民俗旅游村，发挥达斡尔族民俗文化的特色，也是切实可行的。因此，尼尔基水利移民是促进和带动该村整体

---

① 2005年，宜和德村共有226户，总人口为1053人，耕地面积10.7万亩，水草资源丰富，现有牛马1284头（匹），羊2760只。早在1987年，该村有特困户达50户，占全村总户数的1/3以上，后村主任从外地雇30多台拖拉机给村民每户解决一垧地。通过民政部门为村民解决衣食等生活必用品。并为每户购买一头牛，使人均纯收入达到1000元以上。目前，面对移民问题，村民希望借此机会能使生活水平有所提高。

经济发展的一次良机。

莫力达瓦达斡尔族自治旗人民政府 2005 年的工作报告中强调："认真做好腾克镇[①] 移民工作及额尔和乡、甘河农场的移民搬迁安置工作。采取多种有效措施妥善安置无房户，保证移民搬得出、安得稳，使我旗库区三镇一乡移民全部迁出库区，确保尼尔基水利枢纽工程下闸蓄水。进一步加强移民生产生活安置工作。"

与其他大型水利工程一样，尼尔基水利枢纽的移民安置是一项政治性很强的工作，也是事关工程建设大局的重要工作。各级政府积极采取一些有效措施，使移民工作得以有序地顺利进行。2004 年底至 2005 年初，腾克镇 1004 户移民房建及附属设施工程完工，移民得到了妥善安置。截止到 2005 年 7 月，腾克镇有 10 个村，700 多户达斡尔族村民已经搬迁到移民新区，新房不仅漂亮舒适，而且水、电功能一应俱全。通过移民安置工程，首先，一次性彻底解决了达斡尔族农民的住房问题，并且使村民的居住条件普遍得到了改善；其次，使部分移民户用水淹地补偿资金还清了以往的欠债。他们丢掉了包袱，以崭新的姿态投入到新的生产和生活之中，对未来充满了信心。64 岁的 CLJ 老人激动地说："我在这里住了五十多年，从前差不多每十年就要发一次大水，每次发大水，都从窗户往屋里灌水，三更半夜也不敢睡觉，房屋被泡了，种的地也全被淹了。现在我是赶上好机会了，尼尔基水利工程，先帮我们把家建设好了，我们总算过上安心的日子了。"曾饱受洪水肆虐的人们，终于在尼尔基水利枢纽开工建设后，安下心来。

按照登特科镇自己描绘的美好发展蓝图是："用三年时间，

---

① 腾克镇是以达斡尔族为主体的民族乡镇，镇内有达斡尔族、鄂温克族、鄂伦春族、蒙古族等，人口约 5888 人，占全旗总人口的 44%。

把登特科打造成呼伦贝尔市最美丽的乡镇。”迁到新址的登特科镇，水泥路面平坦干净，延伸到全镇的每个街道；一排排崭新的民房红砖红瓦，整齐划一；镇政府办公楼前的绿地花坛花草树木生机勃勃。移民新区内规划建设了养殖小区、农业园区和商业街。但是水库蓄水后，登特科镇的耕地减少了，搬迁以前全镇1.7万多人，拥有耕地23万多亩，种植业以大豆为主。移民工作确定了水库移民安置以不降低原有人均耕地为目标。各移民地区坚持以农业开发为主，同时大力发展农产品加工和特色养殖，并结合库区水面资源开发，积极发展水产养殖等，由于登特科镇耕地的减少，为了促进农民致富，政府积极引导农民发展特色养殖，目前梅花鹿、獭兔、银狐等养殖产业已初具规模。移民搬迁户WBW在得到移民补偿款后，从长春买回14只梅花鹿和6只马鹿，建起了1000余平方米的鹿舍，计划每年生产鹿茸达到20多斤，全年靠养殖业增收达6万元。

为了保证移民得到妥善安置，尼尔基工程移民工作实行监理制，这是东北地区第一个实行移民监理的工程，监理单位在涉及移民工作的三个市县旗设立了监理站，每月报送监理月报告。尼尔基公司还委托移民监测评价单位，每年编制两期评价报告，对移民安置进度、社会经济和移民安置效果进行评价，为各方开展移民安置工作提供参考依据。

第二节　农田基本建设

据专家们的研究，2000年，我国耕地面积约占世界耕地面积的9.5%左右。我国耕地资源的基本特点是“一多三少”，即耕地总量多，但人均耕地少，高质量耕地少和可开发的后备耕地少。预计到2030年，全国人均耕地面积将只有0.08公顷左右，耕地资源更为稀缺。[①] 如果以我国的人均耕地面积为“1”个单位，那么印度就是2.3，法国是4.2，美国是9.3，俄罗斯是11.8，加拿大和澳大利亚分别高达20.4和35.6。同时，专家学者们还指出：目前，发达国家农村人口所占比重一般在20%以下，有的甚至低于10%。农业就业人口在总就业人口中的比重大多数下降到了10%以下，其中英国为2.6%，美国为3.9%，加拿大为6.7%，法国为10%，日本为13.8%。事实上，随着农村工业化和城市化程度的不断提高，都市与非都市的区别越来越模糊不清，传统“乡村——城市”的划分已基本失去了意义。在一般发达国家，农业已转化为“农业工业”或“工业农业”，农业已不再等同于乡村价值观和乡村生活，农场已经成为一种企业，农业与其他企业之间的区别正在消失。在美国，中小农场主的收入甚至高于城市职员，随着农业及其劳动形式的变迁，农业工人的生活方式与城市人基本上没有差别。正基于此，搞好农村基础设施方面的建设，尤其是农田基本建设是十分必要的。各国普遍采取公共财政支出、低息贷款、发行债券等形式加大对农村道路、水利、农民住房、自来水等基础设施的投入力度，一方面改善了农业生产和农民生活条件，另一方面又使农民的收入增加，有利于缩小城乡差距。

为此，莫力达瓦达斡尔族自治旗政府借建设尼尔基水库之机，积极发展农业灌溉工程。到2005年底，农田有效灌溉面积达到63.86万亩，节水灌溉面积达到51.24万亩，解决了3.93万人的饮水困难问题。据当地政府部门的统计表明：尼尔基水库建成后，将为农业灌溉供水16.46亿立方米，可使下游灌溉面积发展到454万亩。因而，莫力达瓦达斡尔族自治旗政府积极充分地

---

① 翟振元、李小云、王秀清著：《中国社会主义新农村建设研究》，中国社会科学 文献出版社，2006。

利用这一优势，在尼尔基水库下游开发大型灌区。“在搞好重大水利工程建设的同时，加快发展尼尔基水库下游的5大节水灌溉项目，继续把5个大型灌区续建配套和节水改造作为农业固定资产投资的重点，突破节水喷灌。”2004年在全旗新增节水灌溉面积达6万亩的基础上，进一步做好抗旱防汛工作，扩大抗旱保灌面积，建立旱能灌、涝能排、灾能防的农田设施体系。完成小型灌区节水改造、雨水集蓄利用为重点的小型农田水利工程建设和管理。这是农田基本建设的需要也是建设社会主义新农村的基本要求。

尼尔基水库下游大型灌区由原团结灌区和汉古尔河灌区组成，灌区总土地面积40.64万亩，耕地面积33.90万亩，规划灌区灌溉面积31.70万亩，其中水田灌溉面积22.19万亩，旱田灌溉面积9.51万亩，年增产粮食将达到7071万公斤。灌区农田灌溉用水全部由尼尔基水利枢纽供水。为充分利用当地现有资源，切实提高达斡尔族农民的生产能力和生活水平，从根本上解决达斡尔族农民的贫困问题，政府在2005年计划对以下典型农田水利项目进行投资建设：

1. 阿尔拉镇阿兴灌区项目

该灌区南北长约3.7公里，东西平均宽约0.2公里，总土地面积13.18万亩；

2. 阿尔拉镇新建节水灌区项目

总灌溉面积为5万亩；

3. 尼尔基水利枢纽下游31.7万亩灌溉项目

项目建成可灌溉水田20万亩，旱田11.7万亩；

4. 尼尔基水利枢纽周边乡镇提水灌溉工程

初步规划需建泵站8处，结合半固定式喷灌工程2处，移动式喷灌工程6处，购置喷灌设备400台（套）；

5. 小水电建设项目

现已规划设计 3 项水电建设项目。这些灌溉项目，以村为单位进行落实，具体方法是，在适合改水田的耕地上争取搞一部分水田，既调整了产业结构，又改善了农业生产条件。目前的计划是先请懂经营、善管理的人来耕种“水稻”，起到示范带头作用。在此基础上，定期邀请技术人员讲解相关知识，使一部分达斡尔族农民率先掌握水田种植技术，逐步推广“水稻”等水田种植技术，不断扩大种植面积。一步一步地让农民在思想意识上彻底打破“雨养农业、靠天吃饭”的思想观念。从而改变农民千百年以来的“种在人，收在天”的依赖“老天爷”的思想，倡导科学发展观，讲究科学种田。

因此，尼尔基水利工程的建设，从根本上推动了社会的发展和进步。目前，已经在移民搬迁和农田水利基础建设两个方面取得了较为突出的成就，是地区经济可持续发展的重要工程项目。我们相信不久的将来，随着工程建设的结束和工程各项功能的正常运行，必将进一步推动当地经济快速全面地发展，也必将对农业的增产、农民的增收产生巨大的作用和影响。

第三节　扶贫开发模式

通过前几章的叙述与分析，我们对莫力达瓦旗达斡尔族农民现存的问题有了充分的认识。如何调整产业结构，加强农业基础设施建设，增加农民收入，改善农民的生产生活条件等，不仅仅是莫力达瓦旗达斡尔族农民的问题，也是全国农民所面临的问题。所以有关“三农”问题，始终是党和政府工作的重中之重。2006 年初，《中共中央国务院关于推进社会主义新农村建设的若干意见》公开发表。该《意见》全面分析了当前农业和农村形势，深刻阐述了建设社会主义新农村的重大意义。《意见》指出：

建设社会主义新农村是我国现代化进程中的重大历史任务。

结合莫力达瓦旗的实际，旗党委和政府十分清醒地看到经济社会发展中存在的问题和困难：主要是经济结构不合理，粗放型经营特征明显；工业化水平低，工业缺少大项目支撑；农业基础设施和公共服务体系比较薄弱，部分农民的生活还很困难，解决“三农”问题的任务十分艰巨。例如：汉古尔河镇额尔根浅村位于汉古尔河镇政府以北 6 公里处，与尼尔基镇博荣村隔诺敏河相望。现有耕地 7800 亩，草场 11000 亩，河套地 4000 亩，水域面积 2800 亩。有 4 个村民小组，2 个自然屯，共有 187 户，总人口为 845 人。其中达斡尔族 48 户，185 人，占全村总人口的 22%。

目前，该村人均耕地不到 10 亩，由于土地老化、沙化严重，农业人均年收入不到 1500 元。在 61 户少数民族中，有 49 户为贫困户，贫困人口达 195 人。该村村民的生活条件十分艰苦，草房、危房至今尚未改造，居住条件差。该村 187 户中有 153 户仍然住着土草房，其中有 55 户少数民族农民居住土草房内，居住条件亟待改善。

从全旗来看，现在有 67 个民族村屯，其中贫困村屯高达 63 个，达斡尔族贫困村有 59 个。这样的事情发生在少数民族自治旗内，还是令我们感叹！多年来，居住草房的农户，5482 户，其中达斡尔族农户 4200 户，占总户数比例的 62.4%。30%的草房始建于 20 世纪中期。60%以上为土草房，且大都属于危房，只能勉强维持住人。有的房屋住着老少四代，极为拥挤。居住年限达 50 年以上。居住条件差，致使达斡尔族村民健康状况差，健康和疾病的关系，我们都很清楚。健康状况不佳，发病率就高。发病率增高，自然就会导致因病返贫现象的发生。为彻底改变这一现状，政府从财力、物力、人力上重点扶持达斡尔族村民改造住房，并于 2005 年正式启动草房、危房改造工程。

预计用三年（2005—2007 年）的时间，从整体上对达斡尔族农村居民的草房（危房）进行全面的改造，计划新建房屋5482户（其中包括鄂温克族、鄂伦春族），总投资20507万元，其中自筹6152万元，其余的14355万元暂时还未解决。所以政府积极采取措施多渠道融资。工程实施中，规定给每户建设52平方米面积的住房。此外，村民可以根据自家的经济条件申请增加一定的面积，规定每增加1平方米，需要交460元。有的农户经济条件较好，自愿出钱增加一定的面积。但也有的贫困户心有余而力不足，即使是两代或三代人只有每户52平方米的面积，因无钱也无法增加面积。正当我们深入茅草房改造现场的时候，传来内蒙古自治区民委对莫力达瓦旗达斡尔族所居住的茅草房改造工程的关心和重视。在原定对莫力达瓦旗阿尔拉镇阿尔拉村86户民房进行改造的基础上，民委决定一次性投资100万元，将改造民房数量增加到120户，危改投资总额达290万元，使该村茅草房改造工程本年度内全部完成。届时，达斡尔族农民将有望彻底告别低矮、潮湿的草房、危房。

除了草房、危房改造工程外，近年来还开展了“千村扶贫开发工程”，社会扶贫开展的力度和范围正在逐步加大。但是，扶贫开发工作面临的任务仍十分繁重。

表31 2006年莫力达瓦达斡尔族自治旗扶贫村镇表

苏木乡镇名称	嘎查村名称	备　注
阿尔拉	阿尔哈浅	财政扶贫资金扶持
阿尔拉	喀雅都尔本	财政扶贫资金扶持
汉古尔河	额尔根浅	财政扶贫资金扶持
腾克	中霍日里	财政扶贫资金扶持
腾克	前霍日里	财政扶贫资金扶持
尼尔基	前乌尔科	财政扶贫资金扶持
尼尔基	哈力浅	财政扶贫资金扶持

续表

苏木乡镇名称	嘎查村名称	备 注
尼尔基	前宜卧奇	财政扶贫资金扶持
巴彦	乌如根	财政扶贫资金扶持
杜拉尔	达哈浅	财政扶贫资金扶持
西瓦尔图	后兴隆	财政扶贫资金扶持
额尔河	宜和德	财政扶贫资金扶持
塔温敖宝	半拉山	财政扶贫资金扶持
阿尔拉	阿尔拉	财政扶贫和少数民族发展资金扶持
杜拉尔民族	杜克塔尔	财政扶贫和少数民族发展资金扶持

关注和重视农民的实际生活处境，下大力气从根本上解决农民的住房问题，这只是万里长征的第一步。要想有效地帮助和扶持达斡尔族农民的发展，必须改变简单的物质支持、政策照顾的传统做法，把重点转移到提高达斡尔族自身文化的适应能力上，让他们用自己的腿走路。

总之，建设社会主义新农村是全社会的事业，需要动员各方面力量广泛参与。按照“生产发展、生活宽裕、乡风文化、村容整洁、管理民主”的要求，挖掘达斡尔族农业内部的增收潜力，发挥达斡尔族农村现有的资源优势。早在 1987 年，莫力达瓦旗借鉴“联户”的成功经验创办了第一个扶贫联合体。首先是在塔温敖宝乡双青山村实施，乡党支部将 19 户贫困农户，70 多人联合起来，组成一个“扶贫联合体”，推选一位责任心强，有一定经营管理能力，在群众中威望高的农民担任联合体负责人。乡政府为联合体提供小四轮拖拉机 1 台、牛 2 头、马 2 匹，集中贫困户的耕地共195亩，实行统一耕种、统一收割、统一分配。当年该联合体人均口粮达400斤以上，人均收入由1986年的200元到1987年的613元。[①] 农民在扶贫联合体中得到了实惠，生产积极性和生产热情被激发了出来。他们情绪高涨，精神饱满地在“扶贫联合体”这个集体中劳动着。随后几个村屯纷纷效仿。

腾克镇特莫呼珠村[②] 也是模仿这种扶贫模式成功的典范。该村产业结构单一、科技含量低、连年受灾导致经济基础薄弱。因此，根据特莫呼珠村的现有条件，从1991年开始由12户联合组建起“扶贫联合体”，这12户都是特困户。扶贫联合体采取了统种分管的形式，实行自主经营，独立核算，自负盈亏，共开发200垧土地。其中100垧地由12户贫困户经营，另外100垧地出租，出租的收入归集体所有。他们合理安排利用集体资金，比如将资金投入到村小学和卫生所等公共事业上。经过几年的努力，该村小学的建设、街道规划等都得到了明显的改善。甚至像有限电视等基础设施建设也得到了改造和加强。过去该村是克山病高发病区，组建扶贫联合体后，利用集体资金修建了村卫生所，聘用了技术水平高的医生，并不断地为村卫生所增加药品、器材等设备，改善了村卫生所的条件，稳定了医务人员队伍。由于村卫生所医生医术高且药价低，周边如五宝山和西瓦尔图的患者也都到该村卫生所就诊，这样形成了良性循环又为集体经济增加了收入。村民的生活质量也随着集体经济的增加而有了很大的提高。因此，特莫呼珠村在发展集体经济和脱贫致富工作中也走在了前列。

---

① 裴永刚、陈娟：《扶贫联合体——一种以贫困农户为目标的有效扶贫方式——内蒙古自治区东部兴办扶贫联合体的调查与启示》，载《农民经济》，1999。

② 特莫呼珠村位于腾克镇所在地西北，西与塔温敖宝镇相邻，现有128户，582人，耕地面积为4747垧。

以上两个扶贫联合体作为脱贫致富的典型，给了我们很多启发和启示。经验告诉我们应该走政府扶贫与“民族自觉”相结合的道路，但是每一个乡、镇和村、屯都有自己的发展历史和资源特点，在具体的操作上不能一味地模仿，还必须强调结合实际，因地制宜。对此，首先要真正了解达斡尔族的文化，并充分尊重他们的文化传统，在达斡尔族自身的文化适应上，寻求其自身的发展出路。

费孝通先生曾针对国际和国内时势的发展变化，提出“文化自觉”，即生活在某种文化中的人们的自知自明，目的就是争取文化发展的自主权和自觉权。在中华民族大家庭中，任何一种民族文化都有其存在的价值，我们有责任帮助他们更好地生存和发展。同时更要允许他们在民族文化的更新和选择上具有自主权和自决权。近二十多年来中国民族地区发展的事实表明，一个民族欲取得经济的发展，必须坚持两个“不能脱离”：一个是不能脱离民族自身的历史文化传统；一个是不能脱离这个民族所在地区的社会经济发展。

第四节 建设社会主义新农村

一、改革开放后莫力达瓦达斡尔族自治旗农业的发展

农业、农村、农民问题，即“三农”问题始终是关系我国经济和社会发展的全局性和根本性问题，“农业丰则基础强，农民富则国家盛，农村稳则社会安”。党的十六届五中全会通过的《中共中央关于制定国民经济和社会发展第十一个五年规划的建议》明确提出了建设社会主义新农村的伟大历史任务。这是党中央综合分析国内外形势，从我国经济社会发展全局作出的重要判断，是对未来五年乃至今后一段时间的“三农”工作做出的重大

战略部署。莫力达瓦旗是农业大旗，其境内的达斡尔族农民的经济发展与全旗经济社会的整体发展息息相关。

新中国成立以来，特别是改革开放以来，我国农业和农村发生了历史性的深刻变化，农村经济社会发展取得了伟大的成就。1978年，党的十一届三中全会胜利召开，正确的方针政策逐渐落实，农村进行全面的经济体制改革，开展了以家庭承包为主的联产承包责任制，充分地调动了农民生产的积极性。据统计，1978年全旗总播种面积86627垧，粮食总产量9675万公斤，亩产79公斤，总产值6197万元。尤其是到了1980年，开始调整农业内部结构，实行新的农业生产方针。在调整种植业结构、推广科学种田、改进农机具、加快商品粮建设的前提下，莫力达瓦旗的农业生产得以健康发展。

1983年莫力达瓦旗被列入国家60个商品粮生产基地县之一。自1983年以来，商品粮基地建设共投资专项资金1147.80万元，其中，国家投资296万元，自治区投资690.4万元，盟级投资104.4万元，旗投资57万元。在总投资中农业技术推广体系投资501.6万元，良种繁育体系投资208.5万元，小型农田水利投资381.9万元，农机化服务项目投资55.8万元。1985年，莫力达瓦旗的粮食总产量居内蒙古自治区的第一位。

1991—1992年莫力达瓦旗被列入商品粮基地续建旗，两年共投资90万元，其中农业技术推广计划明显改善，特别是基础设施和生产设施进一步加强。立足长远，合理布局，增加投入，科学种田，促进了粮食生产长足稳定的发展。1990年全旗粮食总产达285334吨，占全盟粮食总产的26%，比1983年的65000吨增长近5倍。8年粮食递增率10.4%，累计交售商品粮924000吨。粮食单产由1978年的79公斤增长到1990年的156公斤。1990年农业总产值达51625万元。但1992年莫力达瓦旗遭遇历史上罕见的冻霜灾害的，粮食产量大幅度地减产，总产量仅有

1847万公斤，亩产在88公斤左右。农民承受巨大的生产压力，生活再度陷入贫困。在严重的自然灾害面前，莫力达瓦旗被国家正式列为二期农业综合开发旗县之一。全旗设7个项目区：汉古尔河镇的三合项目区；尼尔基镇、兴仁乡和博荣乡的团结项目区；兴隆乡的新发项目区；西瓦尔图镇的大川项目区；阿尔拉镇的喀牙项目区；腾克乡的伊兰台项目区；杜拉尔乡的查哈阳项目区。项目区涉及9个乡镇，42个行政村，5400户，3.06万人。项目区内土地面积90.4万亩，占总土地面积的6.7%，耕地面积23.6万亩；占总耕地面积6.8%。

开发计划总投资2812万元，实际完成2844.8万元，其中，中央投资709万元；自治区配套计划307万元，实际完成314万元；盟级配套计划138万元，实际完成163.8万元；旗级配套计划179万元，实际完成179万元；农行专项贷款计划529万元，实际完成529万元；群众集资计划950万元。现已全部完成建设任务。具体建设项目、投资完成情况如下：

1. 改造中低产田15万亩建设项目，投资金额1538万元，完成老稻田改造3万亩，旱改水2.3万亩，甸子地治理9.7万亩，其中水利设施投入1384万元，比计划投资多投31万元。完成开挖疏浚沟渠255.5公里，投资711.9万元。修建建筑物125座，投资443万元。打机井22眼，投资44万元。修机耕路78.72公里，投资185.1万元。完成土石方403万立方米，农业措施投入154万元。完成改良土壤9万亩，投资131万元。

2. 开荒2万亩，完成开荒种水田1.1万亩，种旱田0.9万亩，投资369万元。水利措施投入369万元，其中水利设施投入339万元，完成开挖疏浚沟渠40.3公里，投资198万元。修建建筑物123座，投资91万元。打机电井6眼，投资10万元。修机耕路16.1公里，投资40万元。完成土石方121万立方米，农业措施投入30万元。完成良种基地建设0.1万亩。

3. 造林 1 万亩，投资 91 万元，完成农田防护林 0.775 万亩，投资 58 万元。水土保持林 0.036 万亩，投资 5 万元。经济林 0.15 万亩，投资 10 万元。建苗圃 390 亩，投资 18 万元。

4. 购置各类农业机械 793 台件，投资 653 万元，其中，购置拖拉机 119 台，投资 291.6 万元；配套农机具 660 套，投资 195.1 万元；购置其他机械 14 台，投资 166.3 万元；农机总动力达 4935 马力。

5. 草场改良 2 万亩，投资 14 万元。

6. 科技推广投资 58 万元。其中，举办各类技术培训班 70 次，培训 1.2 万人次，投资 15.5 万元；购置仪器设备 63 台件，投资 33 万元；科技启动费 9.5 万元；完善乡镇综合服务站 5 个。

7. 畜牧业建设项目投资 105 万元，其中购种畜 460 头，投资 65 万元；建棚舍 1000 平方米，投资 22 万元；购饲料加工机械 3 套，投资 16 万元；建饲料加工厂 1 处，投资 2 万元。

8. 项目管理费 1.8 万元。

全旗各族人民共同努力，紧紧抓住二期农业综合开发的机遇，三年间累计投入 90 万个工作日，完成土石方 524 万立方米，动用大小机械 5500 台次。坚持上水田林路综合治理，农林牧副渔各业同步发展，粮油肉蛋等全面丰收。项目区内面貌焕然一新，社会、经济和生态三个效益协调发展，取得了明显的成效，主要表现在以下几个方面：

一是坚持以改造中低产田、开垦宜农荒地为重点，使项目区生产条件明显改善，农牧业基础设施建设得到加强。进一步增强了农业的发展后劲，提高了抗御自然灾害的能力。

二是项目区内农牧业综合生产能力明显增强。随着生产条件的不断改善和实用增产技术的普遍应用，使开发区内粮蛋肉等农畜产品大幅度增加。

1994 年，全旗粮食总产创历史最高水平，达到 3.65 亿斤，比开发前的1991年的24.5亿斤增长55.3%。开发后每年可增产粮食2230公斤，商品肉30万斤，新增产值3790万元，项目区内人均增收500元。1992—1995年共增产粮食2720万公斤，增加产值5209万元。

三是进一步树立了农业基础地位的思想，通过开发建设，项目区内产业结构和种植业结构得到了有效的调整。

四是项目区内生态环境得到了充分的保护和明显的改善。农业开发注重山水田林路的综合治理，注重生态环境的保护和建设，使项目区内田成方，渠成系，林成网，路成线，形成了现代农业的格局。

五是农业开发要求集中连片综合开发，以高产高效为目的，这就需要改变传统的土地经营方式，实行统分结合的双层经营体制成为农业综合开发区经济发展的客观要求，这就促进了农村改革的深化，推动了社会生产力的发展，为全旗脱贫致富奔小康树立了榜样。

在总结经验的基础上，1995年秋季莫力达瓦旗第三期农业综合开发共设3个项目区，分别为汉古尔河镇西汉项目区，西瓦尔图镇永安项目区，坤密尔堤乡西大川项目区；总任务为中低产田改造2万亩，开荒1万亩，造林0.4万亩。1996年全旗农作物总播种面积242千垧，其中粮食作物播种面积241千垧。1997年，耕地面积（旗属）253千垧，粮豆薯总产量达5.28亿公斤，同比增长2.43%，其中大豆3.39亿公斤。但1998年，莫力达瓦旗又遭遇百年罕见的洪灾，粮食产量急剧下降。全旗粮食总产只完成905千公斤，同比下降14.2%，农业人口人均产粮1958公斤。

2001年，莫力达瓦旗农业产值90.835万元，其中，粮食作物播种面积262千垧，同比下降3.7%，大豆播种面积为221千垧。是年粮食总产量411万公斤，同比增长35.2%。其中，小麦产量22万公斤，同比下降47.8%；玉米产量59万公斤，同比增长110.1%；水稻产量12万公斤，同比增长23%；大豆产量296万公斤，同比增长43.8%。2003年，莫力达瓦旗再次遭遇严重的旱灾，有的农民甚至颗粒无收。

2004年，在全力克服了2003年农业遭受重创、备春耕生产形势严峻等困难下，种植业实现了恢复性增长，全旗农作物总播种面积440千垧，粮食总产量达150千公斤。农民的人均纯收入为2451元，农民的消费水平和生活质量明显提高。据阿尔拉镇拉力浅村达斡尔族村民MBY介绍，2004年，他家种了750亩大豆和60亩玉米、葵花。还将30垧地租给外地人。虽然遭遇2003年的严重旱灾，但是基本上解决了全家人的温饱问题。

由此可见，我国农业在整体上还属于自然经济范畴，受自然环境的影响很大。抵御洪涝、干旱、病虫、冰雹、风、冻等自然灾害的能力较弱，而且农村普遍以种植业为主，产业单一，广种薄收，无替代产业。一遇到灾害，收入无法得到保障。加之部分耕地老化、退化、沙化，生态环境也受到了不同程度的破坏。在北方农村，像莫力达瓦旗这样主要的耕地大多数都是旱田的地方很多，严重的春旱使得绝大多数土地无法按时播种，误了农时，也就误了全年的生产和收获，导致农业经济下滑，农民歉收，使大量的农村人口致贫返贫，只有依靠政府的扶贫救济渡过难关。据统计，2003年莫力达瓦旗农民人均收入仅为835元。尤其是经历了1992年、1998年和2003年连续三次“大灾”后，农业受到重创。到2005年，还有很多农民靠吃国家的“救济粮”维持生活。因此，如何搞好农田基本建设，实现多种经营，在大灾面前能自给自足，能解决农民自身的温饱问题，是政府的责任，也是莫力达瓦旗发展的关键。

二、发展思路

在党中央建设社会主义新农村、塑造社会主义新型农民政策的指导下，莫力达瓦达斡尔族自治旗旗委和旗政府结合实际，在2006年的工作任务中，强调了三大基础性工作：

（一）高度重视“三农”工作，推进农村经济结构调整。具体目标是继续实施优质粮食产业工程，争取新的大型商品粮基地后续项目，保持粮食播种面积和粮食产量的基本稳定。种植业要逐步实现由为种而种向为养、为加而种转变，在为养而种上，积极推广舍饲，扩大饲草和饲料种植面积；在为加而种上，强调种好高油大豆、玉米、甜高粱、中草药、马铃薯等产品，为农产品加工提供原料。与此同时，大力发展畜牧业。从以种为主向以养为主过渡，最终实现向以加工为主转变，推动农牧业产业化、农村工业化。比如，积极建设专业养殖村和养殖小区，推行千家万户普养，鼓励扶植有一定养殖规模的示范户；从自然放养向舍饲圈养畜牧业转变，从养加脱节向加而养畜牧业转变。

（二）加强基础设施建设。顺应“农业向规模化经营集中、产业向园区化集中、人口向城镇集中”的发展趋势，启动中心镇、村建设，完善城镇功能。比如，充分利用“三少”民族危房改造工程的有利时机，科学规划乡村道路提升镇、村形象等等。美化环境，营造安全、优美的生产生活环境，在“路、电、水”方面合理规划、定位，分类进行。尤其是要加大加强基础公路建设力度。计划开工建设宝山至杜拉尔公路、尼尔基至查哈阳公路；“十一五”期间，旗所在地至乡镇公路建成等级公路，保证乡镇有一条与国、省干道相连接的油路；村通等级公路达到90%，通车率达到100%。铁路方面要力争建设扎兰屯——阿荣旗——莫力达瓦旗——讷河等地方铁路。继续加强电网改造和通信设施建设，实施农村安全饮水工程和改厕工程；搞好水利防洪工程建设，积极争取尼尔基水库下游灌区项目、小水电开发项目、阿兴灌区引水枢纽工程及新发、永安水库除险加固工程，重点争取在本年度完成东北黑土地区水土流失综合治理工程和莫力达瓦旗尼尔基项目区及西宝山项目区的初步设计工作。2004年全年实施招商项目111个，累计引进资金30885.8万元。同时，加大重点工业项目的落实，已列入市级重点工业项目10个，新开工投产中小工业项目20个。完成了豆都集团9000吨大豆分离蛋白扩能改造项目一期3000吨生产规模工程。蒙鹅公司实现年宰杀大鹅50万只。2004年限额以上工业完成增加值14222万元，同比增长50.6%。莫力达瓦旗工业经济的发展将推动农业的发展，也会带动达斡尔族农村的种植业、养殖业和加工业等的发展。比如莫力达瓦旗周边河套内河柳生长旺盛，手工柳编在达斡尔族地区很普遍，如果根据市场需求，发展柳编业，变资源优势为经济优势也不是不可能的。这些项目和工程必将推动农村经济社会全面地发展和进步，成为改善社会主义新农村建设的物质条件。

（三）建设培养社会主义新农村的新型农民。大力实施“阳光工程”，加强对农民的文化基础、专业技能和务工前教育培训，帮助农民转变就业观念，强化信息服务和权益保障，拓展旗内外劳务市场，加快农村富余劳动力转移。有序组织劳务输出，使农村富余劳动力向非农产区和城镇有序转移。这是一次促进经济社会全面发展的机遇和挑战。意味着达斡尔族农民由传统的农业经济向现代经济的转变，更意味着达斡尔族农民在政治、经济、文化的全面发展中，与全国融为一体，为创建和谐社会而共同团结奋斗、共同繁荣发展。我们在关注达斡尔族农村经济发展的同时，还必须注意经济发展与民族文化之间的关系。如何在发展经济的同时，保持传统的民族文化，如何在新的形势下构建和谐社会，是当前和今后值得我们继续研究和探讨的课题。

研究世界各国尤其是发达国家农业发展的历史，国内外专家学者归纳总结了今后世界农业发展的趋势：

1. 农民应该是拥有主要生产资料的独立生产者。农业生产适合于分散劳动，而家庭经营的方式最便于管理，无需雇佣专人监督，成本最低。当代发达国家农业组织的主要形式都是家庭农场，而其他农业组织形式所占比重很小。

2. 农业生产要达到合理的规模，才能实现较高的经济效益。扩大农场规模与提高技术装备同经济效益之间往往存在着正相关系。但是，并不是农业规模越大越提高技术装备和管理水平。

3. 农民需要合作社提供产前、产后的服务，减少市场风险，增加收入。商品经济的发展，促使欧美国家的农民以合作社的形式进入市场（包括国外市场）。政府鼓励他们从事农产品加工，并且依法从税收、贷款等方面给予支持，使合作社事业长期繁荣发展。

4. 增加农业科技投入，提高农民素质。发达国家不但有涵盖农业教育、科研推广的完整体系，把农村青少年培养成为高素质的劳动者，而且还有为农民设立的“继续教育制度”（终生教育制度），成为提高农业竞争力的基础。

5. 农业产业结构升级由市场调节来实现。在市场经济体制下，农民与消费者的经济关系基本上取决于市场状况，政府基本上只进行间接的干预。政府主要对农产品的需求量、价格变化等进行趋势预测，制定政策，指导农民及时调整农业产业结构。

6. 政府为农业发展提供良好的制度环境和基础设施，提供周到的公共服务。各国都有许多关于发展和支持农业的立法，保障农民的权利，提高农村居民的生活质量，为农业和农村发展提供良好的“公共产品”，包括科技推广和市场信息，发展水利建设等。

现在，农业的多功能性和可持续农业已经成为世界性的热门话题。1992年，联合国通过的《21世纪议程》中说，可持续农业与农村发展追求的目标是："保护自然资源与生态环境，提高农户和其他社会成员的生活质量，提供就业机会和保护农村社区，发展安全、健康、经济和高效率的农业系统。农业的多功能性重视与农业相关的环境、经济和社会发展等所有功能，它的实现依赖于可持续农业的技术体系和政策体系支撑，而可持续农业的实施最终以实现农业的生产、经济、环境、社会等功能的协调发展为目标。"①

① 见《中国社会科学院院报》，2006年3月30日第8版"理论月刊"。

参考文献（按照中文字母排序）

1.［日］池尻登著，奥登挂译：《达斡尔族》（内部资料），达斡尔历史语言文学学会，1982。

2.《爱辉县西岗子乡友谊社达斡尔族情况》、《莫力达瓦达斡尔族自治旗概况及哈布奇屯达斡尔族情况》，内蒙古少数民族社会历史调查组编印，1959、1960。

3.达斡尔资料集编辑委员会、全国少数民族古籍整理研究室编：《达斡尔资料集》（1—5集），民族出版社。

4.《邓小平文选》，一至三卷。

5.民族理论和民族政策编写组编：《民族理论和民族政策》，民族出版社，1985。

6.莫力达瓦达斡尔族自治旗概况编写组：《莫力达瓦达斡尔族自治旗概况》，内蒙古人民出版社，1985。

7.《斯大林选集》，上卷，人民出版社，1979。

8.《中国社会科学院院报》，2006年3月30日第8版“理论月刊”。

9.阿尔拉镇人民政府文件［2002］9号《关于对独生子女户、双女户奖励和优惠政策变动的通知》。

10.敖兴然：《关于达斡尔族和蒙古族祖源关系的探讨》，载《黑龙江民族丛刊》，1986（3）。

11.巴图宝音著：《达斡尔族风俗志》，中央民族学院出版社，1991。

12.陈烨：《求雨——达斡尔族人的一种民间宗教行为的人类学解说》，载《黑龙江民族丛刊》，1999（2）。

13. 丁石庆著：《达斡尔语言与社会文化》，中央民族大学出版社，1998。

14. 费孝通：《进入21世纪时的回顾和前瞻》，北京大学社会学人类学研究所中国社会与发展研究中心ISA工作论文，2001.008。

15. 费孝通著：《江村经济——中国农民的生活》，商务印书馆，2001。

16. 费孝通著：《论人类学与文化自觉》，华夏出版社，2004。

17. 谷文双、王奇、马国利：《多元化：达斡尔族传统经济结构的特征与趋势》，载《黑龙江民族丛刊》，2000（1）。

18. 国家民委民族问题五种丛书——内蒙古自治区编辑组编：《达斡尔族社会历史调查》，内蒙古人民出版社，1985。

19. 何群等著：《狩猎民族与发展——鄂伦春族社会调查研究》，内蒙古人民出版社，2002。

20. 呼伦贝尔盟民族事务局编：《呼伦贝尔盟民族志》，内蒙古人民出版社，1997。

21. 呼思乐、雪鹰编：《达斡尔族民间故事》，内蒙古人民出版社，1981。

22. 华凌阿著：《达呼尔、索伦源流考》，内蒙古东北少数民族社会历史调查组印，1958。

23. 卡丽娜：《有关驯鹿鄂温克人的研究动态及其价值》，载《鄂温克研究》，2004。

24. 李志学：《清初黑龙江流域达斡尔人的历史考察》，载《黑龙江民族丛刊》，2005（5）。

25. 林耀华、王辅仁、阿勇绰克图：《关于达呼尔民族、亲属和风俗习惯的调查报告》，中央民族学院民族问题研究集刊，1辑（油印本），1955。

26. 林耀华主编：《民族学通论》，中央民族大学出版社，

1997。

27. 吕大吉主编：《中国各民族原始宗教资料集成·达斡尔族卷》，中国社会科学出版社，1999。

28. 麻国庆著：《走进他者的世界》，学苑出版社，2001。

29. 马戎、周星主编：《田野工作与文化自觉》（上、下），群言出版社，1998。

30. 马戎、周星主编：《中华民族凝聚力形成与发展》，北京大学出版社，1999。

31. 马戎主编：《西方民族社会学的理论与方法》，天津人民出版社，1997。

32. 满都尔图：《略论达斡尔族的氏族制度》，载《社会科学战线》，1985（2）。

33. 满都尔图著：《达斡尔族》，民族出版社，1991。

34. 毛艳、毅松主编：《达斡尔族：内蒙古莫力达瓦旗哈力村调查》，云南大学出版社，2004。

35. 孟慧英著：《中国北方民族萨满教》，社会科学文献出版社，2000。

36. 孟祥义、王建平、刘思游：《达斡尔族的氏族组织》，载《黑龙江民族丛刊》，1999（2）。

37. 孟志东主编：《达斡尔族研究》，1987（1）。

38. 孟志东主编：《达斡尔族研究》，1989（4）。

39. 内蒙古、东北少数民族社会历史调查组编写：《有关达呼尔、鄂伦春和索伦族历史资料》（1—2 辑），1958。

40. 内蒙古少数民族社会历史调查组：《齐齐哈尔市郊达斡尔族情况》，1958。

41. 内蒙古少数民族社会历史调查组和中国科学院内蒙古分院历史研究所共同编辑：《〈清实录〉达斡尔、鄂温克、鄂伦春、赫哲史料摘抄》，内蒙古人民出版社，1962。

42. 裴永刚、陈娟：《扶贫联合体——一种以贫困农户为目标的有效扶贫方式——内蒙古自治区东部兴办扶贫联合体的调查与启示》，载《农民经济》，1999。

43. 全国人民代表大会民族委员会办公室编：《达呼尔族情况》、《巴彦托海索木达呼尔族情况》，1957、1958。

44. 铁林嘎编：《莫力达瓦达斡尔族自治旗志》，内蒙古人民出版社，1998。

45. 王铭铭：《人类学是什么》，北京大学出版社，2002。

46. 王永曦、崔橹：《浅谈达斡尔族饮食文化中的荞麦食俗》，载《黑龙江民族丛刊》，1994（2）。

47. 乌力斯·卫戎：《达斡尔族迁徙嫩江流域及早期村屯的建立》，载《黑龙江民族丛刊》，1985（2）。

48. 乌力斯·卫戎：《大轱辘车的制作与使用》，载《黑龙江民族丛刊》，1994（3）。

49. 吴依桑：《达斡尔族的大木轮车》，载《内蒙古社会科学》，1987（1）。

50. 徐平、郑堆著：《西藏农民的生活》，中国藏学出版社，2000。

51. 徐平著：《活在喜马拉雅》，云南人民出版社，1999。

52. 徐万邦、祁庆富著：《中国少数民族文化通论》，中央民族大学出版社，1996。

53. 燕京、清华、北大 1950 年暑期内蒙古工作调查组编：《内蒙古呼纳盟民族调查报告》，内蒙古人民出版社，1997。

54. 毅松、闫沙庆：《达斡尔族传统婚姻习俗》，载《黑龙江民族丛刊》，2000（1）。

55. 毅松：《达斡尔族传统饮食习俗的文化特色》，载《内蒙古社会科学》，1996（6）。

56. 毅松：《达斡尔族的种烟和用烟习俗》，载《黑龙江民族丛刊》，1998（3）。

57. 袁志广：《达斡尔族成婚习俗文化内涵探析》，载《新疆社会经济》，1996（1）。

58. 翟振元、李小云、王秀清：《中国社会主义新农村建设研究》，中国社会科学文献出版社，2006。

59. 张岱年、方克立著：《中国文化概论》，北京师范大学出版社，2004。

60. 中国科学院民族研究所、内蒙古少数民族社会历史调查组共同编辑：《齐齐哈尔市郊区全和太屯解放前经济情况》，1963。

61. 中国科学院民族研究所和内蒙古少数民族社会历史调查组共同编写：《达斡尔族简史·简志合编》，1963。

62. 周虹著：《满族妇女生活与民俗文化研究》，中国社会科学出版社，2005。

63. 周鸿编著：《人类生态学》，高等教育出版社，2001。

64. 周星、王铭铭编：《社会文化人类学讲演集》（上、下），天津人民出版社，1996 年。

65. 庄孔韶主编：《人类学通论》，山西教育出版社，2003。

研究索引

（按照出版年限排序，截止 2005 年 5 月）

一、著作：

1. 中国科学院民族研究所、内蒙古少数民族社会历史调查组：《爱辉县西岗子乡友谊社达斡尔族情况》，1959。

2. 中国科学院民族研究所、内蒙古少数民族社会历史调查组：《莫力达瓦达斡尔族自治旗概况及哈布奇屯达斡尔族情况》，1960。

3. 内蒙古少数民族社会历史调查组：《达斡尔、鄂温克、鄂伦春、赫哲史料摘抄》，内蒙古人民出版社，1962。

4. 中国科学院民族研究所、内蒙古少数民族社会历史调查组：《齐齐哈尔市郊区全和太屯解放前经济情况》，1963。

5. 齐齐哈尔市群众艺术馆：《映山红花满山坡——达斡尔族歌曲选》，黑龙江人民出版社，1978。

6. 孟志东：《达斡尔族民间故事选》，上海文艺出版社，1979。

7. 杨士清：《达斡尔族民歌选》，内蒙古人民出版社，1980。

8. 呼思乐、雪鹰：《达斡尔族民间故事集》，内蒙古人民出版社，1981。

9. 仲素纯：《达斡尔语简志》，民族出版社，1982。

10. 凌申：《达斡尔酋长》，陕西人民出版社，1984。

11. 开英：《达斡尔哈萨克汉语对照词典》，新疆人民出版社，1985。

12. 恩和巴图：《达斡尔语话语材料》，内蒙古人民出版社，

1985。

13. 内蒙古自治区编辑组:《达斡尔族社会历史调查》, 内蒙古人民出版社, 1986。

14. 莫力达瓦达斡尔族自治旗概况编写组:《莫力达瓦达斡尔族自治旗概况》, 内蒙古人民出版社, 1986。

15. 达斡尔族简史编写组:《达斡尔族简史》, 1986。

16. 萨音塔娜整理:《达斡尔民间故事选》, 内蒙古人民出版社, 1987。

17. 孟志东等主编:《达斡尔族研究》(第一至第四辑), 内蒙古达斡尔历史语言文学学会编印, 1987。

18. 恩和巴图:《达斡尔词汇》, 内蒙古人民出版社, 1988。

19. 恩和巴图:《达斡尔语和蒙古语》, 内蒙古人民出版社, 1988。

20. 满都尔图:《达斡尔族》, 民族出版社, 1991。

21. 巴图宝音:《达斡尔族风俗志》, 中央民族学院出版社, 1991。

22. 娜日斯:《达斡尔鄂温克鄂伦春谚语精选》, 内蒙古文化出版社, 1993。

23. 全国少数民族古籍整理研究室:《达斡尔资料集》(第一集), 民族出版社, 1996。

24. 中国达斡尔族人物录编委会:《中国达斡尔族人物录》, 黑龙江人民出版社, 1997。

25. 敖拉·赛林:《达斡尔族风情》, 中国画报出版社, 1997。

26. 丁石庆:《达斡尔语言与社会文化》, 中央民族大学出版社, 1998。

27. 全国少数民族古籍整理研究室:《达斡尔资料集》(第二集), 民族出版社, 1998。

28. 苏勇整理:《达斡尔族神话故事》, 内蒙古文化出版社,

1998。

29. 沈斌华、高建纲：《中国达斡尔族人口》，内蒙古大学出版社，1998。

30. 满都尔图等主编：《中国各民族原始宗教资料集成·鄂伦春族卷·鄂温克族卷·赫哲族卷·达斡尔族卷·锡伯族卷·满族卷·蒙古族卷·藏族卷》，中国社会科学出版社，1999。

31. 梅里斯达斡尔族区志编纂委员会编：《齐齐哈尔市梅里斯达斡尔族区志》，黄山书社，1999。

32. 蔡志纯、范玉梅：《蒙古、东乡、土、保安、达斡尔族文化志》，上海人民出版社，1999。

33. 沃岭生：《少郎和岱夫》（中国达斡尔民族乌钦体民间叙事诗精典），民族出版社，2002。

34. 全国少数民族古籍整理研究室编：《达斡尔资料集》（第三集），民族出版社，2002。

35. 毅松：《在绿草繁茂的时节：达斡尔族》，云南人民出版社、云南大学出版社，2003。

36. 毅松等：《来自森林草原的人们——达斡尔族鄂温克族鄂伦春族风情》，内蒙古人民出版社，2003。

37. 全国少数民族古籍整理研究室编：《达斡尔资料集》（第四集），民族出版社，2003。

38. 全国少数民族古籍整理研究室编：《达斡尔资料集》（第五集），民族出版社，2004。

39. 毛艳、毅松：《达斡尔族：内蒙古莫力达瓦旗哈力村调查》，云南大学出版社，2004。

二、论文

1. 文林：《居住在我区的达斡尔族人》载《内蒙古日报》，1956（10）。

2.《我国的少数民族简介（33）——达呼尔族》，载《光明日报》，1957（4）。

3. 陈述：《试论达斡尔族的族源问题》，载《民族研究》，1959（8）。

4. 隋扁：《达斡尔族》，载《民族团结》，1962（2）。

5. 多文林：《无病的幸福——达斡尔民族乡第六村今昔》，载《内蒙古日报》，1962（12）。

6. 鄂·苏如台：《达斡尔族民间工艺美术》，载《内蒙古日报》，1962（12）。

7. 乌云巴图、王玉明：《达斡尔族婚礼》，载《内蒙古日报》，1963（4）。

8.《在三面红旗的指引下在民族政策的照耀下莫力达瓦达斡尔族自治旗五年建设成就巨大》，载《内蒙古日报》，1963（8）。

9.《再接再厉乘胜前进——祝贺莫力达瓦达斡尔族自治旗成立五周年》，载《内蒙古日报》，1963（8）。

10. 苏常德：《莫力达瓦达斡尔族自治旗的五年成就》，载《民族团结》，1963（9）。

11.《达斡尔民族文化生活中的一件大事尼尔基上演第一个达语话剧〈巴腾宝〉》，载《内蒙古日报》，1963（9）。

12. 封流：《杂谈达斡尔族的风俗习惯》，载《内蒙古日报》，1964（8）。

13. 仲素纯：《达斡尔语概况》，载《中国语文》，1965（4）。

14. 杨旸等：《十七世纪达斡尔族人民的抗俄斗争》，载《吉林师大学报》（哲社），1977（5—6）。

15. 卡平：《“达斡尔地区”的由来及其他》，载《学习与探索》1980（2）。

16.《我区达斡尔历史语言文字研究进入新阶段》，载《内蒙古日报》，1980（4）。

17. 仲素纯：《达斡尔语的元音和谐》，载《民族语文》，

1980（4）。

18. 陈述：《关于达斡尔地区与乌第河流域》，载《学习与探索》，1980（4）。

19. 莫日根迪：《十五至十七世纪达斡尔族历史概述》，载《内蒙古社会科学》，1980。

20. 萨娜：《试论达斡尔族民间故事》，载《草原》，1981（1）。

21. 王鹏林：《“阿穆尔”的由来》，载《学习与思考》，1981（1）。

22. 拿木四来：《达斡尔语的谓语人称范畴》，载《民族语文》，1981（2）。

23. 莫日根迪：《达斡尔族之宗教信仰》，载《内蒙古社会科学》，1981（3）。

24. 李士良等：《达斡尔族习俗琐谈》，载《黑龙江艺术》，1981（3）。

25. 莫日根迪：《察恩特及婚宴祝词》，载《内蒙古日报》，1981（6）。

26. 孟达等：《祖国北疆的卫士——达斡尔族》，载《民族团结》，1981（7）。

27. 开英：《新疆的达斡尔族》，载《新疆社会科学研究动态》，1981（10）。

28. 刘凤翥：《从契丹小字解读探达斡尔为东胡之裔》，载《黑龙江文物丛刊》，1982（1）。

29. 巴达荣嘎：《达斡尔语、满洲语、蒙古语的关系》，载《内蒙古社会科学》，1982（2）。

30. 塔娜：《试论汉语对达斡尔语的影响》，载《内蒙古大学学报》，1982（3—4）。

31. 苏钦：《明末清初分布在黑龙江上游的达斡尔诸城屯》，

载《中央民族学院学报》，1982（4）。

32. 莫日根迪：《达斡尔族民间故事简论》，载《内蒙古社会科学》，1982（5）。

33. 李生荣：《把对祖国的爱倾注到事业上——记达斡尔族版画新秀塔林托娅》，载《内蒙古日报》，1982（5）。

34. 乌尼日：《达斡尔族源研究概况》，载《内蒙古社会科学》，1982（6）。

35. 敷毅：《达斡尔族部西迁新疆纪略》，载《内蒙古日报》，1982（8）。

36. 奥卜勒·巴尔丁著，忠禄译：《新疆达斡尔族口头文学》，载《新疆社会科学》，1983（2）。

37. 恩和巴图：《达斡尔语记音符号》，载《内蒙古大学学报》，1983（3）。

38. 孙竹：《论达斡尔族语言（上）——兼谈达斡尔语与蒙古语的某些异同》，载《青海民族学院学报》，1983（4）。

39. 晓致：《达斡尔人徙疆小考》，载《内蒙古社会科学》，1983（4）。

40. 孙竹：《论达斡尔族语言（下）——兼谈达斡尔语与蒙古语的某些异同》，载《青海民族学院学报》（社科），1984（1）。

41. 沃彩金：《关于蒙古语、达斡尔语、鄂温克语与动词时态的表达》，载《西北民族学院学报》，1984（2）。

42. 张锦贻：《达斡尔新牧民的形象——读短篇小说〈奶，洁白的奶〉》，载《民族文学研究》，1984（2）。

43. 阿勇：《关于达斡尔的族源问题》，载《内蒙古社会科学》，1984（2）。

44. 宿梓枢：《达斡尔民族与“勒勒车”》，载《公路交通编史研究》，1985（1）。

45. 仲素纯：《达斡尔语的亲属称谓》，载《语言研究》，

1985（1）。

46. 卜林：《鲜卑—室韦与达斡尔族起源》，载《黑龙江民族丛刊》，1985（1）。

47. 何今声：《达斡尔族的〈哈肯卖〉歌曲》，载《中国音乐》，1985（2）。

48. 陈志贵：《清代东北北疆卫士——达斡尔族》，载《齐齐哈尔师范学院学报》（哲社），1985（2）。

49. 满都尔图：《略论达斡尔族的氏族制度》，载《社会科学战线》，1985（2）。

50. 乌力斯·卫戎：《达斡尔族迁徙嫩江流域及早期村屯的建立》，载《黑龙江民族丛刊》，1985（2）。

51. 斯琴毕利格：《达斡尔族民间音乐》，载《中国音乐》，1985（3）。

52. 方航：《达斡尔族女画家——访塔林托娅》，载《解放军报》，1985（5）。

53. 吴依桑：《达斡尔族的村落、庭园及房屋》，载《内蒙古社会科学》，1985（5）。

54. 毕力扬等：《达斡尔族的“哈库卖”和“乌春”》，载《音乐生活》，1985（11）。

55. 乌力斯·卫戎：《试探达斡尔人的哈勒、莫昆》，载《黑龙江民族丛刊》，1986（1）。

56. 王咏曦：《达斡尔族源流考》，载《黑龙江民族丛刊》，1986（1）。

57. 塔娜：《达斡尔族传说故事的民族特色》，载《内蒙古大学学报》，1986（1）。

58. 巴达荣嘎：《满文对达斡尔族文化发展所起的作用》，载《满族研究》，1986（1）。

59. 王咏曦：《清代达斡尔族中的郭博勒氏》，载《北方文物》，1986（1）。

60. 徐基述、张嘉宾：《齐齐哈尔市梅里斯区达斡尔族工作考察报告》，载《黑龙江民族丛刊》，1986（2）。

61. 王咏曦：《从民俗论述达斡尔族源于契丹》，载《黑龙江民族丛刊》，1986（3）。

62. 敖兴然：《关于达斡尔族和蒙古族祖源关系的探讨》，载《黑龙江民族丛刊》，1986（3）。

63. 敖兴然：《达斡尔族和蒙古族祖源关系探讨》，载《内蒙古社会科学》，1986（3）。

64. 王咏曦：《达斡尔族源流考》，载《黑龙江史志》，1986（3）。

65. 何今声:《达斡尔族的萨满歌曲》，载《音乐生活》，1986（12）。

66. 吴依桑：《达斡尔族的大木轮车》，载《内蒙古社会科学》，1987（1）。

67. 孙秀仁:《达斡尔族内迁与齐齐哈尔、卜魁源流考》，载《黑龙江民族丛刊》，1987（2）。

68. 玛娜：《达斡尔族族源研究述略》，载《黑龙江民族丛刊》，1987（3）。

69.《达斡尔族的“库木勒”习俗》，载《黑龙江民族丛刊》，1987（3）。

70. 巴达荣嘎:《达斡尔语话语材料：捕鱼歌》，载《民族语文》，1987（4）。

71. 阿尔太:《科学地把握达斡尔族族源的探讨》，载《内蒙古社会科学》（文史哲），1987（5）。

72. 何今声：《塔城达斡尔民歌的地方特色》，载《新疆艺术》，1987（5）。

73. 孙竹:《蒙古语达斡尔语东乡语的数范畴比较》，载《民族语文》，1987（6）。

74. 吴景芳：《黑龙江省达斡尔族历史、语言、文学学会第二届会员大会简记》，载《黑龙江民族丛刊》，1988（1）。

75. 毅松：《祖国北疆开发保卫者的足迹——读〈达斡尔族简史〉》，载《内蒙古社会科学》（文史哲），1988（1）。

76. 石立均：《达斡尔族的婚俗》，载《齐齐哈尔档案史》，1988（1）。

77. 奎曾：《笔墨当随时代——记达斡尔族书画家耶拉》，载《文艺界通讯》，1988（2）。

78. 石立均：《达斡尔人的葬礼》，载《齐齐哈尔档案史》，1988（1）。

79. 金克日·铁宏：《达斡尔族民歌的调式与旋律特点》，载《音乐艺术》，1988（3）。

80. 朝克：《达斡尔语中的满—通古斯语借词》，载《民族语文》，1988（4）。

81. 郭蕴华：《民族风情录》，载《西部学坛》（哲社），1988（4）。

82. 吴依桑：《达斡尔族的狩猎特点》，载《内蒙古社会科学》，1988（4）。

83. 巴达荣嘎：《达斡尔语与蒙古语异同比较——兼谈达斡尔语的系属》，载《民族语文》，1988（6）。

84. 尹宇：《达斡尔族人口》，载《中国少数民族人口》，1989（1）。

85. 刘金明：《论达斡尔族部落首领博穆博果尔》，载《黑龙江民族丛刊》，1989（2）。

86. 江英等：《黑龙江省的达斡尔族人口状况浅析》，载《中国少数民族人口》，1989（3）。

87. 阿尔太：《达斡尔族称议》，载《内蒙古社会科学》（文史哲)，1989（4）。

88. 沈斌华：《达斡尔族人口文化素质略论》，载《人口学刊》，1989（5）。

89. 丁石庆：《达斡尔语名词语法成分的重叠》，载《中央民族学院学报》，1989（6）。

90. 毅松：《达斡尔与蒙古民族的商业交流》，载《内蒙古日报》，1989（9）。

91. 毅松：《达斡尔族历史上农业的发展》，载《内蒙古社会科学》（经济·社会），1990（1）。

92. 丁石庆：《达斡尔族人名说略》，载《黑龙江民族丛刊》，1990（2）。

93. 沈斌华：《论述达斡尔族的两个好传统》，载《内蒙古大学学报》，1990（2）。

94. 高建纲、沈斌华：《内蒙古达斡尔族的人口再生产特点与计划生育》，载《中国少数民族人口》，1990（2）。

95. 杨荆楚：《莫力达瓦达斡尔族自治旗调查》，载《民族理论研究》，1990（2）。

96. 吴宝良：《达斡尔族图腾试析》，载《中央民族学院学报》，1990（2）。

97. 乔志成：《齐齐哈尔城名考》，载《北方民族》，1990（2）。

98. 塔娜：《清代达斡尔族诗人敖拉·昌兴及其诗歌》，载《内蒙古大学学报》（哲社），1990（3）。

99. 赵荣枝等：《达斡尔族人肤纹学研究》，载《人类学学报》，1990（3）。

100. 吴景芳：《达斡尔族的传统体育运动》，载《黑龙江民族丛刊》，1990（3）。

101. 乌云达赉：《达斡尔族的起源》，载《内蒙古社会科学》，1990（3）。

102. 敖乐奇：《试述塔哈河流域达斡尔族、满族村屯名称及其简要历史》，载《黑龙江民族丛刊》，1990（3）。

103. 乌云巴图：《达斡尔人与“库米勒”》，载《内蒙古日报》，1990（3）。

104. 刘金明：《关于达斡尔族源于契丹说的质疑》，载《黑龙江民族丛刊》，1990（4）。

105. 阿尔太：《达斡尔人的敬老传统》，载《内蒙古日报》，1990（6）。

106. 哈森：《达斡尔族的摔跤》，载《呼伦贝尔报》，1990（6）。

107. 俚鋈洋：《话说“刀削面”》，载《呼伦贝尔报》，1990（6）。

108. 托木·瓦韧·泰波：《达斡尔族当代作家的创作》，载《民族文学》，1990（6）。

109. 巴图宝音：《论阿拉布旦的诗作》，载《中央民族学院学报》，1990（6）。

110. 敖拉·赛林：《东北嫩江平原达斡尔族的过年习俗》，载《民俗》，1990（6）。

111. 毅松：《达斡尔族摇篮头衬》，载《内蒙古日报》，1990（7）。

112.《鲁日格勒》，载《内蒙古日报》，1990（7）。

113.《达斡尔族民间玩具——哈聂卡》，载《内蒙古日报》，1990（8）。

114. 达玛：《达斡尔族传唱已久的优美民歌“扎恩达勒”中的——“讷耶、尼耶”》，载《呼伦贝尔报》，1990（9）。

115. 毅松：《达斡尔——酷爱体育的民族》，载《内蒙古日报》，1990（9）。

116. 忆光:《抗战时期的达斡尔族女杰——海瑞》(上),载《呼伦贝尔报》1990(11)。

117. 毅松:《达斡尔小菜——莱末》,载《内蒙古日报》1990(11)。

118. 忆光:《抗战时期的达斡尔族女杰——海瑞》(下),载《呼伦贝尔报》,1990(11)。

119. 耶律林石:《失传多年的达斡尔帽》,载《呼伦贝尔报》,1990(12)。

120. 安莉:《绿色的旋律——记达斡尔族作曲家通福》,载《内蒙古日报》,1990(12)。

121. 金秀华:《达斡尔族哲学思想探索》,载《内蒙古社会科学》,1991(1)。

122. 孟铁英:《如何扶持莫旗农村达斡尔族贫困户》,载《达斡尔学会会刊》1991(1)。

123. 萨音卓日格:《关于民族经济学的几个问题》,载《达斡尔学会会刊》,1991(1)。

124. 德振起:《坚持改革开放努力探索适合少数民族地区经济发展的新体制——对黑河市坤和达斡尔村实行“三田制”的调查》,载《黑龙江民族丛刊》,1991(1)。

125. 默德:《达斡尔语人称代词用法初探——与汉语、英语比较》,载《达斡尔学会会刊》,1991(1)。

126. 阿尔腾:《达斡尔族民歌初探》,载《内蒙古师范大学学报》,1991(1)。

127. 萨音卓日格、巴音何什格:《达斡尔谚语初探》,载《达斡尔学会会刊》1991(1)。

128. 杜锁柱:《达斡尔族哈拉(姓氏)之我见》,载《达斡尔学会会刊》,1991(1)。

129. 敖拉·乐志德:《关于达斡尔的社会组织中的哈拉莫昆

等方面的构成及对发展变化的分析探讨》，载《达斡尔学会会刊》，1991（1）。

130. 乐志德：《关于达斡尔帽的概述》，载《达斡尔学会会刊》，1991（1）。

131. 耶律林石·吴德渊：《达斡尔帽》，载《内蒙古日报》，1991（1）。

132. 奥登挂：《达斡尔族古代的萨满教信仰》，载《北方民族》，1991（2）。

133. 吴鹏飞：《达斡尔族“乌春”及其文化功能》，载《中国音乐》，1991（2）。

134. 董联声：《达斡尔族重大节日——“阿湟”》，载《呼伦贝尔报》，1991（2）。

135. 斯文：《清代达斡尔族民间舞蹈——庆隆舞》，载《内蒙古日报》，1991（3）。

136. 赫重远：《达斡尔族人喜爱“波依阔”》，载《人民日报》（海外版），1991（3）。

137. 阿尔太：《达斡尔族民歌中的长篇说唱形式——“舞春”》，载《内蒙古日报》，1991（3）。

138. 沙金：《新疆达斡尔族音乐》，载《新疆艺术》，1991（3）。

139. 何日莫奇：《达斡尔语与蒙古书面语语音比较》，载《黑龙江民族丛刊》，1991（4）。

140. 毅松：《达斡尔族民间神话故事的哲学思想》，载《内蒙古社会科学》，1991（4）。

141. 丁石庆：《哈萨克语对新疆达斡尔语语音的影响》，载《语言与翻译》，1991（4）。

142. 毅松：《达斡尔族民间神话故事的哲学思想》，载《内蒙古社会科学》，1991（4）。

143. 丁石庆：《试论达斡尔语的“类指”范畴》，载《中央民族学院学报》，1991（5）。

144. 郑云胜：《达斡尔族住房开西窗溯源》，摘自《达斡尔族研究》，载《呼伦贝尔报》，1991（5）。

145. 尤卡：《曲棍球与达斡尔族的“波依考”》，载《呼伦贝尔报》，1991（6）。

146. 巴图宝音：《论达斡尔族神话和传说》，载《中央民族学院学报》，1991（6）。

147. 马金娥：《达斡尔族的民间艺术》，载《新疆日报》，1991（7）。

148. 方草：《年年岁岁唱它个不休——记达斡尔族青年词作家诺敏》，载《呼伦贝尔报》，1991（8）。

149. 毅松：《富有趣味和教益的达斡尔族儿童游艺——狍子“萨克”》，载《内蒙古日报》，1991（10）。

150.《达斡尔族》，载《广西日报》，1991（10）。

151.《达斡尔族》，载《呼伦贝尔报》，1991（11）。

152. 毅松：《达斡尔族摇篮的文化特征》，载《黑龙江民族丛刊》，1992（1）。

153. 王咏曦：《试谈达斡尔族的民间文学》，载《黑龙江民族丛刊》，1992（1）。

154. 高建纲、沈斌华：《达斡尔族人口展望》，载《内蒙古大学学报》，1992（1）。

155. 刘金明：《达斡尔族名含义刍议》，载《内蒙古社会科学》，1992（1）。

156. 阿尔太：《达呼尔索伦源流考》，载《内蒙古社会科学》，1992（1）。

157. 何丽：《解放前达斡尔族教育及其发展原因初探》，载《黑龙江民族丛刊》1992（2）。

158. 林姗：《达斡尔族》，载《经济日报》，1992（3）。

159. 毅松：《达斡尔族儿童的“萨克”游戏》，载《民俗研究》，1992（4）。

160. 毅松：《达斡尔族的采集饮食文化》，载《内蒙古社会科学》，1992（5）。

161. 丁石庆：《新疆达斡尔语小舌音浅析》，载《民族语文》，1992（5）。

162. 巴图宝音：《朴实清奇的呼伦贝尔组曲——简论达斡尔族作家哈斯巴图尔的小说》，载《中央民族学院学报》，1992（5）。

163. 奥登挂：《热情奔放的阿很贝舞》，载《内蒙古日报》，1992（6）。

164. 赵世骞：《达斡尔族民间乐舞》，载《新疆日报》，1992（6）。

165. 毅松：《达斡尔人的荞麦食品》，载《内蒙古日报》，1992（8）。

166. 雪鹰：《达斡尔婚礼习俗——绑在鞍梢绳上的彩礼》，载《内蒙古日报》1992（8）。

167. 毅松：《达斡尔族研究取得新成果》，载《内蒙古日报》，1992（11）。

168. 巴图宝音：《映山红花和勒勒车印——简论达斡尔族青年诗人苏勇的散文诗》，载《民族文学》，1992（12）。

169. 朱钦：《达斡尔族学生的体质发育与体型》，载《人类学学报》，1993（1）。

170. 何丽：《民国时期达斡尔族教育述评》，载《民族教育研究》，1993（1）。

171. 丁石庆：《达斡尔语方言问题研究综析》，载《内蒙古师范大学学报》，1993（1）。

172. 巴达荣嘎：《对达斡尔族称及族源问题的看法》，载《内蒙古社会科学》，1993（2）。

173. 丁石庆：《关于达斡尔语动名词》，载《语言与翻译》，1993（2）。

174. 学斌：《达斡尔族婚俗》，载《黑龙江日报·副刊》，1993（2）。

175. 沙庆、索日：《达斡尔族的著名爱国者凌升》，载《黑龙江民族丛刊》，1993（3）。

176. 丁石庆：《达斡尔族早期物质文化的语言透视》，载《黑龙江民族丛刊》，1993（3）。

177. 留金波：《达斡尔族族源研究的新途径——〈对达斡尔族族称及族源问题的看法〉一文读后感》，载《内蒙古社会科学》，1993（3）。

178. 吴景芳：《达斡尔族的体育活动》，载《黑龙江日报》，1993（4）。

179. 阿尔太：《历史上达斡尔族与外界的经济交往》，载《内蒙古社会科学》，1993（5）。

180. 杜娟：《莫力达瓦旗发现五处古墓遗址》，载《呼伦贝尔日报》，1993（5）。

181. 古清尧：《巴尔达齐遭清廷惩处说辨议——兼论达斡尔族有关历史传说的虚幻与史影》，载《民族研究》，1993（6）。

182. 周玲、王宏刚：《达斡尔人的悠车》，载《吉林日报》，1993（7）。

183. 苏和、刘永杰：《振奋民族精神　振兴民族经济——庆祝莫力达瓦达斡尔族自治旗成立三十五周年》，载《呼伦贝尔日报》，1993（8）。

184.《莫力达瓦旗主要工业产品介绍》，载《呼伦贝尔日报》，1993（8）。

185.《资源情况简介》，载《呼伦贝尔日报》，1993（8）。

186. 夏恩训：《达斡尔族农民散记》，载《民族》，1993（8）。

187. 言之川：《特色独具的达斡尔居民》，载《内蒙古日报》，1993（9）。

188. 毅松：《达斡尔人的柳编》，载《内蒙古日报》，1993（10）。

189. 毅松：《“卡日特勒革”——烟荷包》，载《内蒙古日报》，1993（10）。

190. 娜日斯：《达斡尔人喜食——昆米乐》，载《呼伦贝尔报》，1993（11）。

191. 毅松：《达斡尔族的传统哲学思想》，载《黑龙江民族丛刊》，1994（1）。

192. 滕绍箴：《达斡尔族文化教育发展的历史回顾》，载《社会科学战线》，1994（1）。

193. 晓舟：《达斡尔族教育的今与昔》，载《民族教育研究》，1994（1）。

194. 恩和巴图：《从《满达词典》看达斡尔语的语音脱离现象》，载《内蒙古大学学报》，1994（2）。

195. 刘金明：《也论达斡尔族源流》，载《黑龙江民族丛刊》，1994（2）。

196. 鲁文江：《关于达斡尔族族源研究的几点意见》，载《内蒙古社会科学》，1994（2）。

197. 王咏曦：《浅谈达斡尔族饮食文化中的荞麦食俗》，载《黑龙江民族丛刊》，1994（2）。

198. 恩和巴图：《谈满文字母的达斡尔文》，载《民族语文》，1994（2）。

199. 恩和巴图：《满达辞典研究》，载《满语研究》，1994（2）。

200. 毅松：《达斡尔族传统科学技术初探》，载《内蒙古社会科学》，1994（3）。

201. 丁石庆：《论达斡尔族母语文化的物质层次》，载《民族语文》，1994（3）。

202. 毅松：《达斡尔族传统科学技术初探》，载《内蒙古社会科学》，1994（3）。

203. 丁石庆：《新疆达斡尔族语言使用类型及相关因素分析》，载《语言与翻译》，1994（3）。

204. 丁石庆：《达斡尔语方言成因试析》，载《齐齐哈尔大学学报》（哲社），1994（3）。

205. 舒展：《黑龙江达斡尔族赫哲族的音乐舞蹈艺术》，载《黑龙江民族丛刊》，1994（4）。

206. 关兴凯：《齐齐哈尔的满族与达斡尔族》，载《满族研究》，1994（4）。

207. 古清尧：《清代前期达斡尔著作——精奇里哈拉史地考》，载《中国边疆史地研究》，1994（4）。

208. 丁石庆：《论达斡尔语方言的亚文化特征》，载《内蒙古社会科学》，1994（5）。

209. 周凤兰：《达斡尔族习俗随笔》，载《旅游》，1994（9）。

210. 哈斯朝鲁：《达斡尔族艺术的审美价值》，载《内蒙古社会科学》，1995（1）。

211. 丁石庆：《新疆达斡尔语语音及其特点》，载《语言与翻译》，1995（1）。

212. 丁石庆：《新疆达斡尔语简述》，载《语言研究》，1995（1）。

213. 特古斯：《浅谈达斡尔人春季饮食文化》，载《黑龙江民族丛刊》，1995（2）。

214. 欧南·乌珠尔：《关于达斡尔族族称与族源问题》，载

《内蒙古社会科学》，1995（3）。

215. 阿尔太：《达斡尔族民俗中的伦理思想》，载《内蒙古社会科学》，1995（4）。

216. 苏德：《清代达斡尔族满文官学与私塾教育》，载《前沿》，1995（5）。

217. 巴图宝音：《达斡尔族的年节》，载《百科知识》，1995（9）。

218. 丁石庆：《达斡尔族早期社会制度的语言透视》，载《黑龙江民族丛刊》，1996（1）。

219. 袁志广：《达斡尔族成婚习俗文化内涵探析》，载《新疆社会科学》，1996（1）。

220. 吴鹏飞：《新疆达斡尔族传统音乐》，载《新疆师范大学学报》（哲社），1996（3）。

221. 塔娜：《达斡尔传统萨满教 holier 神探源》，载《内蒙古社会科学》，1996（4）。

222. 丁石庆：《达斡尔族早期信仰观念的语言透视》，载《黑龙江民族丛刊》，1996（4）。

223. 恩和巴图：《19 世纪达斡尔人使用的文字》，载《内蒙古大学学报》，1996（6）。

224. 毅松：《达斡尔族传统饮食习俗的文化特色》，载《内蒙古社会科学》，1996（6）。

225. 多涛：《论布特哈和新疆达斡尔民歌的风格及其形成》，载《辽宁师范大学学报》（社科），1996（6）。

226. 毅松：《达斡尔族传统体育及其特点》，载《黑龙江民族丛刊》，1997（1）。

227. 吴依桑：《达斡尔语与蒙古语文化深层的异同》，载《满语研究》，1997（1）。

228. 阿尔太：《达斡尔族优良传统与精神文明建设》，载

《黑龙江民族丛刊》，1997（2）。

229. 郝庆云：《俄国学者对达斡尔族早期物质文化的研究》，载《黑龙江民族丛刊》，1997（2）。

230. 丁石庆：《达斡尔族姓氏与满汉文化》，载《满族研究》，1997（3）。

231. 孙宏：《十七世纪中叶达斡尔族内徙前人口考略》，载《黑龙江民族丛刊》，1997（4）。

232. 谷文双、马国利：《达斡尔族狩猎业考述》，载《黑龙江民族丛刊》，1997（4）。

233. 塔娜：《中华文坛之奇葩——评清代达斡尔族诗人敖拉·昌兴的诗》，载《黑龙江民族丛刊》，1997（4）。

234. 吴依桑：《达斡尔族教育史述略》，载《民族研究》，1997（4）。

235. 赵明鸣：《塔城地区达斡尔语语法的一些特点》，载《语言与翻译》，1997（4）。

236. 吴维：《对达斡尔族承袭契丹习俗的探讨》，载《北方论丛》，1997（4）。

237. 谢兰荣：《我区达斡尔族教育现状及分析》，载《内蒙古教育》，1997（10）。

238. 小草：《达斡尔族和达斡尔族引以自豪的曲棍球》，载《内蒙古林业》，1997（10）。

239. 丁石庆：《达斡尔族亲属称谓的文化透视》，载《黑龙江民族丛刊》，1998（1）。

240. 沈斌华：《达斡尔族的婚姻家庭制度及其演进》，载《广播电视大学学报》（哲社），1998（1）。

241. 丁石庆：《达斡尔族地名的文化透视》，载《黑龙江民族丛刊》，1998（2）。

242. 吴依桑：《达斡尔族翻译传统一瞥》，载《满语研究》，

1998（2）。

243. 莫梅：《达斡尔族艺术奇葩“哈尼卡”》，载《中国民族博览》，1998（2）。

244. 王咏曦：《达斡尔族的曲棍球运动》，载《黑龙江民族丛刊》，1998（3）。

245. 毅松：《达斡尔族的种烟和用烟习俗》，载《黑龙江民族丛刊》，1998（3）。

246. 谷文双：《达斡尔族民间文学与狩猎经济》，载《黑龙江民族丛刊》，1998（3）。

247. 托娅：《达斡尔当代文学概评》，载《内蒙古民族师范学院学报》（哲社），1998（3）。

248. 朝克：《论达斡尔、鄂温克、鄂伦春族人名与语言文化变迁及接触关系》，载《黑龙江民族丛刊》，1998（4）。

249. 瑜琼、丰收：《达斡尔族的饮食习惯及其在当代的发展变化》，载《黑龙江民族丛刊》，1998（4）。

250. 谢兰荣：《达斡尔族教育史述略》，载《内蒙古师范大学学报》（哲社），1998（4）。

251. 谷文双：《达斡尔族传统狩猎文化考述》，载《内蒙古社会科学》，1998（6）。

252. 满都尔图：《百年沧桑达斡尔》，载《民族团结》，1998（7）。

253. 丁石庆、吴兰：《论新疆达斡尔族的传统文化观》，载《黑龙江民族丛刊》，1999（2）。

254. 孟祥义、王建平、刘思游：《达斡尔族的氏族组织》，载《黑龙江民族丛刊》，1999（2）。

255. 宁玉：《文化语言学领域绽开的一朵奇葩——〈达斡尔语言与社会文化〉评述》，载《黑龙江民族丛刊》，1999（2）。

256. 陈烨：《求雨：达斡尔人的一种民间宗教行为的人类学

解说》，载《黑龙江民族丛刊》，1999（2）。

257. 陈烨：《达斡尔族经济变迁略论》，载《内蒙古社会科学》，1999（2）。

258. 李晓莉：《达斡尔语是契丹语的延续》，载《北方论丛》，1995（5）。

259. 谷文双、王琦、马国利：《多元化达斡尔族传统经济结构的特征与优势》，载《黑龙江民族丛刊》，2000（1）。

260. 毅松、闫沙庆：《达斡尔族传统婚姻习俗》，载《黑龙江民族丛刊》，2000（1）。

261. 孟志东：《达斡尔族族源研究述评》，载《黑龙江民族丛刊》，2000（2）。

262. 殷焕良：《内蒙古莫力达瓦达斡尔族自治旗腾克乡清代墓葬清理简报》，载《北方文物》，2000（2）。

263. 安英：《试说达斡尔族民歌的起源及发展》，载《内蒙古艺术》，2000（2）。

264. 刘世一：《达斡尔人的习俗》，载《中国民族博览》，2000（2）。

265. 刘金明：《21 世纪达斡尔族教育发展战略研究》，载《黑龙江民族丛刊》，2000（3）。

266. 鄂巧玲：《达斡尔语研究概述》，载《黑龙江民族丛刊》，2000（4）。

267. 宛文君：《试论齐齐哈尔达斡尔族在历史上的作用与贡献》，载《理论观察》，2000（6）。

268. 满都尔图：《萨满教与达斡尔族传统文化》，载《民间文化》，2000（8）。

269. 巴尔登：《关于达斡尔族的吉祥物》，载《民间文化》，2000（8）。

270. 安家寰：《达斡尔族妇女请笊篱姑姑游戏的比较研究》，

载《民间文化》，2000（8）。

271. 毅松：《达斡尔族民俗文化变化的原因初探》，载《民间文化》，2000（8）。

272. 胡绍增：《达斡尔民族文化的历史特征》，载《民间文化》，2000（8）。

273. 乔福胜：《达斡尔族的"库木勒"节》，载《民间文化》，2000（8）。

274. 欧南·乌珠尔：《有关达斡尔语的系属》，载《民间文化》，2000（8）。

275. 巴图宝音：《论达斡尔族民间文学所反映的祖先足迹》，载《民间文化》，2000（8）。

276. 王晓明：《试谈达斡尔族的民间文学》，载《民间文化》，2000（8）。

277. 娜日斯：《论达斡尔"柳蒿芽"文化》，载《民间文化》，2000（8）。

278. 李需民：《简论达斡尔族民歌的淡化调式思维》，载《民间文化》，2000（8）。

279. 彭谦：《契丹后裔达斡尔族》，载《神州学人》，2000（11）。

280. 何日莫奇：《嫩江流域巴尔虎蒙古的历史变迁》，载《内蒙古社会科学》2001 年第 1 期

281. 高虹：《黑土文化对达斡尔族文化的整合与再造》，载《学术交流》，2001（1）。

282. 斯仁巴图：《鄂温克语和达斡尔语、蒙古语的形动词比较》，载《满语研究》，2001（1）。

283. 李凤飞、刘金明：《达斡尔族反抗日本侵略者的斗争》，载《黑龙江民族丛刊》，2001（2）。

284. 丁石庆：《达斡尔族语言文化结构与发展态势》，载

《满语研究》，2001（2）。

285. 丁石庆：《论清代“达呼尔文”的历史文化价值》，载《黑龙江民族丛刊》2001（3）。

286. 满都尔图：《达斡尔族与兴建齐齐哈尔城考述》，载《民族研究》，2001（4）。

287. 卢玉华：《浅释东北达斡尔族的婚姻习俗》，载《黑龙江民族丛刊》，2002（1）。

288. 孟祥义：《达斡尔族名考》，载《北方文物》，2002（1）。

289. 丁石庆：《达斡尔语渔业词汇与渔业文化历史变迁》，载《满语研究》，2002（2）。

290. 于春梅：《达斡尔族民俗文化的特征与发展》，载《黑龙江民族丛刊》，2002（4）。

291. 薛子奇：《达斡尔族的族源和文明》，载《黑龙江民族丛刊》，2002（4）。

292. 托娅：《试论达斡尔族女作家阿凤小说的女性意识》，载《民族文学研究》，2002（4）。

293. 吴维：《达斡尔族“罕肯拜”舞的源流》，载《北方论丛》，2002（5）。

294. 薛子奇、于春梅：《达斡尔族对我国边疆地区经济开发的贡献》，载《黑龙江民族丛刊》，2003（3）。

295. 毅松：《达斡尔族的农业民俗》，载《黑龙江民族丛刊》，2003（5）。

296. 孟亮：《关于汉族、达斡尔族家庭骄阳方法的跨文化比较研究》，载《黑龙江民族丛刊》，2003（5）。

297. 毅松：《达斡尔族的农业民俗》，载《黑龙江民族丛刊》，2003（5）。

298. 苏钦：《从“奇三告状案”看清朝对达斡尔族地区法律统治的特点》，载《西南民族大学学报》，2003（6）。

299. 丁石庆：《达斡尔族早期狩猎文化的母语重建》，载《满语研究》，2004（1）。

300. 希德夫：《达斡尔语与鄂温克语语音比较》，载《满语研究》，2004（2）。

301. 何光岳：《达斡尔族的来源和分布》，载《湖南城市学院学报》，2004（4）。

302. 毛艳：《走进达斡尔族村落》，载《今日民族》，2004（10）。

303. 安英：《达斡尔族艺术及其研究现状》，载《黑龙江民族丛刊》，2005（1）。

304. 丁石庆：《从语言看达斡尔族农耕文化的特点》，载《满语研究》，2005（1）。

305. 晨炜：《达斡尔传统乐器“木库连”的文化价值探析》，载《中国音乐》，2005（1）。

306. 乌尼尔其其格：《达斡尔语和维吾尔语谓语性人称附加成分的比较》，载《新疆师范大学学报》（哲社），2005（2）。

307. 苏钦：《关于清代布特哈八旗的几个问题》，载《黑龙江民族丛刊》，2005（2）。

308. 郭蕊：《散居区达斡尔族的语言衍变——据呼和浩特市区家庭个案调查资料》，载《内蒙古社会科学》，2005（4）。

309. 吴雪娟：《达斡尔首领卜魁考述》，载《黑龙江民族丛刊》，2005（4）。

310. 吴瑶：《达斡尔族萨满教述略》，载《黑龙江民族丛刊》，2005（4）。

311. 杨莉莉：《达斡尔族》，载《西部资源》，2005（4）。

312. 丁石庆：《清代达斡尔族书面文学语言与满族文化》，载《满族研究》，2005（4）。

313. 高荷红：《鄂温克、鄂伦春、达斡尔族萨满神歌程式之比较研究》，载《内蒙古大学艺术学院学报》，2005（4）。

314. 李志学：《清初黑龙江流域达斡尔人历史考察》，载《黑龙江民族丛刊》，2005（5）。

后　记

改革开放以来，随着全球一体化和现代化进程的加快，“地球村”的概念已经形成，但是文化上的隔膜却依然存在。因此，文化的多样性和各民族文化之间所存在的碰撞和整合，使得对于文化特别是底层文化的关注，成为当代社会的重要课题。多少前辈学人一直坚持进行以文化为主题的田野考察研究，我们却很幸运地得到中央民族大学国家“十五”、“211 工程”项目资金的支持，有机会把自己在田野考察研究过程中的文化思考和生命感悟表达出来——《传统与现代：达斡尔族农民的生活》。由于时间紧，任务急，书中的缺点和错误在所难免，诚恳希望诸位专家学者批评指正。

在我们赴内蒙古自治区莫力达瓦达斡尔族自治旗进行田野调查的过程中，得到了当地政府特别是呼伦贝尔市民族宗教事务局郭小林同志和莫力达瓦达斡尔族自治旗民族宗教事务局敖风雷同志、达斡尔族学会敖拉·乐志德同志、阿尔拉镇党委书记苏俐力同志、阿尔拉村村长苏勇同志的大力支持和无私帮助。在此真诚地表示感谢！还要感谢的是一直和我们一起用脚、用眼、用心行走在文化田野上的两位达斡尔族老人：原阿尔拉镇党委书记郭留神同志和原旗民政局局长敖好章同志。

此外，“211 工程”项目《西部民族 50 年——达斡尔族社会发展与变迁》课题负责人白振声教授、中国社会科学院杜发春副研究员，认真审阅了初稿，提出了许多宝贵的意见；达斡尔族著名语言学家、中央民族大学博士生导师丁石庆教授，百忙之中为本书作序；哈尔滨学院陈伯霖副教授、黑龙江大学满族语言文化研究中心唐戈副教授对本书做了大量的文字修改工作；中央民族大学法学院的田艳博士为本书提供了大量的图片，民族学系赵海龙博士、苗运长硕士、王丽娟硕士、王丹霓硕士，也对本书的写作给予了热情的帮助。同时，中央民族大学出版社的责任编辑、校对等同志，也为本书的出版付出了辛勤的努力，在此一并表示感谢！

祁惠君　丛静

2006 年 5 月于北京